TIANCHI & JUNTAI
30th ANNIVERSARY
天驰君泰律师事务所三十周年
1994—2024

马翔 著

从互联网+
到人工智能+
『三车』商标之战启示

知识产权出版社
全国百佳图书出版单位
—北京—

图书在版编目（CIP）数据

从互联网＋到人工智能＋："三车"商标之战启示/马翔著. —北京：知识产权出版社，2024.9（2025.6重印）. —ISBN 978-7-5130-9500-6

I. D923.434

中国国家版本馆 CIP 数据核字第 2024NW5836 号

责任编辑：薛迎春　　　　　　　　　责任校对：潘凤越
封面设计：乔智炜　　　　　　　　　责任印制：刘译文

从互联网＋到人工智能＋："三车"商标之战启示

马翔　著

出版发行	知识产权出版社 有限责任公司	网　　址	http://www.ipph.cn
社　　址	北京市海淀区气象路50号院	邮　　编	100081
责编电话	010-82000860 转 8724	责编邮箱	471451342@qq.com
发行电话	010-82000860 转 8101/8102	发行传真	010-82000893/82005070/82000270
印　　刷	北京建宏印刷有限公司	经　　销	新华书店、各大网上书店及相关专业书店
开　　本	710mm×1000mm 1/16	印　　张	16.5
版　　次	2024年9月第1版	印　　次	2025年6月第2次印刷
字　　数	296 千字	定　　价	98.00 元
ISBN 978-7-5130-9500-6			

出版权专有　　侵权必究

如有印装质量问题，本社负责调换。

追光而行　逐浪潮头（代序）

人们常用"时代洪流"来形容社会前行的磅礴和人类的渺小。的确，在时代大势面前，我们不可能逆势而行，只有顺势而为。20世纪初，第四次工业革命的概念诞生，云计算、大数据、物联网等新事物扑面而来，我们似乎还来不及细细揣摩，元宇宙、ChatGPT、AI文生图生音频生视频等便接踵而至，新技术裹挟着这些新生事物纷至沓来，令人目不暇接。在迅速迭代的技术面前，法律人唯有不断追赶，逐浪而行，才能回应时代。马翔先生的这部著作就是从微观的商标法视角做出的尝试和努力，作者难能可贵的勇气和开拓攻坚的魄力令人钦佩。在我看来，马翔先生既是追光人，也是弄潮者。

这部著作探讨的是法律，但记录的是时代；它讲述了案例和法理，也披露了事件的缘起和产业博弈。于是，我们看到了ofo小黄车、线上二手车经纪、网约车平台的发展轨迹，见证了互联网及互联网思维媒介产业带来的潮起潮落和兴衰更替。因此，在我看来，这本著作实际上也是关于传统产业与互联网相遇后"相爱相杀"的历史大事记。

对于实践者来说，这部著作无疑是极具指南意义的宝典。从商标布局、查询检索，到庭审策略技巧，再到诉讼攻防博弈，它进行了全链条无死角的交代，事无巨细、娓娓道来、语言平实流畅，就像为读者提供了一个互联网商标业务的百宝箱，实践中遇到的难题都能从中找到解决的金钥匙。

对于制度建构者来说，这部著作也是极具启示价值的红宝书。新技术带来的产业融合和社会裂变，给包括商品和服务分类在内的商标法律制度带来了前所未有的挑战。市场躁动熙熙攘攘，问题繁杂乱花眯眼，如何穿透表象看彻问题之实质、立基规范之本探寻正解，这本著作都给出了思路。

从篇章布局来看，本书以"互联网+"的产业发展背景拉开叙事之幕，以极具法律价值和社会反响的滴滴打车案、人人车案、ofo小黄车案为基本素材，穿插IPAD案和非诚勿扰案，从案件代理人的视角进行案件复盘和反思总结，提炼规则，给出规范适用的思路和制度发展的方向，最后以人工智能技术背景下的商标法律制度回应作结，首尾呼应，余音回响，意味深长。

特别开心看到这样一部成功之作能够出版，也非常荣幸能在其出版之际写上几句话。马翔先生在商标领域深耕多年，从经验和资历来说，他其实是我的老师。因缘际会，我们曾一起参加各种修法、释法研讨会，加之都是内蒙古同乡，也便多了一些彼此了解的机会。我知道，马翔先生是业界著名的知识产权律师，在国内外各大排行榜上多次斩获杰出律师、业界贤达、"十佳"等荣誉，也不乏知识产权工作方面的省部级奖项。但是，我觉得他更是一名精于思考和梳理的研究型律师，他主编的《商标授权确权》我经常翻阅，并在教学和研究中参考。在我看来，他是关注改革开放后中国商标法律制度发展并在一线工作的最早一批实践者，我国商标制度发展脉络中的大事、要事乃至推动制度发展的关键人物他都如数家珍，讲起来滔滔不绝，这也反映了他对中国商标事业发展的关心和热忱。因此，当马翔先生提起要出版这样一部作品并邀请我作序时，我欣然答应。数月后，当拿到作品的初稿时，我心中充满了惊喜和震撼，因为无论是内容还是形式，作品都远远超出了我对它最初的期待，让我感觉到了一个30年追踪商标制度发展的商标人的沉甸甸的思考。祝贺马翔先生的大作付梓，也期待其更多的优秀成果问世。

心有希冀，目满繁星；追光而遇，沐光前行。愿和马翔先生一起拥抱这个时代，也愿这个时代善待热爱它的人们！

中央财经大学法学院教授、博士研究生导师

自　序

滴滴打车案、人人车案和 ofo 小黄车案精彩纷呈，呈现给读者的想法，在我脑海里已经 8 年了。

促使我今年提笔有两个因素：第一，天驰君泰律师事务所成立 30 周年，我从事商标法律服务也已 30 周年，需要回顾、总结。第二，人工智能异军突起，和"互联网＋"时代一样面临着商标保护的新挑战，汲取"三车案"的教训提前布局，可以避免重蹈覆辙，为人工智能产业顺利发展尽微薄之力。

从事商标授权确权、侵权代理等全面商标法律服务 30 年，除了专门、专心、专业，我一直努力走在商标法律服务的最前沿，代理了中国第一例商标反向假冒案、第一例立体商标申请案、第一例服务商标驰名保护案、第一例商标正当使用过当行政处罚案，这些案件带给我荣耀和开拓精神，培养了我敏感的嗅觉和接受挑战的勇气。当看到媒体报道商标典型案件并且自认为能找到突破点打赢的时候，我一定在第一时间冲上去。

滴滴打车案便是如此。2014 年，正当北京小桔科技有限公司（以下简称"小桔公司"）如日中天的时候，突然被杭州妙影微电子有限公司（以下简称"杭州妙影公司"）以第 9 类软件上的"嘀嘀"商标诉商标侵权并要求巨额赔偿，这对快速发展的小桔公司而言无疑是晴天霹雳，对其继续高额融资影响是巨大的。我看到此新闻后，凭直觉认为杭州妙影公司的诉请难以成立，便马上联系到了小桔公司分管法务的副总经理，我的方案打动了他，便带我去见了程维。当时小桔公司在中关村的一个写字楼办公，程总的办公室不足 10 平方米，进去的人多了都转不开身，最后程总授权我代理此案。

距该案起诉不到一个月，广州市睿驰计算机科技有限公司（以下简称"广州睿驰公司"）又在北京市海淀区人民法院以第 35 类"嘀嘀"商标和第 38 类"嘀嘀"商标诉小桔公司商标侵权，并提出更高额的赔偿要求。媒体热炒，小桔公司危在旦夕。我们沉着应对，诉讼策略是：海淀区人民法院小桔公司是主场，此案尽可能加快进度，确认小桔公司到底从事的是什么服务，等待海淀区人民法院有利的判决，再推进广州睿驰公司提起的诉讼，同时，小桔公司自己的商标尽快授权。

我们从各个角度深入调查并认真分析、研究得出的结论是：小桔公司把出租车空载信息和打车需求进行撮合，最终提供的是《类似商品和服务区分表》第39类交通运输信息服务，并非第9类软件、第35类人事管理、第38类通信服务。虽然滴滴打车公司使用软件、有App、借助移动卫星通信等，但这些都是"互联网+"服务的工具，就像传统汽车工业的钢板和橡胶。比如，滴滴打车公司用软件，但不卖软件，也对司机进行管理，但并非专门替他人提供管理服务。

在滴滴打车案之前，没有类似案例可供参考，这是"互联网+"服务商标侵权第一案。我们向法官的主张是：对"互联网+"服务应进行综合、整体、实质判断，认定涉嫌侵权的服务到底是干什么的。而不是把"互联网+"公司分拆成卖软件、从事人事管理、通信服务等几块。海淀法院最终采信了我们的抗辩理由，判决书中"综合"一词出现了两次，判决滴滴打车公司不侵权，广州睿驰公司败诉。广州睿驰公司上诉又撤诉，双方在此基础上调解结案，至此滴滴打车案完胜，两个商标权人"碰瓷"均彻底失败，读者看完定能读懂其中的奥妙。

滴滴打车案的贡献是确立了"互联网+"商标侵权的判断原则，为以后类似案件提供了借鉴，保护了"互联网+"的蓬勃发展。滴滴打车公司得以继续融资并购，最终一统网约车天下。在写下这些文字之时，看到一篇文章，滴滴打车公司共融资1500亿元，2023年收入1750亿元，管理着200万名司机。

滴滴打车案结束不久，知道我代理此案的朋友推荐处理"人人车"商标侵权指控。第9类、第35类和第42类"人人车"商标的抢注人为了得到更多利益，把"人人车"商标高价卖给北京人人车旧机动车经纪有限公司（以下简称"人人车公司"）的竞争对手北京好车无忧信息技术有限公司（以下简称"好车无忧公司"）。好车无忧公司自以为手里有了"人人车"注册商标这个"尚方宝剑"就可以对人人车公司"一剑封喉"，稳坐二手车交易头把交椅。好车无忧公司受让"人人车"商标后马上以商标侵权为理由投诉到各大平台，平台纷纷下架了人人车App，然后又到多地工商局投诉，要求制止商标侵权行为等。好车无忧公司还模仿人人车平台，上线了自己的"人人车App"，劫持真正人人车公司的流量，人人车公司"命悬一线"。但是，好车无忧公司"撞到了石头上"！我们如法炮制，拿出综合、整体、实质判断的方法，率先诉至北京知识产权法院请求确认不侵权，起诉的理由是人人车公司从事的是二手车经纪服务，与优信二手车公司抢注的第9类、第35类、第42类"人人车"商标核定的商品和服务不相同不类似，不侵权，北京知识产权法院予以采信。同时，我们帮助人人车公司迅速受让在经纪服务上的"人人车"商标，并以此"人人车"注册商标诉优信二手车的"人人车"平台商标侵权和不正当竞争，均得到法院支持。另外，在二手车经纪服务上重新注册"人人车"商标并成功。通过我们的"三板斧"，人人车公司反败为胜，这是一场非常经典的"商战"，商标之战，以人人车公司实现大反转全面胜诉而告终，本书对此案的代理策略和精彩环节有全面介绍。

打赢了滴滴打车案和人人车案之后，ofo小黄车案的被告北京拜克洛克科技有限公司主动找上门。有了之前两案的成功经验，我们欣然接受委托，轻松打赢了最后一"车"案。此案明星法官承办，在海淀区人民法院大法庭开庭，很多人旁听。遗憾的是，ofo小黄车破产后，法院的判决才出来。

"三车案"中败诉的公司，其真正目的并非维权，而是"碰瓷"。滴滴打车公司被诉前不久，美国苹果公司用钱买时间（打下去不一定败），向"碰瓷"公司支付了6000万美元的和解费。此案后，商标"碰瓷"成了有些公司发大财的美梦。滴滴打车公司多轮融资，不能有任何的风吹草动，是"碰瓷"的最佳目标。杭州妙影公司诉小桔公司一案开庭时原告提出和解的条件是，要小桔公司10%的股份。如果成功，那一定是最大的商标"碰瓷"案。ofo小黄车案原告也提出了高额赔偿的诉求。滴滴打车案和ofo小黄车案的判决结果，击破了这些公司的发财梦，也对商标"碰瓷"起到了一定的遏制作用。我曾想将此书的书名叫作"对商标'碰瓷'说：不！"

人人车案是典型的商标之战。当年人人车公司、好车无忧公司、瓜子二手车公司进行了残酷的广告大战，每家都投入了几十亿元的广告费。好车无忧公司花高价购买"人人车"注册商标试图打败人人车公司，被人人车公司反制。"三车案"的经验、教训都在此书中，值得互联网公司关注！

滴滴打车、人人车、ofo小黄车三家公司都是运用现代互联网通信等高科技手段提供复杂的服务，与传统服务不能同日而语，所以我们在判断"互联网+"服务是否构成侵权时，应坚持对复杂的服务进行综合、整体、实质的判断，客观地得出到底是什么服务，而不被一些假象所误导。

"三车案"之后的非诚勿扰案就是典型。一审受电视节目中的婚恋元素影响，认定《非诚勿扰》电视节目侵犯婚介服务上的"非诚勿扰"商标专用权。再审时我们运用"三车案"的原则和方式，阐述虽然有婚恋元素，但其终究是一档倡导正确婚恋观的娱乐节目，不是婚介所，不易使相关公众混淆误认。广东省高级人民法院认可了我们的观点，再审判决江苏卫视胜诉。

"三车案"和非诚勿扰案都是服务商标侵权的典型案件。我们在代理"三车案"和非诚勿扰案时，除了提出综合、整体、实质判断的观点，还有一个重要观点，服务不易混淆，服务商标侵权判定的标准应高于商品商标，这也是打赢此类案件的关键，借此书与大家分享。

早在1857年，法国就对商品商标进行立法保护，而服务商标的保护直到89年后才在美国开始。我国1982年颁布《商标法》，1993年才增加对服务商标的保护。究其原因，是服务与商品相比有其特别之处，服务有过程性、非标准性、非储存性，有服务提供者参与，服务的质量、工具、场所也是区别服务的重要因素。这些特点决定了相关公众注意力会很高，不易混淆误认，服务商标侵权判定考虑的因素比商品商标多，不易认定侵权。因而，服务商标的保护没有商品商标保护迫切，立法迟于商品商标。我经常举这个例子：下班去超市，在有限的空间内一眼能看到很多方便面品牌，只用几十秒甚至几秒的时间，就把心仪的方便面扔进购物车。而我们下班后去吃一碗面，却要考虑什么风味、地段、环境等等，到了餐馆找个合适的座位，点菜，还要和服务员确定口味是不辣还是微辣，等待一段时间面才能做好端上来，吃的过程中可能加盐、加醋……总之，吃一碗面要比买一包方便面复杂得多、用时长得多、区别因素多得多。近似程度一样的情况下，选择方便面时，基于价低、选购时间短而混淆误认的可能性更大，而在餐饮服务上混淆的可能性就小。因此，服务商标的特殊性决定服务商标不易侵权，判断是否构成侵权的标准应高于商品商标。这些观点希望读者在本书中能体会和感受到，也希望和读者共同探讨，一起推动服务商标的精准保护。

当我写此序的时候，滴滴打车案已经过去9年，虽然3年前我国专业知识产权论坛还专门组织讨论"互联网+"时代商标如何保护的问题，但基本原则早已在那儿，更有现实意义的是："人工智能+"时代商标如何保护？才是我们应该思考的新的、迫切的课题。

"人工智能+"相比"互联网+"发展更迅猛、更具颠覆性、更复杂、风险更大、更需要保护。首先，人工智能可以通过分析大数据来推荐商品或服务，可能导致消费者对商标的依赖减少，而更多依赖于人工智能系统的推荐。尽管人工智能可能在某种程度上影响商标的传统广告功能，但随着消费者对品牌故事和文化价值的关注增加，商标的广告功能仍有巨大发展空间。人工智能技术本身也可以成为强化品牌形象和传播品牌文化的工具，通过定制化的内容推送、虚拟体验等方式，消费者对商标品牌的理解会更加深刻、情感联结会更加紧密。商标授权确权和行政管理利用人工智能会更加精准和高效，侵权判断也会借助人工智能的帮助。"人工智能+"企业商标注册申请类别比"互联网+"企业应该更宽泛，遇到商标侵权指控时更容易被肢解成无数"块"。但万变不离其宗，我们除了适用相关法律法规、司法解释，"互联网+"服务侵权判断综合、整体、实质的原则毫无疑问仍然是最先选择的方法。当然，"人工智能+"的特殊性也是我们要着重考虑的方面，通过具体问题具体分析，找到更优于"互联网+"时代的原则和方法，保护人工智能的健康发展，造福于人类，这也是此书的现实意义所在。

马　翔

2024 年 8 月 8 日

目　录

第一章　"互联网+"时代与商标保护新形态 · 001

　　一、"互联网+"概念的起源与演进 /001

　　二、"互联网+"的内涵与价值 /003

　　三、"互联网+"的发展：围绕投融资展开 /011

　　四、"互联网+"时代的商标保护 /015

第二章　滴滴打车案 · 028

　　一、案件缘起 /028

　　二、基本案情 /034

　　三、原告诉请 /036

　　四、被告风险 /038

　　五、诉讼策略 /039

　　六、律师代理 /042

　　七、精彩庭审 /064

　　八、法院采纳 /070

　　九、杭州妙影公司、宁波妙影公司与小桔公司商标侵权案 /075

　　十、案件典型意义 /082

　　十一、案件社会影响 /084

第三章　人人车案 · 090

　　一、案件缘起 /090

　　二、"人人车"商标行政确权之路 /095

三、"人人车"商标确认不侵权之争 /105

四、确认不侵权案之原告诉请和被告风险 /109

五、确认不侵权案之法院采纳 /110

六、律师代理在本案中的积极作用 /116

七、"人人车"商标不正当竞争风云 /126

八、"人人车"商标侵权鏖战 /137

九、人人车案之典型意义及社会影响 /140

第四章　ofo 小黄车案 · 146

一、案件缘起 /146

二、基本案情 /158

三、原告诉请 /159

四、被告风险 /162

五、被告的诉讼策略 /166

六、被告律师代理策略 /168

七、精彩庭审 /177

八、法院采纳 /180

九、典型意义 /185

十、案件影响 /186

第五章　服务商标保护的特殊性 · 188

一、国际上服务商标保护迟于商品商标 /189

二、国内对服务商标的保护更晚 /190

三、服务的特点决定服务不易被混淆误认 /192

四、服务商标侵权认定标准应高于商品商标 /195

五、"三车"服务比一般服务更复杂，更不易产生混淆误认 /197

六、对复杂服务应坚持综合、整体、实质的侵权判断原则 /198

七、非诚勿扰案适用滴滴打车案确立侵权判定原则 /199

第六章　"三车案"对"人工智能+"时代商标保护的启示·205

　　一、"互联网+"至"人工智能+"的演进 /205

　　二、"人工智能+"时代商标领域的挑战 /209

　　三、从"互联网+"看"人工智能+"时代商标侵权判定的变革 /231

　　四、结语 /245

后　记·247

第一章 "互联网+"时代与商标保护新形态

十年之前，2014年1月，彼时方兴未艾的互联网打车领域掀起一阵"腥风血雨"，两大互联网打车软件"滴滴"与"快的"开启了补贴大战。这场大战旷日持久，轰动全国，经历过这段历史的人记忆犹新。当时，用户打车，快的若补贴10元，滴滴则增加补贴至11元，随即快的又增加补贴额度，如此这般，乘客几乎可以零成本打车。当时智能手机普及不久，对于这种"烧钱赚吆喝"的行为，人们不甚理解，但却在两者的补贴大战中坐享"渔翁之利"。随着淘宝、京东等电子商务平台融入人们的生活，以滴滴打车、共享单车为代表的新业态——"互联网+"，正式进入人们的视野。

一、"互联网+"概念的起源与演进

2015年3月，李克强总理在第十二届全国人民代表大会第三次会议上的政府工作报告中提出制订"互联网+"行动计划，强调"推动移动互联网、云计算、大数据、物联网等与现代制造业结合，促进电子商务、工业互联网和互联网金融健康发展，引导互联网企业拓展国际市场"。这意味着，"互联网+"已正式作为一项国家顶层设计，从信息科技产业的发展拓展延伸至传统产业与互联网的跨界融合，成为国家经济社会发展的重大战略。[1]

实际上，在"互联网+"进入政府工作报告、被列入国家战略规划前，互联网行业对这个概念讨论已久，社会各界对互联网引领产业升级、推动商业模式革新也多有憧憬与广泛讨论。"互联网+"概念之发轫，可以追溯到2012年11月24日第五届移动互联网博览会上，易观国际董事长兼首席执行官于扬在发言中首次提出"互联网+"

---

[1] 黄楚新、王丹：《互联网+意味着什么，对"互联网+"的深层认识》，载《新闻与写作》2015年第5期。

理念。[1]

在此之前，将互联网与传统行业相结合的"互联网+"理念或许已有小规模讨论并略有雏形，但此次会议系对"互联网+"概念首次全面详细的阐述，并将"互联网+"视为传统企业实现互联网化的重要途径。囿于彼时互联网行业并未充分展露其迅猛发展的势头，"互联网+"亦尚未对人们的日常生活造成显著影响，于扬的发言以及"互联网+"的概念起初并未受到人们的重视。真正将"互联网+"概念发扬光大的，乃是掌握中国互联网"半壁江山"的腾讯公司创始人马化腾。其最早在公共场合提及"互联网+"的概念，可追溯到他于互联网金融论坛暨众安保险开业仪式上的发言。

2013年11月6日，作为全球首家互联网保险公司，众安保险在上海举行开业仪式，阿里巴巴电子商务有限公司持股19.9%，腾讯和中国平安保险分别持股15%。腾讯董事会主席马化腾、阿里巴巴集团董事局主席马云、中国平安董事长马明哲同台亮相，纵论互联网金融。[2]众安保险正是站在了"互联网+"的风口之上——这是国内第一家没有线下团队的保险公司，也是第一家将核心系统搭建在云上的金融机构，众安保险的创立也被业界认为是互联网向金融等传统行业渗透的典型。正如马化腾在发言中提及的，互联网本身并不具备颠覆传统行业的能力，其至多只是一种工具，而"互联网+"则是一种能力，能够引领一个企业乃至整个行业跻身互联网时代的竞争前沿。

2015年全国两会期间，马化腾以全国人大代表的身份就我国"互联网+"的发展规划提出建议。他在《关于以"互联网+"为驱动，推进我国经济社会创新发展的建议》中呼吁，希望"互联网+"生态战略能够被国家采纳，成为国家战略。他认为，"互联网+"是以互联网平台为基础，利用信息通信技术与各行业的跨界融合，推动产业转型升级，并不断创造出新

---

[1] "在未来'互联网+'这样的公式应该是我们所在的行业目前的产品和服务，在与我们未来看到的多屏全网跨平台用户场景结合之后产生的这样一种化学公式。……这样的服务会以一个'互联网+'的公式存在，从而重新改造和创造我们今天所有的产品。也许今天对于移动互联网公司的创业者来说，当我们熟悉了这样的一个路径之后，也许我们可以考虑跟行业结合，我们也许考虑基于这样一个多屏全网跨平台的产品设计出一个符合互联网特点的服务，也只有真正做到这一点，我相信我们才有机会再往前迈一步，能真正转型，从而创造新的局面。"腾讯科技：《于扬：所有传统和服务应该被互联网改变》，载TechWeb2012年11月4日，https://people.techweb.com.cn/2012-11-14/1255068.shtml。

[2]《众安保险宣布正式开业　马明哲、马云、马化腾首聚复旦》，载众安保险官网，2013年11月6日，https://www.zhongan.com/corporate/news/%e4%bc%97%e5%ae%89%e4%bf%9d%e9%99%a9%e5%ae%a3%e5%b8%83%e6%ad%a3%e5%bc%8f%e5%bc%80%e4%b8%9a/。

产品、新业务与新模式，构建连接一切的新生态。"互联网＋"已经成为产业转型升级和融合创新的重要平台。一方面其有助于推动产业生态共赢，促进大众创业、万众创新；另一方面，其能够促进共享经济发展，优化公共资源配置，极大地惠及民生。

中国互联网已从单纯的"IT"跨越到"DT"，并致力于以信息通信业为基础，全面应用于第三产业，实现"互联网＋"。就其所覆盖的产业的广度而言，在这一全新的概念下，已形成互联网金融、互联网交通、互联网医疗、互联网教育等新业态，而且正在向第一、第二产业渗透。如在农业领域，互联网的应用不再局限于电子商务等网络销售环节，而是逐步向生产领域渗透，这将为农业的发展带来新的机遇；在工业领域，互联网正在从消费品工业向装备制造和能源、新材料等工业领域渗透，这将全面推动传统工业的产业升级，推动生产力大幅提升。就向特定产业渗透的深度而言，"互联网＋"逐步从单纯发挥信息传输的工具功能，渗透到销售、运营和制造等多个产业链环节，并将互联网进一步延伸，通过物联网把传感器、控制器、机器和人连接在一起，形成人与物、物与物的全面连接，促进产业链的开放融合，将工业时代的规模生产转向满足个性化长尾需求的新型生产模式。[1]

二、"互联网＋"的内涵与价值

"互联网＋"的概念由来已久，其源自互联网行业，从业界大佬的讨论逐步进入大众视野，成为媒体竞相报道关注的公众议题，并最终被纳入政府年度工作报告，上升为国家的战略规划。"互联网＋"一时间风风火火，搅动了传统行业的"一池春水"，但各行各业在拥抱互联网的同时不免困惑和迷茫，以至于很多人言必称"互联网＋"，但始终没搞清楚"互联网＋"是什么，也不知道"互联网＋"到底能在哪些方面发挥出其应有的价值。那么，"互联网＋"到底是什么？我们应该如何认识"互联网＋"？

（一）不同版本的"互联网＋"

聊到"互联网＋"，想必每个人都能说上两句："互联网＋"首先肯定和互联网脱不了干系，"＋"就是互联网加上传统行业，就是互联网在各行各业的应用；"互联网＋"是一个高大上的新名词，代表着高科技；"互

---

[1] 马化腾：《关于以"互联网＋"为驱动推进我国经济社会创新发展的建议》，载《中国科技产业》2016年第3期。

联网+"是一个时髦的东西，肯定能带来巨大的商业价值……尽管这些结合人们日常生活感受的认识确实能够在技术水平、产业价值等方面反映出"互联网+"的特征，但却很难还原"互联网+"的全貌。为此，我们有必要梳理政府、互联网行业、传统行业等各方人士对"互联网+"的理解，总结归纳出一个完整的"互联网+"。

首先，我们可以参考官方给出的定义。《国务院关于积极推进"互联网+"行动的指导意见》（以下简称《指导意见》）指出，"互联网+"是把互联网的创新成果与经济社会各领域深度融合，推动技术进步、效率提升和组织变革，提升实体经济创新力和生产力，形成更广泛的以互联网为基础设施和创新要素的经济社会发展新形态。根据《指导意见》给出的定义，"互联网+"是基于互联网平台促成各种经济资源的集聚和交互，其代表着一种新的经济形态，将互联网的科技成果、商业模式和创新能力，深度融合于经济社会各领域之中，提升虚拟和实体经济的创新力和生产力，形成更广泛的以互联网为基础设施和实现工具的经济发展新形态。

《指导意见》作为政府从国家发展层面制定的总体战略规划，寥寥数语间隐藏了政策制定者的仔细求证与反复讨论，但其文本提纲挈领，并不能很好地帮助我们理解"互联网+"。因此，我们还需要结合互联网产业界的意见，看看在实践中，"互联网+"是以什么形态出现，又是如何去运作的。

腾讯公司创始人马化腾认为："互联网+"是以互联网平台为基础，利用信息通信技术与各行业的跨界融合，推动产业转型升级，并不断创造出新产品、新业务与新模式，构建连接一切的新生态。

阿里巴巴公司下设的阿里研究院在其有关"互联网+"的专著中给出定义是：所谓"互联网+"就是指，以互联网为主的一整套信息技术（包括移动互联网、云计算、大数据技术等）在经济、社会生活各部门的扩散应用过程。[1]

百度公司创始人李彦宏认为："互联网+"计划，是互联网和其他传统产业结合的一种模式。随着互联网网民人数的增加，中国互联网渗透率已经接近50%。尤其是移动互联网的兴起，使得互联网在其他产业当中能够产生越来越大的影响力。[2]

---

[1] 阿里研究院：《互联网+：从IT到DT》，机械工业出版社2015年版，第5页。
[2] 《李彦宏谈互联网和传统产业互融：互联网使中国变得更强》，载人民网，2014年3月6日，http://lianghui.people.com.cn/2014cppcc/n/2014/0306/c379984-24549505.html。

小米公司创始人雷军认为：李克强总理在政府工作报告中提到"互联网+"，意思就是怎么将互联网的技术手段和互联网的思维与实体经济相结合，促进实体经济转型、增值、提效。[1]

这些定义尽管稍有差异，但是在内涵上却有着显著的共性。比如把《指导意见》中给出的官方定义与马化腾的理解相比较，我们可以发现，尽管两者措辞上有所不同，但从整体上看两种定义是在讲同一件事：将互联网在社会经济中的基础性作用发挥到最大。此外，官方定义将"新的经济形态""经济发展新形态"作为落脚点，旨在将"互联网+"视为引领经济增长的新引擎，从宏观角度强调互联网在产业升级与社会生活方式革新中的作用。而马化腾将"互联网+"落脚于"连接一切的新生态"，则更倾向于"互联网+"在科技行业的具体应用。

（二）从"+互联网"到"互联网+"：不仅仅是信息化

步入"互联网+"时代不过短短十年，我们或许感慨于互联网在如此短暂的时间内对每一个人类个体的生活渗透之深、影响之巨，但站在历史长河的一端回眸，这不过是互联网融入人类社会进程的一个节点。而互联网从诞生到今天也不过半个世纪，在人类的文明史中，50年只不过是沧海一粟。"互联网+"是互联网发展史中的若干具有划时代意义的里程碑之一，它标志着互联网在诞生伊始所被赋予的信息传递与通信工具的定位，正悄然向实体经济渗透并转化为生产工具。从20世纪初诞于世、未显锋芒的早期互联网，到21世纪大显身手、促进产业信息化的"+互联网"，再到代表着互联网发展新阶段的"互联网+"，互联网的发展是一部波澜壮阔的史诗。

1. 互联网的演进：从 Web 1.0 到 Web 2.0

互联网集诸多技术之大成，围绕互联网诞生的时间说法不一，即便是几位核心的"互联网之父"，观点也不尽相同。人们比较普遍地认同1969年10月29日是互联网（阿帕网）诞生日。而互联网真正进入大众视野，当从20世纪90年代开始，也即 Web 1.0 阶段。1990年，阿帕网完成历史使命，停止使用。第一个商业性质的互联网拨号服务供应商——The World 诞生。商业化，也只有商业化，才具备强大的、真正改变世界的力量。20

---

[1] 田园、黄航、朱志：《让雷军告诉你："互联网+"加的是什么?》，载湖北广播电视台微信公众号2015年3月13日，https://www.shanxiranqi.com/index.php?m=content&c=index&a=printContent&catid=140&id=10409。

世纪 90 年代正是互联网最辉煌、最美好的年代。万维网和浏览器的出现、克林顿政府战略性的政策引导，以及风险投资的疯狂加持，在这"三级火箭"的强力助推下，互联网谱写了迄今为止最富有想象力、近乎魔幻的一段传奇历程。互联网真正走向社会，成为变革时代的创新力量。有赖于技术与商业、社会和政治更大范围的联动，尤其以克林顿执政时期（1992—2000）互联网引领的"新经济"奇迹为代表，华盛顿"信息高速公路"政策理念的引导，华尔街资本市场的协同和助力，硅谷创业精神和风险投资机制的引爆，互联网热潮席卷全球。1993 年，全球有 200 多万网民，到 1999 年年底已有 2 亿多网民，即便互联网泡沫最终破灭，互联网热潮也不会停止。

Web 2.0 从 2004 年至今，是万维网革命的第二阶段，通常称为读写网络，也称为参与式社交网络。已有的文献显示，蒂姆·奥莱利（Tim O'Reilly）于 2005 年 9 月 30 日发布的《什么是 Web 2.0?》一文中对 Web 2.0 给出了较为清晰的介绍："Web 2.0 的概念开始于一次会议中，展开于 O'Reilly 公司和 MediaLive 公司之间的头脑风暴。互联网先驱和 O'Reilly 公司副总裁戴尔·多尔蒂（Dale Dougherty）注意到，同所谓的"崩溃"迥然不同，互联网比其他任何时候都更重要，令人激动的新应用程序和网站正在以令人惊讶的规律性涌现出来。更重要的是，那些幸免于当初网络泡沫的公司，看起来有一些共同之处。那么会不会是互联网公司那场泡沫的破灭标志了互联网的一种转折，以至于呼吁 Web 2.0 的行动有了意义？我们都认同这种观点，Web 2.0 由此诞生。"奥莱利提到的会议，系 2004 年 10 月 5 日在美国加利福尼亚州旧金山市日航酒店召开的首届 Web 2.0 大会（Web 2.0 Conference）。会议邀请包括杰夫·贝佐斯、马克·安德森、劳伦斯·莱斯格、约翰·多尔、玛丽·米克尔、马克·库班等在内的一批互联网业界卓越的企业家、思想家和投资人，奥莱利担任本届大会的主持人。在会议召开当天，奥莱利作了主题发言。在开篇，他探讨了为什么一些企业能够在互联网泡沫中生存下来，而有些企业却最终失败，并对当时的一些增长迅速的创业企业进行了研究。然后他提出"互联网作为一个平台"的理论，其核心是：网站不再纯粹是个"空间"，而是通往各式服务的"入口"，用户被置于网站的中心位置，被赋予更大的信息生产、传播的权力。"互联网作为一个平台"是奥莱利构建 Web 2.0 理论体系的首要原则，其他原则包括：利用集体智慧、数据是下一个 Intel Inside、软件发布周期的终结、轻量型编程模型、软件超越单一设备和丰富的用户体验。奥莱利的演讲获得了与会者的认可，被大会组织者寄予厚望的新概念 Web 2.0 迅速在业内得到传播。

奥莱利提出的Web 2.0概念最终给由博客、播客、SNS、Wiki等组成互联网新浪潮命了名，并迅速成为全球公认的主流概念。2004年，脸书（Facebook）推出。2005年，油管（YouTube）推出，大众可以免费分享网络在线视频。2006年，推特（Twitter）诞生，最初的名字是twittr（受Flickr的启发），该公司的创始人杰克·多西（Jack Dorsey）发出了第一个推文："只是设置我的推特。"推特的成功，推动互联网信息传播模式走向"零时延"，推特的中国版"微博"在几年后全面成长。这几大社交媒体的崛起，标志着Web 2.0时代全面到来，使得在Web 1.0时代占据主导地位的门户模式开始走下坡路。

互联网在21世纪的第一个10年，可谓坎坷非常，多灾多难，先是经历最为惨烈的纳斯达克崩盘，又遭遇了2008年的金融危机。但是，这10年也因为创新而多姿多彩，先是网民创造力和生产力大爆发的Web 2.0浪潮，然后是iPhone开启的移动互联网浪潮，让网络真正成为全新的社会信息基础设施。全球网民从2000年年初的不到3亿人，发展到2009年年底的18亿人，普及率超过25%，突破了作为真正大众媒体的临界点。更重要的是，互联网超越了美国中心，真正进入全面开花的全球化阶段，在各个国家和地区形成独特的发展路径和模式。互联网商业化开始冲击传媒、商务、通信等社会领域。新一代互联网巨头纷纷崛起，为下一个历史阶段最为庞大的超级平台诞生做了充分的准备。智能手机让各类传感器开始普及，让物理世界加速映射到互联网实现数字化，也让互联网上的各种服务能够应用到社会生活中，线上和线下开始紧密地交互。在这一阶段，苹果公司、脸书、爱彼迎、优步、小米、字节跳动、滴滴、美团、蚂蚁金服、拼多多和快手等迅速崛起，成为各自领域的领军企业。社交网络、O2O服务、手机游戏、短视频、网络直播、信息流服务、应用分发和互联网金融等移动互联网服务成为主流。

可以说，Web 1.0使互联网不再拘泥于企业与政府间传递信息的工具，为互联网进入寻常百姓家提供了渠道，互联网拥有了庞大的社会覆盖面与群众基础。Web 2.0浪潮使互联网正式成为社会信息基础设施，新一代互联网巨头的崛起也为"互联网+"的诞生拉开了序幕。

2. 互联网与传统产业的结合：从"+互联网"到"互联网+"

从字面上讲，"+互联网"即"各个传统行业+互联网"，通常强调作为通信工具的互联网在传统行业中得到应用，其重心仍在传统行业，侧重以信息技术服务传统行业，提升服务能力和品质"+互联网"并不改变行业的属性划分，而是产业吸收新技术过程中所产生的量的变化。"互联网+"即"互联网+各个行业"，强调互联网信息技术与行业产业进行深度融合，共享资源和知识，创造新的发展业态和行业，这属于改变行业本质的质的变化。尽管形式上只有加号位置之差，但两者反映的却是互联网对经济社会的渗透和扩散过程中经济形态发展的不同阶段。

在"+互联网"时代，我们经历了以通信为主要特征的网络经济阶段。传统企业利用互联网获取或者发布信息、完成交流沟通，互联网企业搭建电子商务平台，融合了传统行业的零售，并在商贸流通领域迅速崛起。得益于互联网与零售业的深度融合，电子商务快速发展：对于企业而言，互联网为其提供了全方位展示产品的渠道，并使产品的信息变得透明化与公开化；对于消费者而言，其自身的消费需求因相对完整的产品展示而得到满足。互联网与传统产业的初次融合，使产品原有的生产链发生改变，有效降低了产品成本，并为消费者提供了更优质的服务。

在"互联网+"阶段，我们步入以移动互联网、云计算、大数据深化应用为主要特征的信息经济阶段。互联网融入商业生态系统之后，即从第三产业开始向第一和第二产业渗透，深入到实体经济中；与此同时，传统产业与互联网经济之间从碰撞、抵制、竞争到合作，呈现出顺势而为的融合发展趋势。电子商务、即时通信、搜索引擎、网络娱乐、互联网金融等经济活动领域进一步扩大，服务业形态发生根本性改变。[1]

"互联网+"与"+互联网"存在诸多差异。从经营模式来看，"互联网+"更彰显互联网思维的用户思维，以用户导向为主，而"+互联网"更多沿袭工业化思维的资源倚重路径，以资源导向为主；从价值取向来看，"互联网+"属于重构供需，"+互联网"侧重重构效率；从服务形式来看，"互联网+"源自线上，以上门服务为主，"+互联网"立足线下，以到店服务为主；从竞争优势来看，"互联网+"主要倚仗人才，而"+互联网"主要倚仗既有的资源和市场经验；从人力资源来看，"互联网+"主要采取合伙人方式，发挥各自所长，"+互联网"稳打稳扎，主要依靠招聘培养；从从业主体来看，"互联网+"主要是互联网产业的从业者，"+互联网"主要是践行互联网思维的传统产业实体从业者；从企业形态来看，"互联网+"以线上线下融合的大平台为主，彰显平台经济，"+互联网"以大量较小规模的企业为主，范围经济和规模经济并存；从

---

[1] 欧阳日辉：《从"+互联网"到"互联网+"——技术革命如何孕育新型经济社会形态》，载《人民论坛·学术前沿》2015年第10期。

商业本质来看，"互联网+"更多体现商业形态的破坏性创新，关键词是重构，"+互联网"则更偏重既有商业属性的优化升级，关键词是升级；从主要特征来看，"互联网+"脱胎于互联网企业，"轻资产+服务"是其共性，"+互联网"植根于传统产业，"重资产+技术"是其共性。

从"+互联网"到"互联网+"的蜕变，实质上是消费互联网向产业互联网的转型升级。从1994年我国正式接入因特网至今，中国互联网以消费互联网为主要模式，历经启蒙、发展、壮大，但最终无法避免红利渐微。以消费者为主体、互联网公司唱主角的消费互联网发展疲态日增。BAT巨头垄断之下，中国互联网产业格局日益显现出资本的主导力量和意志，2014年前后接连发生的行业巨头合并案，成为互联网"双创"举步维艰的真实写照和产业格局日趋固化的深刻注解。消费互联网主要解决消费模式、需求表达、信息对称等需求端的诸多问题，但其发展也遇到瓶颈，红利效应已成强弩之末。而在消费互联网之后，产业互联网在2010年才开始蹒跚起步。以工业化思维为指导、以规模经济为主要生产方式的传统产业似乎难以融入互联网大潮，而产业互联网定位于生产端，以生产者为主体，关注供给和生产问题，以制造业和服务业为代表的传统产业经历了互联网的洗礼和冲击。消费互联网和产业互联网融合标志着以互联网技术、理念和平台为依托，供需关系实现了优化和重构。因此，"互联网+"的本质就是DT时代供需关系的重构，其核心就是消费互联网和产业互联网的融合。

（三）"互联网+"的价值：促进实体经济转型，增进人民幸福

在科技史上，一项新技术或重大发明成果的问世和普及并不能称作技术革命，只有整个经济社会随着技术的渗透和扩散出现了生产效率的极大提高和人们生活方式的重大改变，才能称得上技术革命。卡萝塔·佩蕾丝（Carlota Perez）在《技术革命与金融资本——泡沫与黄金时代的动力学》一书中通过"技术—经济范式"对人类历史上的五次技术革命作了深入的分析。佩蕾丝认为，技术革命每隔40—60年爆发一次，每次技术革命的发展浪潮持续大约五六十年。随着新技术的渗透和技术革命的扩散，每次技术革命可以划分为两大时期，前二三十年可称为"导入期"，后二三十年可称作"展开期"。而每一个时期又会经历两个不同的阶段：导入期的爆发阶段和狂热阶段，展开期的协同阶段和成熟阶段。两个时期中间会有狂热泡沫之后的调整期。在导入期，技术创新中的大量关键产业和基础设施在金融资本的推动下得以形成，但同时也会遇到来自旧范式的抵抗并产生各种矛盾，各种制度变革的呼声日益高涨。在展开期，技术革命的变革潜力扩散到整个经济中，对整个经济发展的助益达到了极致。

根据佩蕾丝的"技术—经济范式"，世界范围内的第五次技术革命以2000年为分界线，前期经历了1970年开始的导入期，2000年后进入展开期。总的来说，世界范围内的第五次技术革命正处于展开期的协同阶段，以信息技术、（移动）互联网、大数据、云计算、搜索引擎、社交网络、物联网等技术为主的第五次技术革命飞速发展，整个社会正处于"黄金时代"，享受技术革命带来的幸福时光，信息经济在全球范围内迅速兴起。

21世纪的第二个十年见证了"互联网＋"的诞生。在这个阶段，我国经济运行的矛盾主要集中在供给侧，直接表现就是产能过剩与有效供给不足，企业所提供的产品和服务不能有效满足消费者需求，生产活动的市场价值无法兑现，经济运行难以实现良性循环。在传统产业领域，需求乏力、品牌效益不明显、竞争过度、产能过剩等问题日益突出。人口红利消失、环境问题严峻、自然资源有限，经济发展依赖传统资源投入的弊病充分显现。实体经济发展是国富民强的基础。在中国经济步入新常态、经济结构优化、经济发展方式转变的关键期，通过"互联网＋"振兴实体经济更是势在必行。

改革开放40多年来，我国制造业规模总量持续增长，产量处于世界领先地位，成为世界制造业大国。尽管我国制造业取得了长足进步，但多数制造业企业仍处于较低发展水平，面临人口、土地、技术等资源环境约束，综合成本持续上升。随着外部环境的改变，产能过剩、人口红利消失、资源环境条件等约束使我国制造业粗放型发展方式难以为继。在全球价值链地位攀升中我国制造业既受到来自低端市场的激烈竞争，又受到来自发达国家的各种封锁，如何升级、靠什么升级、向什么方向升级是亟待解决的命题。2015年，我国开始全面部署推进实施制造强国战略，提出推进智能制造为主攻方向，促进产业转型升级，实现制造业由"大"变"强"的历史性跨越。[1] 实践充分表明，以"互联网＋"为指引的数字化转型可将制造优势与网络化、智能化相叠加，有利于提高生产制造的灵活度与精细性，构建柔性化、绿色化、智能化生产方式，是转变我国制造业发展方式，推动制造业高质量发展的重要途径。

---

[1] 刘淑萍：《"互联网＋"促进制造业升级机理与路径研究》，中南财经政法大学2019年博士学位论文，第10页。

"互联网+"能有效促进产业转型升级，这是因为"互联网+"为产业转型升级提供技术、通信等方面的支持，在改变传统产业生产方式的基础上，将传统产业进一步智能化与数字信息化，并在优化生产要素、提升生产效率的同时，改变传统产业的既有格局，使原来各自封闭的产业相互融合、渗透，以全新的方式创造价值并催生新的业态；传统产业依托"互联网+"各类新兴网络平台进行跨界整合、跨界经营，通过搭建数字商城、电商渠道拓展供应链、服务链，在时间、空间上进一步延伸并形成产业集群网络；"互联网+"的关联效应可促使产业集聚，推动产业集群升级，产业集群又可利用互联网技术促进自身发展、优化自身系统结构，推动产业结构向高级化、生态化转型。[1] 经济结构转型升级需要"互联网+"。中国经济已步入新常态，不仅要求经济增长速度更加稳健，更重要的是实现经济结构的转型升级。互联网与传统产业的深度融合，可以整合优化行业资源，节省交易成本，提升产品的技术水平，加速传统生产方式变革，推动传统行业的优化升级，使经济增长由主要依靠投资拉动转为依靠创新推动，促进中国经济发展由量到质的提升。

三、"互联网+"的发展：围绕投融资展开

"互联网+"概念一经提出，立即引起了广泛关注，迅速成为社会各界热议的焦点话题。这一理念将传统产业与互联网技术相结合，开启了新的发展模式。与此同时，"互联网+"也受到资本市场的青睐，相关的投资和融资数据显示出可观的增长势头，吸引了众多投资者的眼球。

（一）"互联网+"产业的总体投融资情况

2014年，互联网行业呈现出融资、IPO和并购活跃的态势。相关数据显示，互联网行业融资案例达到了584个，其中披露金额为61.13亿美元，同比增长了131.74%；互联网IPO达到了15家，募集金额达到了285.76亿美元。这些数据充分展示了"互联网+行业"活跃度极高，资本市场对其充满热情。2014年的投融资活动不仅数量庞大，而且涉及多个重要领域，显示了互联网行业的强大生命力和发展潜力。

以互联网医疗为例，2014年被视为中国互联网医疗元年。资本大量涌入互联网医疗领域，为其带来了新的机遇和增长点。2014年全年，国内互

---

[1] 白丽红、薛秋霞、曹薇：《"互联网+"能驱动传统产业转型升级吗》，载《经济问题》2021年第3期。

联网医疗行业共发生了 103 起融资事件，披露融资额为 141790.09 万美元。其中，天使轮融资 30 起，披露融资额为 969.91 万美元；A 轮融资 48 起，披露融资额为 20997.38 万美元；B 轮融资 10 起，披露融资额为 14027.5 万美元；C 轮融资 10 起，披露融资额为 68732.3 万美元。

另外，在互联网金融领域，2014 年各路资本纷纷进入互联网金融市场，其中网贷类和金融服务类企业最受市场关注。2014 年，中国互联网金融投融资市场共发生 169 起投融资案例，涉及融资的企业数达到了 150 家，融资金额约为 23.31 亿美元。中申网的监测数据显示，在这 169 起投融资案例中，有 105 起没有披露具体融资金额，但有 90 起披露了融资规模。在获得融资的 150 家企业中，有 17 家获得了多轮融资，15 家获得了两轮融资，2 家获得了三轮融资。

2015 年的政府工作报告将"互联网+"提升为国家战略，标志着"互联网+"全民创业时代的到来，同时也推动互联网行业投资持续增加。2015 年上半年，互联网行业的投融资活动在投资规模和交易数量上均呈现较快增长，互联网领域共发生了 489 起投融资案例，其中 253 起披露了具体金额，最高交易金额达到 16.11 亿美元，总投资规模达到了 695.1 亿美元。

就投资规模而言，2015 年上半年的投资金额远远超过了 2014 年下半年。根据速途研究院的统计数据，在 253 起披露金额的案例中，投资金额大于等于 1000 万美元的共有 109 起，占已披露投资金额案例数的 43.1%；超过 5000 万美元的投资案例有 49 起，占比 19.4%；而过亿美元的有 33 起，5 亿美元以上的投资案例更是达到了 8 起之多。这表明，大规模投资案例的数量明显增加，尽管 1000 万美元以上投资的案例数量占比略有下降，但投资规模却显著扩大，大额交易明显增多。

（二）互联网 + 交通运输业

自"互联网+"概念提出以来，中国的互联网企业在大数据、云计算等技术领域取得了长足发展。在数字经济的大潮中，它们逐步由消费互联网向产业互联网迈进。在这一背景下，头部互联网企业纷纷涉足智能交通行业，成为推动互联网+交通运输业发展的新动力，同时也带来了行业格局的新变化。互联网技术与交通运输业深度融合，产生了多种创新的服务理念和模式。总体来看，这些新业态和新模式主要集中在互联网+客运服务、互联网+货运物流、互联网+城市交通、互联网+汽车后市场等领域。在资本推动、市场追捧、社会创业热情高涨等多种因素的作用下，互联网+交通运输业各种新业态呈现爆发式增长的势头。在短时间内，新业态企业数量迅速增加，业务规模快速扩大，服务网络的地域覆盖和客户覆盖范围迅速扩展。以货运物流领域为例，据统计，从2014年下半年到2015年上半年，不到一年的时间内，全国新上线运行的各种物流App和平台企业就达到了200余家，其中大部分已建立了覆盖全国部分区域的运营网络，用户数量多以十万人、百万人计。

首先，国家在财税政策方面，对互联网+交通运输业的扶持力度进一步增强。根据2014年《关于深化中央财政科技计划（专项、基金等）管理改革的方案》，中央财政对科技创新基地和平台进行合理归并，优化布局，支持"互联网+"相关核心技术研发、平台建设和应用示范。通过统筹利用现有财政专项资金、完善政府采购制度、创新风险补偿机制、完善税收扶持政策等四个方面的政策支持，促进互联网基础设施、应用设施和交通运输公共创新平台建设，大力推动交通运输传统产业融合新产品、新业态、新模式的试点示范。

其次，各个"互联网+"相关领域成为投资的热点。在投资领域上，符合现代公众生活需求的O2O领域成为投资的重点。各种以互联网为媒介的共享经济平台，如网约车平台、物流信息平台，以及各类出行信息服务平台、智慧停车软件等，逐渐成为近年来互联网+交通运输领域的投资热门。在交通出行服务方面，得益于腾讯对滴滴打车和阿里对快的打车的投资，包括携程、58同城、人人网等在内的多家互联网企业都对互联网用车类软件进行了大规模投资。物流信息化平台也成为互联网行业内投资频率最高的领域之一，仅2015年披露的投资规模就已超过了100亿元。这种频繁的业内投资既体现了物流信息化平台业务发展的火爆态势，也预示着该领域存在集聚的空间和发展可能性。

最后，资本从线上和线下双向涌入互联网+交通运输业。除狭义上的互联网服务业务外，近年来传统企业利用互联网提供线上服务，互联网企业也涉足线下的基础网络和设备制造，这种"互联网+"产业得到了资本市场的青睐。传统交通运输产业的物流企业、客运企业、汽车相关企业等线下企业加快了线上布局，"互联网+"化的趋势愈发明显。一方面，传统企业的线上化转型获得了资本市场的认可，如神州专车企业的互联网化转型就得到了投资机构数百亿元的联合投资。另一方面，多数实力较强的传统企业积极投资线上领域，将线上线下一体化服务定位为当前阶段企业发展的重心，未来将形成新模式、新业态下全生态的产业战略布局结构。

（三）互联网+二手车交易

随着互联网的加速发展，我国汽车行业与互联网的融合和拓展已经迅速展开，二手车市场也不例外。除了传统的交易场所，网上购买二手车的需求催生了一大批具有代表性的二手车电商平台，如瓜子二手车、优信拍、人人车等。它们利用先进的C2C、B2B、C2B等互联网架构全面布局中国的二手车市场。2014年的数据显示，中国电商市场的二手车交易量约为35万辆，同比增长了58.4%；交易额约为1926亿元，同比增长了60.3%。

2011—2016年，我国的二手车交易量和行业强度发生了重大改变。相关数据显示，2000—2015年，我国二手车市场的交易量从25.17万辆增长到941.71万辆，增长了约37倍。特别值得关注的是，2011年全国二手车总交易量激增至682万辆，增幅达到了70%。到了2015年，全国二手车总交易量更是增长至941.71万辆，与2011年相比又增长了38%。2016年上半年，全国二手车交易量达到了477.4万辆，同比增长了3.6%。

在投融资方面，据不完全统计，2015年关于二手车电商的投融资事件超过了20起，近七成的投融资金额超过了1000万美元。2015年在O2O模式的推动下，分类信息、电商、汽车媒体等平台纷纷进入二手车电商领域。各类二手车电商平台应运而生，致力于打破地域限制，解决线下二手车交易中的信息不对称、数据不透明等问题，使得二手车电商交易平台在2015年经历了爆炸式增长。

2016年3月25日，国务院办公厅发布《关于促进二手车便利交易的若干意见》（俗称"国八条"），为二手车市场注入了动力，这对二手车从业者来说是利好。二手车电商领域也频繁传出融资消息，继人人车获得1.5亿美元D轮融资后，瓜子二手车宣布获得A轮融资总额超过2.5亿美元，创下二手车电商领域单笔融资金额的最高纪录。据汽车流通协会的数据统计，2016年上半年乘用车新车销售量为1104万台，同比增长了9.23%；二手车交易量为477万台，同比增长了3.6%。

有了"互联网+"的加持，二手车行业从以往自给自足的产业模式一跃成为资本洼地，吸引大量社会资金涌入，为"互联网+"二手车企业获得更多用户、抢占市场打下了资本基础。

（四）共享经济

自2015年"互联网+"被确立为国家战略以来，我国共享经济进入了高速发展期，涌现出一批市值超过 10 亿美元的独角兽企业，创新应用领域加速拓展，融资规模持续扩大。各类创新业态不断涌现，并向住宿、生产制造、生活服务等领域迅速渗透，一批具有国际知名度的龙头企业成长壮大，市场呈现出蓬勃发展的繁荣局面。资本市场的支持是共享经济蓬勃发展的关键。在这个过程中，各类投资机构发挥了不可替代的推动作用，共享经济一度成为资本追逐的焦点。

根据 Crowd Companies 的数据，2010 年美国仅有不到 20 家机构投资共享经济，但到了 2015 年 4 月底，投资机构增加到了 198 家。投资金额也在迅速增加。2010—2013 年，全球流向共享经济企业的投资额累计 43 亿美元，而 2014 年和 2015 年的投资额分别达到了 85 亿美元和 142.06 亿美元，两年内流入的风险资本规模增长了 5 倍多。国家信息中心发布的报告显示，2016 年我国共享经济融资规模约为 1710 亿元，同比增长 130%；2017 年共享经济融资规模达到 2160 亿元，同比增长 26.3%。

进入 2017 年，风险投资对共享经济项目的兴趣依然高涨。根据 IT 桔子的数据，2017 年上半年共追踪到 78 起共享经济领域的融资事件，金额约为 558.33 亿元人民币。从融资事件的数量来看，共享单车以 22 起事件成为共享经济领域内融资事件数最多的细分领域，吸引了大量资本的关注，仅 2017 年上半年该领域就吸引了 104.33 亿元人民币的投资。

受资本推动的影响，我国共享经济企业的创新创业活力持续增强，企业数量和规模不断扩大。截至 2017 年年底，全球 224 家独角兽企业中，我国公司有 60 家，其中具有典型共享经济属性的公司有 31 家。

四、"互联网＋"时代的商标保护

前文中，我们对"互联网＋"到底是什么、"互联网＋"对我们的生活有什么意义以及"互联网＋"早期的发展情况进行了简单的介绍，或许能让读者忆起那个互联网化与智能化尚未深刻改变我们的生活的时代。互联网与智能化极大改变了我们的工作和生活方式。无论是打车、乘坐公共交通、使用共享单车，还是足不出户点外卖和网购，没有移动时代的各种原生应用，生活品质会大大降低。尽管在之前的在线时代也有拼单团购的尝试，但只有在进入移动时代后，随着移动支付的普及和大公司的推动，拼单才真正迎来了全盛期。此外，像网约车、共享单车和在线直播这些在此前有过尝试的商业形式，也在移动时代达到了高峰。因此，用"移动时代的原生明星应用"来形容滴滴打车、摩拜、拼多多、微信和抖音等平台，是非常恰当的。这是移动互联网的时代，也是"互联网＋"的时代。

在"互联网+"时代,有哪些产品让人印象深刻?很多人会立刻想到 iPhone 4,但对于许多从拨号时代走过来的中国老网民来说,iPad 也是不可替代的重要设备之一。iPad 刚亮相时,许多媒体质疑这种没有键盘的个人终端,但在当时,"一秒钟点亮即可通过浏览器接入互联网"足以证明其存在的价值。实际上,在 iPad 诞生之前,"随身终端"一直是消费电子行业的重要产品种类之一。然而,由于硬件性能、交互体验和软件生态等因素,加上当时网速较慢,这类设备并未取得成功。进入移动互联网时代后,这些不便逐渐消失。在宽带上网时代,每秒仅几百千字节的下载速度难以支持在线视频观看,网民更倾向于将资源存储在硬盘上以求安心。而在高速网络普及后,在线观看已成为新一代互联网用户的首选,在线视频、直播和云盘等都是在这种潮流下产生的。iPad 的诞生和迭代,见证了从宽带时代走向移动互联网时代以及"互联网+"时代。

然而,随着"互联网+"时代的到来,传统产业不仅面临着商业模式的创新压力,还需要应对商标保护的新挑战。企业的商标代表其声誉和品牌形象,但在网络环境下,商标更易受到侵权和盗用。即便是知名商标也可能被恶意摹仿,导致企业商誉受损。商标"碰瓷"成为"互联网+"企业面临的一大难题。不法分子通过抢注商标等手段,侵害他人商标权益,严重损害企业的商业利益和形象。下文以 IPAD 商标权属纠纷一案为例,探讨"互联网+"时代企业面临的商标"碰瓷"风险以及商标保护的复杂性。

(一) IPAD 案:商标"碰瓷"者的一次胜利

1. 纠纷缘起:苹果公司收购 IPAD 商标

2010 年 4 月 19 日,苹果公司、英国 IP 申请发展有限公司(以下简称"英国 IP 公司")向深圳市中级人民法院起诉深圳唯冠公司,主张根据 IP 公司与台湾唯冠公司签订的商标转让协议书及相关证据,请求判令深圳唯冠公司 2001 年获准在计算机等商品上注册的 IPAD 商标专用权归其所有,并判令深圳唯冠公司赔偿其损失 400 万元。深圳市中级人民法院 2011 年 11 月 17 日作出一审判决,驳回了两原告的诉讼请求。苹果公司、英国 IP 公司向广东省高级人民法院提出上诉。广东省高级人民法院最终促成双方以 6000 万美元达成和解。该案被列入"2012 年中国法院知识产权司法保护十大案件",在国内和国际上都引起了广泛的讨论。

本案中,原告之一苹果公司是大家耳熟能详的科技企业,其生产的智能电子产品如手机、平板电脑曾引领市场潮流。该案中涉及的 IPAD 商标争议，需要追溯到21世纪初，苹果公司于2001年10月推出iPod数字音乐播放器并获得了空前的成功。虽然它并非市面上首款便携式MP3播放器，但其精良的设计及舒适的手感令其大受好评，一举击败索尼公司的Walkman系列产品，成为全球占有率第一的便携式音乐播放器，苹果公司在数字音乐产品市场上稳稳占据了龙头地位。iPod风靡全球之时，在亚洲有一款叫作IPAD的产品也在世界各地销售。iPod与IPAD，两者仅一个字母之差，难免令人浮想联翩。而当时生产IPAD的公司，正是本案的另一位主角——台湾唯冠公司。

唯冠国际成立于1989年，曾经是全球四大显示器生产商之一，其产品在超过50个国家销售，在世界多地设有业务人员，并在中国、巴西、墨西哥、德国和俄罗斯共拥有7处生产基地。1998年，唯冠国际试图转型，希望进入互联网接入设备的生产领域。同年，唯冠国际开始设计相关产品，并投入3000万美元生产系列产品ifamily，并于2000年在香港举行全球发布会。本案所涉IPAD就是其中一员。但需要注意的是，此IPAD非彼iPad：IPAD是Internet Personal Access Device的缩写，直译即为个人互联网接入设备；不同于苹果公司生产的iPad，唯冠国际生产的IPAD虽然也采用了平板电脑的设计理念，但终归只是一个概念性产品，只在墨西哥、巴西等国家小规模销售。唯冠国际具有较高的知识产权保护意识，在开发出IPAD后不久，其便积极开展商标布局工作，相继在与其相关的31个国家或地区市场注册了共计10项 iPAD 及 IPAD 商标（以下简称"IPAD商标"）。2000年，唯冠国际实际控制的台湾唯冠公司在欧洲和世界其他地区共注册了8项IPAD商标。[1] 2001年6月和12月，唯冠国际全资的唯冠科技（深圳）公司（深圳唯冠公司）先后申请注册了两项IPAD商标，使用范围包括计算机及计算机周边产品，并在此后一直生产相关产品。也就是说，在世界范围内存在的10项IPAD商标中，有8项是由台湾唯冠公司作为主体注册的，在中国大陆的两项IPAD商标是由深圳唯冠注册的。[2] 这一处细节，成为十年后苹果公司与唯冠国际IPAD商标之争的导火索。

前面提到，苹果公司研发的iPod在千禧年后广受欢迎。为了顺应时代潮流与技术发展趋势，苹果公司在内部成立了研发平板电脑的团队，并在

---

[1] 网易财经：《唯冠控股董事长杨荣山：与苹果和解无进展》，载网易财经2012年3月11日，https://www.163.com/money/article/7SB9826K00254Q8R.html。
[2] 《唯冠与苹果IPAD商标权属之争——中国知识产权历史上的里程碑案》，载盈科律师事务所主编：《案例·策略·智慧》，法律出版社2016年版，第393页。

iPod 的基础上，将其研发的产品暂定为 iPad。可以看出，苹果公司研发的 iPad，与唯冠国际研发的作为 Internet Personal Access Device 缩写的 IPAD 两者虽名称雷同，但完全是两个时代的产品，在技术、设计与商业上几乎不存在关联。2007 年，无论是产品的技术水平，还是公司的体量与资本，抑或是所占据的市场规模与所具备的影响力，苹果公司都已经达到科技行业顶尖水准。如果苹果公司不曾进入平板电脑领域，不只是 iPad，如今的所有平板电脑类设备可能会是泡影，而 IPAD 商标亦不会受到如此关注。在唯冠国际 CEO 杨荣山的访谈录中，他也承认，创造了 iPad 今天的商标价值的是苹果公司，而不是唯冠。[1]

苹果公司作为一家世界级科技公司，在知识产权风险防范方面也很出色，在 iPad 的研发过程中其便已注意到唯冠国际及其持有的 IPAD 商标的存在。为了扫清发布 iPad 的最后障碍，苹果公司开始酝酿收购 IPAD 商标事宜。2006 年，苹果公司就在英国以商标闲置等理由将台湾唯冠公司告上法庭，请求撤销台湾唯冠公司在英国持有的 IPAD 商标，但该案最终以台湾唯冠公司胜诉而告终。2009 年，唯冠国际陷入财务危机中，正是在这个关口，英国 IP 公司向台湾唯冠公司提出收购 IPAD 商标的请求，值得一提的是，英国 IP 公司其实是苹果旗下的子公司，其成立的目的只有一个，即买下 IPAD 商标。2009 年 12 月 23 日，唯冠国际 CEO 杨荣山授权深圳唯冠公司员工麦世宏签署相关协议，英国 IP 公司向台湾唯冠公司支付 3.5 万英镑购买所有的 IPAD 商标。随后，英国 IP 公司与苹果公司签订权利转让协议，以 10 英镑的价格将上述 IPAD 商标所有权转让给了苹果公司。

与台湾唯冠公司签订合同并完成商标转让登记后，苹果公司便认为其已稳操胜券，iPad 发布的最后一道门槛——商标问题已经得到圆满解决，甚至没有办理完成商标转让登记等手续，即开始在全球范围内大规模使用该商标。2010 年 1 月，苹果公司在全球范围内正式发布 iPad 产品。产品一经推出即在世界范围内受到广泛欢迎，原来几乎无人知晓的 IPAD 标识，被苹果公司彻底赋予了全新含义。看到 IPAD 商标，人们不会想到唯冠国际，只会联想到苹果公司、iPad 产品及其所象征的先进科技。在 iPad 发布的几天前，苹果公司与 IPAD 商标没有任何关联，但就在数天之内，苹果公司的努力经营与潜心研发使这个商标价值产生巨额增值，原本不曾进入公众视野的商标出现在世界各地最为繁华的街头，一瞬间成为全球热点话

---

[1] 孙宏超：《杨荣山自白：三年来历尽世间冷暖》，载《中国经济和信息化》2012 年第 5 期，第 37—40 页。

题，吸引着无数人的关注。

2. 商标"碰瓷"者的胜利

初看苹果公司采取的商标收购策略，不可谓不高明：苹果公司采取"影子公司"策略，即先注册一个名称与待收购商标相关联的子公司，使待收购商标的持有人产生一种错觉，误以为该子公司收购商标的目的确实是基于自身发展需要，而非旨在收购后转售谋利或另有打算，进而不再进行深入的调查，爽快答应交易要约。如此一来，可以有效避免商标持有人发现子公司背后的真正收购人后"狮子大开口"，导致商标收购成本大幅提高。可以说，如果一切按计划进行，苹果公司可以相对低廉的价格拿下待收购商标。

但实际情况是，世界范围内存在的10项IPAD注册商标中，有8项是由台湾唯冠公司作为主体注册的，还有2项在中国大陆的IPAD商标是由深圳唯冠公司注册的。虽然合同中所约定的转让范围包含在中国大陆注册的IPAD商标，但作为商标持有人的深圳唯冠公司并不是合同的当事人。也就是说，苹果公司只收购了台湾唯冠公司在英国、法国等几个国家注册的IPAD商标，并没有收购深圳唯冠公司在中国商标局获得批准的IPAD注册商标。苹果公司忽略了该商标专有权的地域性要求，误以为与台湾唯冠公司签订"一揽子"商标专用权转让协议后，便可在全球范围内持有并使用IPAD商标，甚至没有查询中国大陆IPAD商标注册情况。然而，对于苹果公司这样的世界级公司而言，这并非其重大疏漏或失误。

实际上，在苹果公司的影子公司英国IP公司与台湾唯冠公司签订商标转让合同时，深圳唯冠公司的员工袁辉全程参与，且英国IP公司一开始就通过邮件与唯冠国际进行联系，袁辉使用的是以"huiyuan"为前缀的邮箱，可以合理推知其即是深圳唯冠公司的员工袁辉。中国大陆是苹果公司最大的消费市场之一，苹果公司为何不直接与深圳唯冠公司对接联系呢？原因在于，此时深圳唯冠公司已经深陷债务风波，其银行账户亦因欠下35亿元债务而受到法院监管。深圳唯冠公司明知，如果由其与英国IP公司对接并接收转让费，该笔资金一经到账便将受到冻结或划扣，最终一分钱都不会到深圳唯冠公司手中。因此，唯冠国际要求英国IP公司前往台湾签订合同，而合同的相对方便是台湾唯冠公司。本案二审中，苹果公司收到的来自唯冠国际内部的审批表表明，深圳唯冠公司不仅对此事有所知晓，甚至全程参与，只是在名义上由台湾唯冠公司对接而已。概言之，唯冠国际为一个整体，重要商标的转让在集团内部必然是公知的事实。

苹果公司在收购IPAD商标时并未存在重大失误，或是遗漏在中国大陆注册的2件IPAD商标。恰恰相反，这一切都是唯冠国际为了规避强制执行所作的安排，在深圳唯冠公司全程参与的前提下，合同当事人替换为台湾唯冠公司。苹果公司iPad产品上市后大受欢迎，唯冠国际才意识到，收购其IPAD商标的竟然是彼时处于行业龙头地位的苹果公司。不过在仔细研究合同后，唯冠国际发现，恰恰是其为了规避强制执行所作的安排，使得这些商标中最为重要的2个——在中国大陆注册的商标——竟然还在自己手上，这就给唯冠国际提供了可乘之机。英国IP公司已经足额支付了转让费，iPad在中国大陆一发布，其便催促完成在中国大陆注册的IPAD商标的转让程序，而唯冠国际坐地起价，要求苹果公司大幅提高转让费。唯冠国际这种"狮子大开口"的行径完全有悖诚实信用原则，当然是不可容忍的，于是苹果公司拒绝了唯冠国际的无理要求。深圳唯冠公司以商标转让协议是苹果公司一方与案外人台湾唯冠公司签署，未得到深圳唯冠授权，该协议对深圳唯冠不具有约束力为由，拒绝履行商标转让合同。同时，深圳唯冠公司向苹果公司发出律师函，要求其停止侵犯深圳唯冠公司商标权。此外，唯冠国际亦扬言如果苹果公司不支付巨额转让费，其会将该商标转让给苹果公司的竞争对手，届时苹果公司将遭受更大的损失。

无奈之下，2010年4月，苹果公司与英国IP公司向深圳市中级人民法院提起诉讼，请求确认苹果公司具有iPad商标专有使用权（中国），并要求深圳唯冠公司赔偿损失400万元。该案经过三次开庭审理后，于2011年12月作出一审判决，驳回两原告的全部诉讼请求。苹果一方不服一审判决，上诉至广东省高级人民法院。面对苹果公司的起诉，唯冠国际没有坐以待毙，苹果公司一审败诉后，唯冠国际分别向深圳市福田区人民法院、广东省惠州市中级人民法院、上海市浦东区人民法院提起对苹果iPad商标侵权的诉讼。要求深圳市国美电器有限公司、深圳市顺电连锁股份有限公司和苹果贸易（上海）有限公司停止使用iPad商标。上海市浦东区人民法院在2012年2月24日作出裁定，驳回唯冠国际的要求，拒绝责令被告苹果公司停止销售iPad平板电脑，并同时中止了本案的诉讼。广东省惠州市中级人民法院在2012年2月17日发布一审判决，裁定禁止苹果经销商深圳市顺电连锁股份有限公司惠州分公司销售苹果iPad相关产品。在提起诉讼之外，唯冠国际采取向多个城市的工商行政管理部门投诉的行动，要求制止苹果公司的侵权行为。唯冠国际的律师函和商标持有权证书等证明材料被提交给这些城市的工商局，指称"苹果公司iPad商标侵权"。经与国家工商行政管理部门核实，这些城市的工商部门对其辖区内苹果专营店及苹果产品销售门店展开侵权产品的查处行动。此外，唯冠国际亦扬言，将前往美国提起诉讼并向苹果公司索赔百亿元人民币。不得不承认，提起商标侵权诉讼与行政举报的手段结合在一起，确实给苹果公司施加了相当大的压力，并进一步强化了深圳唯冠公司在二审中的优势地位。

iPad 的上市时间不可耽搁，每拖延一天，便意味着巨大商业机会的减损，同时为竞争对手提供了开发竞品的时间。因此，即便能胜诉，唯冠国际必然会采取一切手段竭力拖延，苹果公司只能采取"花钱买时间"的方式向唯冠国际妥协。终于，2012 年 7 月 2 日，二审法院广东省高级人民法院公布，双方调解结案，苹果向深圳唯冠公司支付 6000 万美元，这场 IPAD 商标之争最终以苹果公司以天价购入商标而告终。

（二）IPAD 案对企业商标保护的启示

IPAD 商标侵权案最终以苹果公司支付天价和解金而告终，如此巨大的金额将不可避免地导致大量意图通过"碰瓷"知名企业商标而牟利者涌入商标领域，为企业商标保护带来巨大风险。同时，由于"互联网＋"业态的新颖性、技术性与复杂性，对"互联网＋"企业的商标保护更是难上加难，需要商标从业者以商标法理论为基础，制定适应"互联网＋"时代的企业商标保护策略。

1. 商战不分道德高低，企业应谨防商标"碰瓷"

苹果公司与唯冠国际对 IPAD 商标之争，在当时被看作一场"蚂蚁撼大象"的商业奇闻。作为本次商标纠纷的双方，苹果公司与唯冠国际在体量上完全不是一个等级，几乎无法相提并论。

就苹果公司而言，自从 2007 年发布 iPhone 以来，其股价截至 2010 年已经上涨了 3 倍多；本案诉讼进行之时，2010 年 5 月 26 日，苹果公司的股价报收于 244.11 美元，市值达 2221 亿美元，而彼时位居全球首位的科技公司微软其市值不过 2191.8 亿美元，这意味着苹果公司市值超过了微软，成为当时世界上最大的科技公司。同年 9 月 23 日，苹果公司股票在纳斯达克当天交易价格攀升至 292.76 美元，推动市值攀上 2675 亿美元高峰，暂时超越中国石油成为仅次于埃克森美孚的全球市值第二高的公司。[1] 在那个时代，拥有巨量资金、强大创造力与广泛影响力的苹果公司几乎无可

---

〔1〕 新浪科技：《苹果超越中石油成为全球市值第二大企业》，载 TechWeb 2010 年 9 月 4 日，https://www.techweb.com.cn/news/2010-09-24/687471.shtml。

撼动,是当之无愧的世界商业之最。苹果公司2012年第二季度财报显示,中国区营收达到79亿美元,同比增幅超过2倍,超过苹果公司销售总额的1/5,这进一步证明中国市场对于苹果而言已愈加重要,在中国注册的IPAD商标对苹果公司而言是其开拓中国市场的重要环节。

反观唯冠国际,其确实有一段辉煌的历史,但却今非昔比,正在破产的边缘苦苦挣扎。作为曾经的全球第四大显示器生产商之一,唯冠国际成立于1989年,并于1997年在香港主板上市。到了2006年,唯冠国际达到企业发展顶峰,截至2006年6月30日,唯冠国际实现净利润1.8亿港元,年收入则达到了161.78亿港元,其产品销往50多个国家,在全球11个国家和地区拥有17处分公司,并在5个国家共计拥有7处生产基地以及11000名员工。当时,唯冠国际创始人杨荣山接受媒体采访时曾透露其雄心壮志,称其希望在未来几年内将唯冠的产值做到300亿港币以上。[1]

然而,一场突如其来的国际金融危机,导致唯冠国际最大客户宝丽来破产,欠款无法收回,公司经营由盛转衰,唯冠国际处于风雨飘摇之中。2007—2010年,唯冠国际的经营状况发生了巨大的变化。在2007财年,尽管公司的营业收入减少,但其净利润仍然达到1.23亿港元。到了2008财年,次贷危机引发的全球经济下滑,显示器产品价格和面板价格均下跌,唯冠国际的借贷成本上升。尽管2008年企业的营业收入创下了历史新高,达到174亿港元,但却出现了6200万港元的亏损。到了2009财年,唯冠国际的经营状况进一步恶化,收入急剧下滑,净利润更是亏损了29亿港元。同时,公司的员工数量也大幅减少,从2007财年的16000名降至2009财年的3000名,公司业务迅速衰落。到了2010年,唯冠国际的财务状况已经岌岌可危。随着两个最大客户接连倒闭,深圳唯冠公司被法院颁令破产。

在知晓了彼时唯冠国际所面临的破产困境后,我们便不难理解,为什么对于英国IP公司提出的商标收购要约,唯冠国际几乎不假思索地加以认可,甘愿低价出售代表其往日辉煌的IPAD商标。唯冠国际必然知晓英国IP公司签订合同的真实意旨——获得全部IPAD商标,但鉴于唯冠国际正处于生死存亡之际,其选择通过"勒索"苹果公司换取巨额资金。唯冠国际只是于十年前巧合地注册了IPAD商标,基于商标权人的天然优势和便利,对商标价值的增量坐享其成。

该案造成了巨大影响,人们意识到商标竟能获得如此惊人的利益。商

---

[1]《从营收百亿到负债破产 唯冠的二十年兴衰》,网易财经2012年2月18日,https://www.163.com/money/article/7QHVE626002540 2B.html。

标持有人纷纷检视手中的注册商标,时刻留意市场中类似标识的使用情况,寻找可乘之机;更有甚者,有些企业通过抢注商标的方式,对崭露头角的新兴企业进行商标"碰瓷"并借以谋取巨额利润。

2."互联网+"时代的企业商标保护的难度

(1)"互联网+"的复杂性与超前性

如果说 IPAD 案尚未突破传统商标侵权案件的界限,那么在"互联网+"时代,由于"互联网+"业态中商业模式日趋复杂,加之技术发展日新月异,商标侵权案件将以不同于以往的方式呈现,为商标保护带来更大的难度。

首先,在"互联网+"时代,商业模式日渐多样,这要求法律服务者与时俱进,掌握和调整企业运营的新方向。互联网改变了交易场所、拓展了交易时间、丰富了交易品类、加快了交易速度、减少了中间环节,使得传统的商业模式在"互联网+"时代的竞争中逐渐受到挑战,企业必须积极创新,通过新的商业逻辑适应不断变化的市场需求。[1] 共享经济、平台经济、数据经济等新兴商业模式的涌现使得整个商业生态变得更加复杂,企业在提供产品和服务、构建用户体验等方面都面临更加多元化的选择,必须兼备灵活应变与守正创新的能力。因此,市场的现实需求与成熟的技术条件推动企业积极探索新的商业模式,出现了线上打车、共享单车、在线二手车买卖以及移动支付等诸多全新商业形式。这些新兴经营模式如雨后春笋般出现,甚至没有为社会各界留足消化时间。因此,与传统的商标案件不同,当这些"互联网+"企业在商标保护方面遇到障碍时,法官及律师必须拨云见日,弄清楚该企业真正的经营模式及其所提供的商品和服务。可以说,除解决法律问题的能力之外,"互联网+"时代为商标律师增设了一道门槛,要求其必须有较高的接受能力与敏锐的商业直觉,使其能够快速洞悉某种新兴商业模式。

其次,在"互联网+"时代,互联网技术与传统产业深度融合,使得原本简单清晰的传统产业似被蒙上了一层面纱。"互联网+"业态的复杂性的另一成因,便在于互联网等技术对传统产业的全链条融合。物联网、大数据、人工智能等先进技术为传统产业注入了新的动力,使得传统产业能更好地适应市场需求、进行信息化处理、提升内部管理水平、优化资源配置。传统产业借助移动互联网络与终端设备促进产业的转型升级与行业整合,发展"互联网+"新模式、新业态,已经成为任何一种传统产业选

---

[1] 罗珉、李亮宇:《互联网时代的商业模式创新:价值创造视角》,载《中国工业经济》2015年第1期。

代升级与实现转型的必经之路。但与此同时，这种深度融合使特定的产业类型更加复杂。

最后，"互联网＋"使得产业链日趋复杂和密集。数字化技术的广泛应用使信息在产业链上得以迅速且精准地传递，物联网、大数据分析等工具的使用亦使生产、供应、销售各环节的信息高效集成。同时，互联网技术的普及推动了经济全球化进程，企业间的跨国合作更为密切，供应链和价值链的交织程度不断加深，从而在全球范围内实现协同运营。"互联网＋"并非仅仅使企业经营连接上互联网，而是利用互联网的规模效应实现市场经营方式的转型和升级，打破物理空间上交易场所的限制，扩大企业市场竞争的有效覆盖范围，尤其是在具有类似性的商品或服务的供应链环节不断增加商品或服务的多样性。[1]

（2）"互联网＋"时代服务的复杂性

IPAD商标侵权案中，尽管案涉商品iPad作为首台具有世界影响力的功能完备的平板电脑，系具有划时代意义的电子产品，但其在技术上的进步并不妨碍对其电子产品商品属性的认定：不论在技术上多么先进，其仍属于向消费者提供的商品，并未超出传统商品和服务的范畴，只需严格参照《类似商品和服务区分表》[2]，即可对该商品或服务是否与注册商标所

---

[1] 林韶：《论互联网环境下类似商品或服务的认定》，载《东南大学学报（哲学社会科学版）》2023年第25卷增刊。

[2] 《类似商品和服务区分表》是我国商标主管部门以《商标注册用商品和服务国际分类表》即尼斯分类为基础，总结多年类似商品或者服务划分的经验，结合中国实际情况，站在消费者的角度，对属于相同或类似产业、具有相同或类似功能及用途的商品进行的客观、明确、具体的分类。在传统行业中，以《类似商品和服务区分表》为依据认定商品类别，可以比较清晰地认定商品是否相同或类似。由于《类似商品和服务区分表》具有明确、具体、客观等特性，我国商标法一直坚持其在商标注册和保护中的地位。但随着互联网与传统行业的深度融合，不仅《类似商品和服务区分表》自身出现商品类别的缺失和交叉，消费者对部分商品类别的认知与其对商标类别的划分也出现偏差。仅以《类似商品和服务区分表》为依据划分商品类别的规则，容易在个案中产生不公正的结果。因此在实践中，法院在判决中会尝试突破其对商品类别的划分，对个案中商品的类别进行具体认定。换言之，商标行政管理部门和法院，在商品类别划分的问题上更看重消费者的认知，在结合主客观因素的基础上，综合判断商品类别是否类似。这也就形成了目前商品类别认定的两大规则——"客观认定规则"和"主客观结合认定规则"。所谓客观认定规则，就是以《类似商品和服务区分表》中商品所在的群组为依据，划定商品类别。该规则通过对商品的客观属性进行对比，将位于类似群组，或者在功能、用途、生产部门、销售渠道、消费对象等方面相同或基本相同的商品，判定为类似商品。主客观结合的认定规则认为商品类别的划分应尽可能站在消费者角度考察，通过与商标近似程度的结合，综合判断消费者对两类商品的认知，当《类似商品和服务区分表》与消费者认知发生偏离时，以消费者的认知作为判断商品类别的依据。

核准的商品或服务相一致作出判断，是否构成商标侵权也一目了然。在传统产业领域，经过时间的检验，《类似商品和服务区分表》所提供的商品和服务已在相当程度上趋于稳定，其可以发挥出较大的参考价值。

在传统类型的服务中，以理发为例，消费者进入经营者提供服务的特定场所，接受经营者以一定行为为内容的给付，我们可以将其总结为一种"活劳动"，其与商品的区分并不困难。然而，在"互联网+"时代，现代科技的应用使得经营者提供的服务在环节与内容上更为繁复，商品与服务的界限不再泾渭分明，互联网与传统产业的融合模糊了商品与服务的界限。例如，可穿戴智能设备由电子设备与计算机软件两个部分组成，在可穿戴智能设备的销售过程中也可能出现诸如网络销售、大数据分析营销等融合形式。"互联网+"时代中，商品与服务界限的模糊主要呈现为三种情形。

第一种情形：商标权人虽然持有商标，但是该商标使用在商标权人未注册的商品类别上。我国《商标法》第56条规定，注册商标专用权，以核准注册的商标和核定使用的商品为限。实践中，存在商标权人在某一商品类别上未申请注册，但法院最终认定两类商品构成类似商品或服务的情形。如在参考消息报社诉福建博瑞网络科技有限公司商标侵权案中，"参考消息"商标核准注册的商品类别为第16类"报纸"，而被告博瑞网络科技有限公司向公众提供的是名为"参考消息"的手机应用程序。一审法院认为，博瑞网络科技有限公司与参考消息报社宣传内容类似，消费群体相关，容易使相关公众产生误认。因此，博瑞网络科技有限公司使用涉案商标所提供的商品与案涉商标核准注册的商品类别构成类似商品。[1]

第二种情形：商标权人对商标的使用同时符合两种及以上的商品与服务类型。随着计算机软件或通信服务与更多的传统产业产生关联，基于商品的商品与服务类似将拓宽到传统商品或服务与信息服务或计算机程序的类似，这就使得商品与服务类似的可能性大大增加。[2] 如在 ofo 小黄车案中，原告尽管不否认被告提供了互联网自行车租赁服务，但基于被告所开发的"ofo 小黄车"应用程序，主张被告对于案涉标识的使用同时构成第9类"可下载计算机软件"商品。

第三种情形：商标权人对商标的使用不属于《类似商品和服务区分

---

[1] 参考消息报社诉福建博瑞网络科技有限公司商标侵权案，福建省福州市中级人民法院（2014）榕民初字第1222号民事判决书。

[2] 李顺德：《"互联网+"背景下商品与服务类似的认定》，载知识产权司法保护网2017年4月1日，https://www.chinaiprlaw.cn/index.php? id=4711。

表》所列明的任何一种商品和服务类别。

"互联网+"使得商业模式的发展日新月异，《类似商品和服务区分表》亦呈现出一定的滞后性，存在商标权人所实际提供的商品和服务类型在《类似商品和服务区分表》中无章可循的情形。在此种情况下，法院只能在现有商品类别的基础上，通过综合分析，判断是否构成类似商品或服务。[1] 如在众信案中，商标权人众信公司（原告）主要从事二手车借贷业务，其持有的注册商标核准服务项目为第36类，而彼时《类似商品和服务区分表》中第36类金融事务中还不包括网上银行服务和通过网站提供金融信息、通过互联网进行金融管理的分类。被告众信金融公司所从事的主要业务系为环保产业链提供金融资金借贷，由于被告在企业名称、营业场所和应用软件中使用"众信"，原告因此主张被告构成商标侵权。通过对原告所从事的服务的综合分析，法院最终认定原告所从事的服务不属于第36类金融事务，亦不属于《类似商品和服务区分表》中所明确列举的任何一种商品或服务，进而判决被告的商标使用行为不会造成混淆，进而不构成侵权。

（3）"互联网+"企业的规模性与融资性使其成为商标"碰瓷"的绝佳对象

"互联网+"诞生初期，投资界高涨的热情使得"互联网+"企业获得了巨额融资，但大量资金涌入的同时也吸引了觊觎的目光，不少人都想从中"分一杯羹"。与直接向"互联网+"企业投资不同，商标"碰瓷"的成本极其低廉，仅需碰瓷者缴纳一定的注册费用，但若"碰瓷"成功，其所能获得的收益却又是极为可观的。因此，商标"碰瓷"成为不少人妄图从"互联网+"行业中牟利的首选。

现代科技的助力使"互联网+"企业提供的服务更为精细与智能化，但与之相应的开发与运营成本也水涨船高，企业必须通过开拓新的市场来收回成本。因此，相较于集中于特定地区、规模较小的传统服务，"互联网+"时代的服务提供者必须着眼更大市场，尽可能地提升自身产业规模，否则既可能面临成本无法收回、投资者热情减退的不利后果，也可能在激烈的竞争中被竞争者抢占市场份额，最终惨淡收场。事实证明，"互联网+"确实是按照此种模式发展。以共享单车为例，尽管在2017年前后全国各地共享单车品牌一度高达数十个，但受投资热情衰减与市场规律的综合作用，2018年仅剩三家共享单车企业独大并几乎瓜分全国市场，其

---

[1] 杜颖、刘晶：《"互联网+"时代商品类别认定规则》，载《中华商标》2020年第11期。

余企业则基本由于资金链断裂销声匿迹或被吸收合并。可以说，在"互联网＋"时代，服务拥有了前所未有的规模性，这使企业盈利与估值都得以大幅增加。但相应地，规模的扩大也意味着对资金需求量的提升，"互联网＋"企业必须通过反复融资来满足创业前期在维持企业基本运营以及市场拓展等方面的资金需要。然而，在此过程中，稍有风吹草动即可能导致融资失败，而资金链的断裂则意味着企业或将落入万劫不复之境地。商标"碰瓷"正是悬在企业头上的达摩克利斯之剑：一旦企业在商标布局方面有所疏漏，即有可能被图谋不轨者抢注商标并索取赔偿；主商标的丧失对于机敏的投资者而言是一个重大的利空消息，企业在此种情形下别无他选，要么寻求妥协，要么承担巨大的风险，通过诉讼与之对抗。

步入"互联网＋"时代，互联网技术与传统产业的深度融合导致商品和服务的界限逐步模糊，应用软件的广泛运用亦使得不同商品和服务类别之间出现较多重叠。这一切，无疑大大增加了商品和服务类别的认定难度。因此，面对"互联网＋"时代的商标侵权行为，以及以商标侵权为由提起的无端指控，企业、法官与律师都必须深入理解"互联网＋"时代的商业特征，对商品和服务类别作出准确认定，捍卫"互联网＋"新业态下各方当事人的合法权益，以商标保护助力"互联网＋"发展。

第二章　滴滴打车[1]案

随着互联网行业的飞速发展，商标领域不断出现新的法律问题，商标纠纷案件也随之增多。本章首先介绍网约车以及滴滴打车的诞生与发展，使读者充分了解"互联网+"项目的发展历程与意义，认识"互联网+"业态下商品或服务类别认定的重要性。在此基础上，着重介绍滴滴打车一案的律师代理与法官采纳的思路，展现滴滴打车一案确立的"互联网+"商品或服务类别的认定规则。

一、案件缘起

长期以来，打车难的问题困扰着人们。传统打车模式存在严重信息不对称的问题：一方面，对于乘客来说，车到用时方恨少，需要用车时常难以及时找到空车，尤其是遇到极端恶劣天气、正值用车需求高峰期、打车位置偏远，打出租车变得难上加难；另一方面，对于出租车司机而言，如何高效地拉到乘客也是一门学问，这由技巧、经验和运气等各种因素综合决定，即使再老练的司机也难以找到完美路线，经常空载车辆以寻找潜在的客户，这对双方的时间都是一种浪费，又消耗汽油、污染空气、影响交通。传统打车除了便捷性上存在缺陷，价格也缺乏透明度和公平性。热门打车地点的出租车司机常有超标要价、不打表的行为，对人生地不熟的乘客更可能趁机"宰"上一顿，以获取远远超过其劳动所应得的收益。这种随意加价的行为不仅使用户权益得不到保障，也对社会公平秩序造成了破坏。

除此之外，传统出租车也缺乏有效的反馈机制。乘客与司机之间一旦产生纠纷，没有良好便捷的解决途径，甚至可能连最基础的监控设施都不完备。乘客有意见时，很难获得方便高效的反馈。这种一次性的交易，如果乘客在乘车途中没有保存司机联系方式或者发票，事后就很难与对方取

---

[1] 滴滴打车最初服务名称为嘀嘀打车，后于2014年5月更名为滴滴打车，为叙述方便，本书对该日期之前事件、名称的论述使用"嘀嘀打车"，该日期之后使用"滴滴打车"。

得联系。最常见的就是，乘客在出租车上遗失了物品，却不知道乘坐的出租车车牌号、司机手机号等联系方式，很可能就失去了寻回遗失物品的机会。

传统出租车运营的安全问题也可能存在风险。尽管正规的出租车公司一般情况下都会对其运营的出租车进行管理、监控，但也曾有遮盖监控、司机伤害乘客或者乘客劫持司机的新闻被曝出。总而言之，传统出租车运营对司乘双方的保障都不全面。

（一）嘀嘀打车亮相国内市场

嘀嘀打车的创始人程维曾经也面临着打车难的问题，不愉快的经历使程维意识到，人们常常抱怨打车难题，却少有人真正采取行动来改变这一现状，这一普遍的痛点让他敏锐地捕捉到了商业机会。

互联网的发展，尤其是"互联网+"概念的出现，极大地改变了人们的生活方式。程维作为较早进入互联网行业并在该领域积累了数年经验的专业人士，敏锐地意识到将打车服务与互联网结合的潜力。尤其是移动互联网的发展，使人们的生活与手机变得更加紧密，许多原本复杂的问题通过手机得以便捷解决。尽管程维萌生这个想法时，智能手机的普及率尚不高，但他认为正因为市场尚未成熟，才是进入并占领市场的最佳时机。同时，程维了解到国外已存在类似的打车应用模式，并且已经获得了可观的融资。他深知中国人口众多、城市面积广阔，这意味着国内市场具有更大的潜力。

程维毅然决定辞职，与曾经的同事王刚共同创业。两人带着有限的初始创业资金、满腔的热情以及独特的视野，从杭州来到北京中关村这个先进科技企业的聚集中心，克服重重困难，创立了嘀嘀打车。为了开发这款打车应用软件，程维广泛寻觅合适的人才，组建了一支高效的开发团队，为创业项目奠定了坚实的技术基础。

2012年6月10日，第一代"嘀嘀打车"软件承载着一群年轻人的期望上线，并开始在出租车司机和乘客中进行推广试用。同年7月10日，北京小桔科技有限公司（以下简称小桔公司）成立。刚上线时，"嘀嘀打车"软件面临的最大挑战是线下寻找司机。作为一款结合互联网算法的智能软件，其主要功能是针对性地解决信息不对称的问题。一方面，它收集乘客的打车需求，另一方面，它收集空载车辆司机的接单需求。这就要求司机和乘客都下载并安装"嘀嘀打车"应用软件，通过该应用表达各自的需求。随后，这些需求信息被传输到移动互联网平台上，利用算法进行处理和匹配，从而为乘客和司机提供高效的解决方案。通过这种方式，滴滴打车有效地连接了供需双方，优化了打车体验，提升了出租车服务的效率。

程维团队针对试用中的问题对软件作了一系列改进。首先，简化了注册流程，提高了用户的使用意愿；其次，增加了出租车到达的即时信息推送功能，使用户能够及时了解打车信息，从而节省双方时间。此外，软件还增加了一键重复发送功能，为用户提供更加便捷的体验。考虑到司机在驾驶过程中使用文字和打字功能存在诸多不便，团队经过深入研究，最终联合科大讯飞开发出了具有语音功能的"嘀嘀打车App"。这使得司机在开车时能够更加安全、便捷地使用该应用。为进一步提升用户体验，"嘀嘀打车App"还增加了预约功能，允许用户预约次日或第三天的出租车。此外，针对高峰期或打车困难的情况，应用中还增加了加价功能，以提高叫车成功率。为了使用车过程更加便捷，省去了注册和登录流程。同时，增加了呼叫等待功能，在高峰期延长等待时间，预计提升40%的叫车成功率。最后，优化了软件的启动速度，提高了整体用户体验。

由此可见，要使"嘀嘀打车App"正常运行，司机和乘客必须使用其客户端。为了推广这一产品，提高其普及率，程维和团队成员在炎热的夏季四处奔走，拜访了上百家出租车公司。他们在机场、车站等出租车司机常去的地点发放传单，并逐一向司机介绍和推广这一智能打车软件。然而，智能打车软件首次出现，公众使用意愿并不高。面对这一困境，小桔公司选择了优先解决供给问题，同时推动需求的策略。通过向司机补贴"嘀嘀打车"应用软件的使用费用，并鼓励员工使用该软件在北京范围内打车，程维尽其所能，将所有能想到的方法付诸行动。他们通过各种渠道和方式，努力推广这一新型打车方式，试图在司机和乘客之间建立起信任，培养用户使用习惯。

（二）嘀嘀打车砥砺前行

功夫不负有心人，2012年北京的一场大雪使得嘀嘀打车终于迎来了成功的曙光。大雪让乘客们在路边难以打到车，他们想起了曾听说过的"嘀嘀打车App"。在这种情况下，他们抱着"原地等待不如姑且一试"的心态，纷纷下载、使用"嘀嘀打车App"叫车。这一天，嘀嘀打车首次实现了单日订单数量突破1000单，这是一个重要里程碑。接下来的几天恶劣天气持续，"嘀嘀打车App"的使用热度也随之攀升，赢得了大量用户的好评，并在司机群体中建立了良好的口碑。这一转折点不仅为"嘀嘀打车App"带来了显著的用户增长，也让团队看到了希望。

随着用户数量的增加和口碑的提升，嘀嘀打车逐渐在市场上站稳脚跟。它为乘客提供了更加快捷和高质量的乘车服务，同时显著提高了司机的效率。具有敏锐眼光的投资人迅速捕捉到这一项目的创新性和实用性，小桔公司因此门庭若市，前来提出投资意向的人络绎不绝。嘀嘀打车成功完成 A 轮融资，获得了金沙江创投的 300 万美元投资。这笔投资被证明是金沙江创投总经理朱晓虎的一个明智之举，因为嘀嘀打车接下来的发展势头出乎所有人的意料，迅猛且不可阻挡。

嘀嘀打车在北京站稳了脚跟，但要进一步巩固市场地位，必须迅速击败当时在北京的主要竞争对手——早已经获得 B 轮融资的"遥遥招车"。尽管压力巨大，嘀嘀打车最终成功击退对手，取得了北京市场的主导地位。2013 年 4 月，嘀嘀打车获得了来自经纬中国和腾讯的 B 轮投资，总额高达 1500 万美元。程维意识到，这是开拓新市场的最佳时机，于是迅速将目光转向上海。然而，此时的上海市场已经被打车软件"大黄蜂"占据。小桔公司不得不加大预算，进行密集的市场推广，丝毫不敢松懈。在嘀嘀打车的强大攻势下，"大黄蜂"最终被迫退出上海市场。

但嘀嘀打车真正难缠的对手还在后面。收购了"大黄蜂"的快的打车与嘀嘀打车势均力敌，双方在杭州展开了中国互联网历史上最为激烈的竞争之一。快的打车的主要投资者是阿里巴巴，而嘀嘀打车的 B 轮领投者是腾讯。双方打响了资本较量的补贴战，不断提高的补贴力度，导致其他网约车企业在这一时期几乎全军覆没。

2014 年 1 月，中信产业基金、腾讯及其他投资机构共同出资 1 亿美元，完成嘀嘀打车的 C 轮融资。在成立仅三年的时间里，嘀嘀打车估值超过 150 亿美元。凭借初期小桔公司提供的大量优惠补贴，嘀嘀打车迅速拓展市场，业务覆盖全国各地，逐渐成为家喻户晓的打车软件。根据 2013 年 10 月艾瑞集团发布的行业报告，嘀嘀打车的市场份额高达 59.4%。同年 12 月，"嘀嘀打车 App"成功入选中国区"APP Store 2013 年度精选"。到 2014 年 3 月，"嘀嘀打车 App"的用户数量已突破 1 亿人，注册司机数量超过 100 万人，日均订单量达到 521.83 万单。尽管小桔公司并非国内首家通过移动互联网技术开发新型网络智能打车系统的企业，但它是首个在多轮风险投资中获得最多融资的公司，也是首个通过收购多个打车平台在"互联网+"打车模式下形成垄断的企业。

嘀嘀打车的出现标志着打车服务进入了一个全新的时代，一个"互联网+"的时代，一个服务智能化的时代。作为"互联网+"服务新业态的代表项目，嘀嘀打车不仅彻底改变了人们的出行方式，还为行业树立了新的标杆。

（三）商标"碰瓷"频发，嘀嘀打车遭遇危机

小桔公司并非只关注市场发展、技术更新和融资扩张，公司的运营始终处于挑战重重的状态，每一个决策都需谨慎对待。早在 2012 年 11 月 28 日，小桔公司就申请商标注册，尽管当时其认识还不够清晰，未能充分考虑其提供的服务类别，仅在第 9 类申请注册了商标号为 11812231 的"嘀嘀打车及图"商标。这一注册申请最初被商标局驳回，小桔公司不服，并向商标评审委员会提起了复审申请。经过商标评审委员会审理，最终作出"申请商标予以初步审定公告"的复审决定，并将相关事宜移交给商标局办理。随后，2013 年 3 月 8 日，小桔公司又在第 9 类申请注册了商标号为 12236522 的"滴滴打车及图"商标（图 2-1）。商标局经过审查，于 2014 年 4 月 27 日发布初步审定公告，并于 2014 年 7 月 28 日发布正式注册公告。

图 2-1 "滴滴打车及图"商标

然而，小桔公司的谨慎态度无法阻挡意外事件的发生。随着业务的不断发展，公司面临诉讼的可能性也越来越大。一些投机者深刻地认识到一个规律，即为了建立自身品牌形象，公司早期已经投入了大量成本。公司刚刚站稳脚跟，如果还没有来得及注册商标或者完成其他手续，相应商标的权利人对该公司提出侵权主张，那么该公司为了维护自己在市场上的形象、地位和利益，往往愿意通过和解或高额赔偿来化解纠纷。这些纠纷的出现可能是因为公司早期的商业行为的确存在一些瑕疵，也可能是有人想要借机获取流量和热度，或者试图通过"碰瓷"来获得巨额赔偿。无论是哪种情况，律师在这些案件中扮演着至关重要的角色。

在 2012 年 7 月 2 日，广东省高级人民法院发布消息称，苹果公司与深圳唯冠公司就 IPAD 商标权问题达成了和解。根据和解协议，苹果公司支付了 6000 万美元，以收购深圳唯冠公司持有的 IPAD 商标。这一案件在商标领域引起了广泛关注，6000 万美元的天价和解金成为商标领域学者、律

师及企业的关注焦点,同时也吸引了那些意图投机取巧、"碰瓷"商标的人的注意。

2014年5月8日,杭州妙影电子有限公司、宁波市科技园区妙影电子有限公司(以下简称"妙影公司")以其在第9类"计算机程序(可下载软件)"等商品项目上的注册商标"嘀嘀"享有注册商标专用权、排他许可使用权为由,主张小桔公司将"嘀嘀"用在打车软件、网站、他人网站和第三方应用下载商店、各地门店店招、广告宣传和其他商业活动的行为侵犯了其注册商标专用权,向杭州市中级人民法院提起诉讼,要求小桔公司承担停止使用、消除影响的民事责任,索赔金额高达人民币8000万元。

2014年5月20日,小桔公司对外宣布,为了公司长远战略发展需要,即日起将"嘀嘀打车"正式更名为"滴滴打车"。此次更名,一是取自象声词"嘀嘀"的谐音,二是具有"滴水之恩当涌泉相报"的寓意,反映了小桔公司重视用户体验的服务精神,三是"滴滴"较"嘀嘀"更加具有文化内涵和寓意,形容水滴落下的清脆声,有滴水成河、凝聚力量的意义。除此之外,"滴滴"二字相较于"嘀嘀"也更为公众所常用,其实在改名之前滴滴打车已经被广大用户所使用和接受,此次更名不会给用户带来使用上的影响。此次更名并非被诉侵权直接导致,早在2013年的商标注册中,小桔公司就考虑过使用"滴滴打车"一名,恰好借此次诉讼发生的契机完成了筹备已久的更名以求长远发展。

"嘀嘀打车"更名为"滴滴打车"后,2014年6月18日,妙影公司在杭州市拱墅区人民法院再次起诉小桔公司,诉称小桔公司使用的"滴滴打车"在软件商品及广告宣传中的行为侵犯了其第9类"嘀嘀"注册商标的专用权,要求小桔公司停止使用、消除影响,此次索赔金额为人民币20万元。

2014年6月,广州市睿驰计算机科技有限公司(以下简称"广州睿驰公司")在北京市海淀区人民法院起诉小桔公司构成商标侵权。广州睿驰公司主张,其在第38类"信息传送、计算机辅助信息、图像传送、电信信息"等服务上拥有"嘀嘀""滴滴"商标,以及第35类"替他人推销、商业管理、组织咨询、组织商业或广告展览、商业信息"等服务上拥有"嘀嘀"商标,而小桔公司提供的服务属于商业管理和电信类服务,侵犯了自己上述注册商标专用权。

"滴滴打车"一共涉及三起商标侵权案件,其中妙影公司先后在杭州提起两次诉讼,可以合并处理(以下行文统一称"杭州案"),另一起案件则发生在小桔公司与广州睿驰公司之间(以下行文统一称"海淀案")。接下来，本章将从基本案情、原告诉请、被告风险、诉讼策略、律师代理、精彩庭审以及法院采纳这七个方面对海淀案进行详细分析，并对杭州案进行简单介绍。

二、基本案情

在海淀案中，原告广州市睿驰计算机科技有限公司，于2006年9月25日成立注册，注册资本人民币500万元。广州睿驰公司的经营范围包括："计算机技术开发、技术服务；软件开发；计算机批发；计算机零配件批发；办公设备耗材批发；通信设备及配套设备批发；通信终端设备批发；电子产品批发；计算机和辅助设备修理；智能化安装工程服务；电子设备工程安装服务。"2011年，广州睿驰公司投资注册成立一家独立全资子公司，即广州市嘀嘀信息有限公司（以下简称"广州嘀嘀公司"），注册资金为人民币300万元，其经营范围包括："软件开发；网络技术的研究、开发；计算机技术开发、技术服务；计算机批发；计算机零配件批发；软件批发；通信设备及配套设备批发；通信终端设备批发；电子产品批发；办公设备耗材批发；智能化安装工程服务。"广州睿驰公司考虑到其子公司拥有"嘀嘀"这一字号，于2012年、2014年分别申请或购买了多个以"ddyddy"作为后缀的域名，以供其业务使用和品牌保护。其实，从经营范围可以看出，广州睿驰公司以及广州嘀嘀公司的经营范围与小桔公司并不相同，无直接竞争关系。

2012年6月26日，广州睿驰公司分别在第35类服务上申请注册第11122065号"嘀嘀"文字商标，在第38类服务上申请注册第11122098号"嘀嘀"文字商标。上述两商标于2013年11月14日均获准注册。第11122065号"嘀嘀"文字商标核定服务项目包括："商业管理和组织咨询；组织商业或广告展览；商业信息；民意测验；替他人推销；职业介绍所；商业企业迁移；在计算机档案中进行数据检索（替他人）；审计；寻找赞助。"第11122098号"嘀嘀"文字商标核定服务项目包括："信息传送；计算机辅助信息和图像传送；电子邮件；电信信息；电子公告牌服务（通信服务）；提供与全球计算机网络的电信连接服务；提供全球计算机网络用户接入服务；提供互联网聊天室；提供数据库接入服务；数字文件传送（截止）。"

2012年7月31日，广州睿驰公司在第38类申请注册第11282313号"滴滴"文字商标，该商标于2014年2月28日被核准注册。该商标核定使用的服务项目包括："信息传送；计算机辅助信息和图像传送；电子邮件；

电信信息；电子公告牌服务（通信服务）；提供与全球计算机网络的电信连接服务；提供全球计算机网络用户接入服务；提供互联网聊天室；提供数据库接入服务；数字文件传送（截止）。"

被告北京小桔科技有限公司注册成立于2012年7月10日，其公示的"滴滴打车"软件上线时间为2012年9月9日。其注册的经营项目包括"技术开发、技术咨询、技术服务、技术推广；基础软件服务；应用软件服务"等。小桔公司通过软件信息平台向社会公众提供打车服务，从成立之初到诉讼发生，其始终没有将自己定位为一家专注开发计算机软件的企业。为了保护自己的商标，企业通常会在并非实际从事的领域注册商标，以防止不法分子注册这些商标并利用它们损害公司利益。小桔公司也采取了这样的做法，在多个类别上进行商标申请。2012年11月28日，小桔公司在第9类申请注册了第11812231号"嘀嘀打车及图"商标，虽然最初被商标局驳回，但其向商标评审委员会提起了复审申请，商标评审委员会经审理后作出"申请商标予以初步审定公告"的复审决定，并移交商标局办理相关事宜。2013年3月8日，小桔公司申请注册了第12236522号"滴滴打车及图"商标，商标注册为第9类，经过商标局审查，于2014年4月27日初步审定公告。妙影公司在异议期内提出了异议，但该商标于2014年7月28日注册公告。更为重要的是，小桔公司还在第39类服务上申请注册商标：早在2014年3月24日，小桔公司向商标局申请了第14229622号"滴滴"文字商标，类别为第39类，涵盖"3901交通信息；运送旅客；运输经纪；运送乘客；3903出租车运输；3905司机服务；汽车出租；3910快递服务（信件或商品）；3911为旅行提供行车路线指引；旅行预订"等范围。这一方面表明其早就有将"嘀嘀"改名为"滴滴"的计划，另一方面也体现其为了防范可能的商标侵权行为作出的努力。

"嘀嘀打车App"软件上线时，广州睿驰公司的第11122065号商标和第11122098号商标尚处于申请期，而第11282313号商标甚至还未申请。广州睿驰公司上述三个商标获准注册并进行公证时，小桔公司经营的涉案服务正处于更名阶段，由"嘀嘀打车"变更为"滴滴打车"。在此过程中，由于未更新完毕的相关客户端仍有使用"嘀嘀打车"的情况，一段时间内"嘀嘀打车""滴滴打车"可同时使用，随后更新为"滴滴打车"。

广州睿驰公司认为小桔公司基于软件信息平台向社会公众提供标有"嘀嘀打车""滴滴打车"字样的服务，包含"基于网络的信息传送、全球网络用户打车服务、语音通信服务、出租车司机商业管理、替出租车司机推销"，与原告两商标核定使用的服务相同或近似，构成对其所拥有的上述三商标权的侵犯。基于此，广州睿驰公司向北京市海淀区人民法院提起诉讼，请求保护其商标权益。

三、原告诉请

小桔公司在迅速发展过程中，受到众多竞争对手和利益相关者的关注，更是成为投机者的"碰瓷"对象。投机者采取了更为策略性的方法，通过法律手段迫使小桔公司进行和解或支付赔偿，不仅规避了直接冲突带来的负面影响，同时也在法律允许的范围内实现了其经济利益和商业目的。

（一）诉讼请求具体内容与背后动机

广州睿驰公司也怀着上述目的，没有主张损害赔偿，其具体诉讼请求如下：

1. 请求人民法院依法判令被告立即停止侵害原告商标专用权行为；
2. 请求人民法院依法判令被告就侵害原告注册商标专用权行为在被告公司网站首页及全国主流媒体上刊登声明以消除影响；
3. 本案诉讼费用由被告承担。

原告并未主张高额赔偿请求，甚至未提出赔偿请求，此策略显现出广州睿驰公司的深思熟虑。首先，高额赔偿请求意味着高昂的诉讼费用，广州睿驰公司显然担心在败诉的情况下需承担较大的诉讼成本。其次，鉴于妙影公司在首次起诉时提出 8000 万元巨额赔偿，引起社会广泛关注和媒体报道，陷入舆论风波，若广州睿驰公司效仿妙影公司提出高额赔偿请求，也可能陷入舆论中心。此外，广州睿驰公司意识到其赔偿请求的计算方式难以明确，缺乏有力证据支持，难以获得法院支持。最为重要的是，广州睿驰公司采用"以退为进"策略，一方面表现出仅希望维护自身商标权利的意愿，另一方面预见到小桔公司会尽一切努力继续使用"滴滴打车"商标，从而不得不购买妙影公司的注册商标，届时广州睿驰公司再提出高额要价，即可顺理成章地获得利益。通过此策略，广州睿驰公司在法律和商业博弈中占据了主动地位。广州睿驰公司意图通过法律手段迫使小桔公司停止使用"滴滴打车"商标，从而将其逼入困境。此举旨在获取高额的商标转让费，并借机通过要求小桔公司消除不利影响，从而宣传自己的商标，通过媒体曝光提升自己的品牌知名度。

（二）原告主张的事实理由

原告的计划可谓"一箭双雕"，对于广州睿驰公司来说，真是以低成本获取"高收益"的划算"买卖"，这背后隐藏着深远的商业考量和法律策略。原告主张侵权的事实理由如下：

首先，广州睿驰公司具备明确的权利基础。原告拥有第38类服务上注册的第11122098号"嘀嘀"和11282313号"滴滴"商标以及第35类服务上注册的第11122065号"嘀嘀"商标专用权，并且这些商标均处于有效期内。

其次，原告对其商标进行了持续使用。原告将其第11122098号和第11122065号"嘀嘀"商标普通许可给其子公司广州市嘀嘀信息科技有限公司使用，嘀嘀汽车网即为该子公司旗下的门户网站。此外，原告与多个广告方签订合同，对嘀嘀汽车网进行业务推广，以此证明子公司对"嘀嘀"商标存在真实的使用行为。此外，原告还通过了"滴滴车主通"软件项目立项书，该项目通过需求调查和深入研究，整体地设计了软件功能，实现了全方位的车主服务，包括汽车维护服务查询、违章查询、年审和保险提醒等功能。

再次，原告主张其在当地具有较高的知名度，是广州市民营科技企业、广州市番禺区软件协会会长单位、广州市番禺区科技型企业协会副会长单位、广东省"双软认证"企业和广州市优秀软件企业。原告因此认为，小桔公司使用其"滴滴打车及图"商标的行为会攀附原告的商誉，或造成相关公众的混淆误认。

最后，广州睿驰公司主张小桔公司实施了侵犯其注册商标专用权的行为。小桔公司基于软件信息平台向社会公众提供标注有"嘀嘀打车""滴滴打车"字样的服务，并在提供服务的软件界面等处显著使用"嘀嘀""滴滴"字样。原告认为，小桔公司的服务内容包括"基于网络的信息传送、全球网络用户打车服务、语音通信服务、出租车司机商业管理、替出租车司机推销"，与原告两商标核定使用的服务相同或类似。因此，小桔公司的行为构成了对原告上述三件商标专用权的侵害。

除此之外，广州睿驰公司指出，其曾经向小桔公司就相关行为发出一封律师函，希望通过合作的方式和平解决相关问题。然而小桔公司对此态度消极，小桔公司的不作为最终迫使原告通过法律途径寻求权利救济。

四、被告风险

频繁收到的诉状，使得企业上下无不忧心忡忡，尤其是小桔公司的管理层倍感压力。小桔公司正面临前所未有的危机，若不能妥善应对这些诉讼，将产生巨大的经营风险。

首先，针对商标侵权的若干起诉讼将导致巨大的资源浪费，并严重影响小桔公司正常运营。正如前文所述，小桔公司在塑造嘀嘀打车品牌的过程中，经历了诸多挑战和艰辛，投入了大量的时间和金钱。网约车市场竞争依然激烈，小桔公司在将"嘀嘀打车"更名为"滴滴打车"时，若变更为完全不相关的名称，可能导致已建立的品牌知名度迅速下降，成本高昂。这将使小桔公司在市场竞争中处于不利地位，竞争对手可能乘虚而入，占据原本属于滴滴打车的市场份额，从而导致之前的所有努力和投入付诸东流。即便这些诉讼不足以直接摧毁公司，也会带来不可估量的负面影响，处理不当可能引发严重后果。若无法通过谈判收购相关商标，小桔公司可能面临巨额赔偿，这将对公司的资金流动造成巨大影响，进而影响公司正常的运营和发展。

其次，频繁的商标侵权诉讼将严重损害小桔公司的声誉，这种名誉的损失将使乘客和司机对滴滴打车服务的信任降低，使得他们失去继续使用"滴滴打车 App"的意愿和动力。出于对小桔公司因诉讼陷入资金问题的担忧，用户不愿再使用滴滴打车服务，但又依赖"互联网+"打车服务的模式，最终将选择使用其他"互联网+"打车软件提供的服务。这将是竞争对手扩大市场份额的最佳时机，也是对小桔公司的发展极为不利的时刻。

最为重要的是，声誉损失、用户流失、资金浪费和运营效率下降等问题，都会引起投资者的注意，最终影响小桔公司的融资能力。第一，频繁的商标侵权诉讼导致的声誉损失会直接影响投资者的信心。负面媒体报道和公众舆论会让投资者质疑公司管理能力，担心这种负面形象会影响公司的长期营利能力和市场地位，从而减少或停止投资小桔公司。第二，商标侵权诉讼会导致用户对企业的信任度下降，进而导致用户流失。投资者非常关注企业的用户增长和保留率，用户流失会导致营收下降，使投资者对公司的盈利前景产生疑虑。第三，诉讼费用和潜在的赔偿金会导致公司资金的浪费。投资者关心公司能否有效利用资金实现最大化的收益。诉讼会增加公司的法律成本和运营成本，削减可用于研发、市场推广和扩展业务的资金。这种资源的错配会使投资者认为公司无法有效管理其财务资源，从而降低投资意愿。第四，管理层因应对诉讼而分散精力，导致公司运营效率下降，这会让投资者怀疑公司的管理能力和可持续发展能力。第五，诉讼的负面影响会使公司在市场竞争中处于不利地位，可能导致市场份额被竞争对手抢占。一旦公司市场地位动摇，投资者会重新评估其市场前景，可能转向更具有竞争力的投资对象。

投资者最终关注的是投资回报率。上述这些因素都会导致投资回报率降低，使投资者对公司的未来收益预期降低。投资者在评估风险和收益时，会更倾向于选择那些能够提供稳定高回报的投资对象，而不是一个因诉讼问题面临不确定性的企业。网约车市场竞争激烈，企业需要不断通过融资获取资源来保持竞争优势。任何因诉讼导致的融资问题都会削弱公司的竞争力，使其在市场竞争中处于劣势。

融资问题对小桔公司而言是生死攸关的大事，多轮融资受到影响会引发公司无法承担的后果。互联网行业发展迅速，"互联网+服务"的发展更是日新月异，这种发展迅速的行业往往呈现强者愈强、弱者愈弱的状况。网约车市场竞争激烈，每个公司都必须谨小慎微地从事商业活动。打车软件公司面临着这样残酷的现实：这个市场上只有老大没有老二，不能独占鳌头的公司结局就是被收购或者破产。在这样的背景下，任何一个小小的波动都可能让滴滴打车服务走向穷途末路。而资金是这场商战的命脉。首先，作为一家科技型企业，小桔公司必须持续投入大量资源进行技术研发和创新，用户体验和技术优势是公司保持市场竞争力的关键。其次，通过融资，小桔公司可以获得更多资金进行市场推广，快速扩大用户基数，提高市场份额。再次，运营维护和业务拓展是公司日常运作的基础，要确保平台的稳定运行。最后，新兴行业崛起的最快途径是通过补贴吸引用户，互联网行业的大部分企业在投入市场初期常处于亏损状态，让利和补贴顾客可以刺激用户需求，培养用户习惯。此时小桔公司要想扩大市场份额，还必须加大补贴力度，继续维护用户群体，这就需要资金支持。

五、诉讼策略

（一）取得代理权

媒体广泛报道了小桔公司被诉侵权的案件经过，作为商标法领域的专业律师，我们在第一时间就敏锐地捕捉到这一信息热点，迅速识别出此案件是一起与以往有所不同的新型案例，将会对"互联网+"时代的企业商标案件产生很大影响。基于这样的认识，确定小桔公司商标纠纷的应对策略就迫在眉睫。为了对该案件有更加清晰明确的认识，我们立即对本案能够获得的公开信息展开研讨。经过研讨整理清楚思路，我们初步梳理了原告指控存在的诸多问题，认为小桔公司的行为其实并不构成侵权。基于此自信，我们主动联系小桔公司，详细阐述了我们的专业见解。清晰的逻辑和对关键问题的精准把握，使我们成功获得了小桔公司董事长程维的高度赞同，最终如愿取得本案的代理权。识别机遇、把握机遇、主动推进和乘胜追击，这是我们成功获得本案代理权的关键，也是多年来我们一直秉持的职业精神与工作态度。

原告的诉讼策略别有用心，但并非所有人都能识别出原告诉讼请求中存在的问题。广州睿驰公司和妙影公司的起诉分别基于服务商标和商品商标的商标权。理论上，"滴滴打车"只能属于商品或者服务其中之一，即小桔公司使用的商标要么是服务商标，要么是商品商标。因此，原告之中至少有一个必然会败诉。此外，广州睿驰公司的三个注册商标分别核定使用在第35类服务和第38类服务上。而事实上，滴滴打车只从事一种服务，因此广州睿驰公司提起的三个商标诉讼中也至少有一个会败诉。小桔公司被指控的行为都是同一行为，而同一行为最多只可能构成一项指控，或者所有指控均不成立。因此，原告基于多个商标权指控小桔公司侵权，这要么是对法律的无知，要么是蓄意"碰瓷"，试图通过诉讼逼迫小桔公司支付高额赔偿或购买商标，从中获取巨大的利益。原告的诉讼策略恰恰表明他们了解法律，意图运用法律手段攫取不属于他们的利益。正是凭借敏锐的法律嗅觉、深厚的专业积累、积极主动的工作态度以及勇于迎接挑战的工作精神，我们成功把握了这一难得的机会，也展示了我们的专业实力。

（二）控制审理顺序

在获得代理权后，我们进入紧急的工作状态，彻夜研究案件材料，制定诉讼策略。

第一，虽然该案件的起诉时间晚于杭州案，但海淀区人民法院在地理位置方面更具优势。小桔公司的注册地位于北京市海淀区，而律所的主要办公地点也在北京，因此我们认为在海淀区人民法院审理由广州睿驰公司提起的诉讼，对于被告和代理律师而言都更加便利。法院更方便了解小桔公司的实际情况，并且更加熟悉其业务运营。

第二，北京作为滴滴打车服务的创始地和主要市场，是高科技产品发展的中心。考虑到互联网企业发展水平以及法院审理此类案件的经验，我们认为海淀区人民法院对"互联网+"项目的理解可能更为深入，能够更好地判定此类争议。如果海淀区人民法院能够对"嘀嘀打车"和"滴滴打车"提供的服务类别作出有利于小桔公司的判决，那么杭州案也将迎刃而解。

第三，海淀区人民法院审理的案件相对来说更具影响力。"互联网+服务"的首例案件由其审理，不仅在全国范围内具有较强的说服力，而且更容易形成典型案例，对未来类似案件的审理具有指导意义，影响也会更加深远。

经过综合考虑和详细分析，我们决定采取以下策略：推动海淀案尽早审理，同时通过各种合法手段推迟杭州案审理，目的是让海淀区人民法院先对海淀案作出判决，并努力争取使该判决结果对小桔公司有利，再利用该判决结果应对杭州案。这样不仅安排合理，而且小桔公司的胜算更大、诉讼效率更高。通过穷尽一切法律手段，尽可能地将杭州案的审理时间向后推延，确保在此之前能够在海淀案中对小桔公司提供的服务性质这一关键问题有所定论，为杭州案的审理做充分准备。

（三）分析诉讼要点

代理被告与代理原告的主要区别在于，作为被告的代理律师，只需找到并击破原告主张中的一个关键点，而无须构建全面的防御体系。这样做的目的是通过击中原告的论点漏洞，使其整个诉讼请求无法成立。然而，选择哪个关键点作为突破口本身就是一个巨大的挑战。如果不能准确把握被告行为的实质，就很难充分证明其行为不构成商标侵权。这意味着代理律师必须深入分析被告行为的性质，找到最有力的抗辩点。

一方面，小桔公司使用的"滴滴打车及图"等商标与原告作为权利基础的商标，不构成在相同或近似商品或服务类别上的使用。另一方面，原被告双方的商标本身不构成近似。这也是判断商标是否具有混淆可能性的两个维度，即判断商标是否具有混淆可能性，需要从商标所使用或者核定使用的商品或服务是否相同或类似、商标本身是否近似这两个维度进行审查。除了从上述两个维度进行判断，还可以通过被告商标是否已在消费者中产生广泛影响入手，进一步确认原被告商标之间是否具有混淆可能性，论证原告商标是否实际使用，以及其是否具有值得保护的商誉。

诉讼过程中最为关键的一点，就是小桔公司所提供的服务与广州睿驰公司注册商标核定使用的服务不构成相同或者类似，原告的主张显示出对"互联网+服务"性质的误解。原告的商标注册在第38类和第35类服务上，原告主张小桔公司的服务属于"替他人推销""广告""信息传送"等，而小桔公司的观点是，其使用"滴滴打车"商标所提供的服务应归属于《类似商品和服务区分表》的第39类服务。对此，将在下文展开详细论证。

得出这一结论后，我们立即通知小桔公司申请注册第39类服务上的相应商标，对已申请的第14229622号"滴滴"文字商标加强关注并继续跟进，力求在民事诉讼判决前获得第39类服务上商标的注册。如果注册成功，这将极大简化后续工作。

六、律师代理

本案原告指控的内容是：小桔公司基于软件信息平台向社会公众提供字样为"嘀嘀打车""滴滴打车"的服务，并在提供服务的软件界面等处显著标注"嘀嘀""滴滴"字样，且服务包含"基于网络的信息传送、全球网络用户打车服务、语音通信服务、出租车司机商业管理、替出租车司机推销"，与原告若干商标核定使用的服务构成了相同或近似。原告提起的属于典型的商标侵权诉讼，也并未提出赔偿的请求。表面来看，这是一项简单的商标侵权主张，但实际上每一句话都透露出原告的深思熟虑，其诉求要求小桔公司停止使用相关商标，实际上对小桔公司的商业经营构成了重大威胁。

在商标侵权诉讼中，根据2001年《中华人民共和国商标法》（以下简称《商标法》）第51条、第52条规定，注册商标的专用权，以核准注册的商标和核定使用的商品为限。因此，判断小桔公司使用"滴滴打车"商标是否构成商标侵权，应当以广州睿驰公司注册商标的核定使用范围为准。只有当"滴滴打车"提供的服务与广州睿驰公司的商标核定使用的服务构成类似，才有可能认定商标构成混淆，进而才有可能认定为商标侵权。除了服务构成类似这一点，还要符合商标本身近似的标准，这是商标混淆可能性的第二个层面。因此，主张小桔公司不构成商标侵权的突破点就是这两点。

杭州案与海淀案又有不同之处。妙影公司的商标注册核准使用的是第9类"计算机程序（可下载软件）"等商品，其实质上是商品商标，这与服务商标是有所差异的。因此，杭州案的关键在于认定"互联网+"模式下，小桔公司使用相关商标是在服务还是商品上，如果是服务，又要涉及商品与服务是否类似的判断，这与服务类似的判断也有所不同。综上所述，滴滴打车一系列案件最重要的突破点是认定滴滴打车这一"互联网+"项目的性质，即其是商品还是提供服务，如果是服务，又属于什么服务。此外，还需探讨"滴滴打车App"是否构成独立的商品。

本案的特别之处在于：这不仅是一般的商标侵权案件，也不仅是服务是否构成类似的认定问题，而是全国范围内第一起涉及"互联网+服务"商标侵权的案件。这意味着本案需要对"互联网+服务"的问题进行探讨和认定。一方面，本案没有任何先例可供参考，要求代理律师必须开创性地提出论证思路，并说服法官接受这一全新的思路；另一方面，"互联网+"的发展意味着本案之后可能会出现更多类似案件，因此本案的论证思路和结果将对后续案件产生重大影响。

无论问题多么复杂，只要分解细化，抓住问题的本质，就一定能够找到解决办法。通过查阅大量资料，并在收集证据过程中不断思考，我们认为本案的核心问题是：如何认定"互联网+"企业从事的具体服务？该服务与原告注册商标核定使用的商品或服务是否相同或类似？是否容易使相关公众产生混淆误认？

本案的突破点其实在于被告的商标使用行为是否与原告商标具有混淆可能性。商标的混淆是指在后商标使用人为了攀附在先商标权利人的商誉，而在同一种或者类似商品上使用与在先商标权利人相同或者近似的商标的侵权行为；反向混淆则相反，是指在后的商标使用人的商标具有较高的知名度，而在先商标权人商标知名度较低，在后商标使用人在同一种或者类似商品上使用与具有较低知名度的在先权利人相同或近似的商标，使相关公众误认为在先商标权人的商品或者服务来源于在后商标使用人或与其存在特定关联。

所以对于商标是否具有混淆可能性的判断，需要从两个维度进行审查。第一个维度是商标所使用或者核定使用的商品或服务是否相同或类似；第二个维度是商标本身是否近似。下文将从这两个部分展开介绍。

（一）"互联网+"企业服务类别的界定和服务类似的判断

国家知识产权局在2021年发布的《商标审查审理指南》中，对于商品与服务类似、类似服务的判断进行了详细解释。然而，由于滴滴打车系列案件发生及审结的时间均早于该指南的发布时间，故不能作为本案的参考依据。在本案审理过程中，首先参考《最高人民法院关于审理商标民事纠纷案件适用法律若干问题的解释（2002）》第11条的规定，该条款对类似服务进行了定义：类似服务是指服务的目的、内容、方式、对象等方面相同，或者相关公众一般认为存在特定联系、容易造成混淆的服务。小桔公司与妙影公司的纠纷，还涉及商品与服务是否类似的问题，第11条规定也进行了解释：商品与服务类似是指商品和服务之间存在特定联系，容易使相关公众混淆。[1]《最高人民法院关于审理商标民事纠纷案件适用法律若干问题的解释（2002）》第12条规定进一步指出，认定商品或者服务是否类似，应当以相关公众对商品或者服务的一般认识综合判断；《商标注册用商品和服务国际分类表》《类似商品和服务区分表》可以作为判断类似商品或者服务的参考。[2]

需要特别注意的是，服务的相似性还需考虑"相关公众一般认为其存在特定联系、容易造成混淆"这一标准。服务的相似性也存在混淆的可能性，但由于服务的复杂性，判断服务是否符合混淆可能性标准往往较为困难。因此，对类似服务的判断通常集中在服务的目的、内容、方式和对象这四个方面。

现行的《类似商品和服务区分表》将所有商品和服务分为45类，其中注册在第1—34类上为商品商标，注册在第35—45类上为服务商标。正如前文所述，原告广州睿驰拥有的11122065号"嘀嘀"文字商标注册在第35类服务上，11122098号"嘀嘀"文字商标和11282313号"滴滴"文字商标则注册在第38类服务上。

需要强调的是，从根本上讲，《类似商品和服务区分表》主要是便于商标行政主管部门商标检索、审查和管理而划分的，并不具有法律法规的地位和效力。而且《类似商品和服务区分表》不仅在分类上有交叉，事实上难以涵盖所有商品或服务种类，其首要功能也并不是为所有商标安排固定的类别。此外，商品或服务的类似关系也不是一成不变的，它们会随着市场实际发展情况及相关公众认知的变化而不断更新和发展，在商标实践中，应以适用《类似商品和服务区分表》为原则，以个案调整为例外。此外，《类似商品和服务区分表》虽可以作为参考，但并不能解决所有问题。如果认知局限于《类似商品和服务区分表》的分类之中，可能会陷入困境。在商标民事侵权案件中，判断商品或服务是否相同或类似，可以参考《类似商品和服务区分表》，但最终应当回归实际情况，进行综合分析并解决问题。根本上应当以实际使用商品或服务与注册商标核定使用的商品或服务进行比对，并以相关公众的一般认知为基础，综合考虑服务的目的、内容、方式、对象，结合实际情况，整体和实质性地进行判断，而不应割裂整体服务或商品，仅以服务或商品中的某一功能进行孤立判断。

---

[1]《最高人民法院关于审理商标民事纠纷案件适用法律若干问题的解释（2002年修订）》第11条。
[2]《最高人民法院关于审理商标民事纠纷案件适用法律若干问题的解释（2002年修订）》第12条。

1. 滴滴打车服务深度介绍

认定小桔公司所提供的是什么服务，是本案的核心问题。通过系统性地收集官方文件和社会反馈，特别是提出的对"互联网+服务"进行综合、整体、实质性判断这一重要思路，最终得出结论："滴滴打车"服务应归类于第 39 类运输类服务，包括为客户提供运输信息和运输经纪服务。首先，需要明确滴滴打车的具体服务内容。其次，需要对"互联网+服务"进行综合、整体、实质性的分析。这不仅包括对滴滴打车服务内容的具体解构，还需考虑其在市场上的实际运作模式和用户体验。最后，需参考《类似商品和服务区分表》及相关法律规定，结合市场实际情况，对滴滴打车服务的性质进行全面判断。《类似商品和服务区分表》虽然提供了分类参考，但并不能穷尽所有服务类型。在分析过程中，不仅要看服务的名称和表述，还要深入了解其实际运作过程和用户的实际感受。下面先介绍一下滴滴打车的整个运作流程。

（1）滴滴打车服务组成部分

实际上，滴滴打车服务体系由七个关键部分构成：乘客端和司机端的移动互联网应用（即"滴滴打车 App"或"滴滴打车软件"），人工及服务器构成的后台运输信息处理中心，人工和服务器组成的车辆运输调度中心，大量客服人员构成的客服中心，众多线下司机，各地线下司机及乘客服务站，以及交易保障与信用管理中心。上述各部分相互协调，共同实现软件功能。

具体而言，滴滴打车的核心运作机制主要涉及三个部分：需求处理机制、派单机制和需求对接机制。其中，需求处理机制进一步细分为订单接收和订单处理两个环节；派单机制则是向司机派发订单的流程机制；需求对接机制则是涉及司机抢单的流程机制。

乘客客户端和司机客户端分别在需求处理机制中承担订单接收的功能，并在需求对接机制中执行司机抢单的流程。这两个客户端即为用户可直接交互的界面，具体表现为用户手机上的"滴滴打车 App"。该应用主要功能包括接收并收集乘客和司机通过文字或语音形式表达的需求信息，如乘客的用车时间、地点、目的地以及司机的位置和是否接单等信息。这些信息并不会在客户端存储沉淀，而是直接传送至由人工及服务器构成的后台运输信息处理中心进行处理。

后台运输信息处理中心负责需求处理机制中的订单处理环节。乘客端和司机端传送的各类信息汇集到后台运输信息处理中心，此中心由大量人工和服务器组成。信息在此处被整理与分离，转化为便于计算分析的标准化格式，后台运输信息处理中心发挥着"预加工"的作用。处理后的规范化、类别化信息随后被传送至下一阶段，即车辆运输调度中心。

车辆运输调度中心实现"派单"。该中心通过计算最佳方案，将乘客与司机进行匹配，然后由司机端选择是否接受乘客订单。在恶劣天气、偏远位置等接单困难的情况下，车辆运输调度中心通过人工在后台介入，实施激励策略，例如增加车费、给予奖励等措施，促使司机接单，尽快达成交易，防止因乘客长时间叫不到车而失去继续使用的动力。

其他组成部分尽管不直接涉及核心运作流程，但它们在保障整个流程正常运转中也起到了至关重要的作用：交易保障与信用管理中心主要负责保障乘客与司机之间的交易安全，特别是金钱交易的安全性。如信用较差的顾客拖欠车费、司机恶意加价收费等问题，都属于该中心管理的范围，以维护平台持续、良好、健康的交易环境。交易保障与信用管理中心并不直接处理金钱交易，而是由第三方支付平台代收。由此可以看到，小桔公司并不直接提供支付结算等金钱交易服务。

线下司机则是实现最终服务目标的关键人员。唯有这些司机确保车辆处于可运营状态，接收乘客订单，才能实现乘客的用车请求，最终完成交易。

客服中心和各地线下司机及乘客服务站主要通过人工解决软件运营过程中出现的各类问题，如技术故障、司机乘客纠纷、意见反馈、订单计费问题、失物寻找等，从而保障整个流程顺畅进行。此举提高了用户的使用体验，赢得用户好评，增强用户的使用意愿，维系并稳定滴滴打车的客户群体。此外，该部分还负责司机的招募、审核、管理培训等工作，提高司机的服务水平与质量，增强司机服务意识，提升用户的乘车体验，为滴滴打车的运行提供充分的后勤保障（图2-2）。

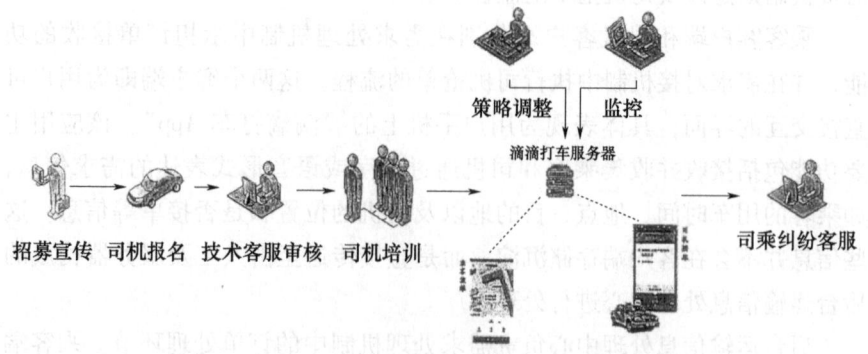

图2-2 滴滴打车线下司机及乘客服务站业务流程

通过上述分析可以明确,"滴滴打车 App"与其他各组成部分相辅相成、密不可分。任何一个部分的缺失都会导致系统链条的残缺,进而无法实现其正常的运转,也不能实现乘客与司机之间的交易目标。

首先,从系统性和结构性来看,"滴滴打车 App"作为乘客和司机交互的前端界面,其本身并不具备完全独立的功能。仅依靠"滴滴打车 App"无法完成整个打车服务的运作。乘客端和司机端通过该应用传递的信息,需要依赖后台运输信息处理中心进行整合与处理,之后由车辆运输调度中心进行匹配和派单。其次,从服务功能的实现来看,"滴滴打车 App"只是整个服务链条中的一个环节。如果脱离了其他部分,仅该应用软件无法对外提供完整的打车服务。再次,从法律判断的角度出发,综合、整体地看待滴滴打车所提供的服务是必要的。法律分析不应限于某一单一环节或要素,而应全面考虑各部分之间的相互依赖和协同作用。通过整体性判断,才能更准确地界定滴滴打车服务的法律属性。

综上所述,"滴滴打车 App"在整个服务体系中扮演着不可或缺的角色,但其功能的实现依赖于后台处理中心、调度中心、客服中心等各部分的协同工作。只有在各部分共同作用下,乘客与司机之间的交易和服务目标才能实现。不应该将滴滴打车的某个部分拆解出来看其属于什么服务,而应整体上看它提供的服务。

(2)滴滴打车服务流程

从对滴滴打车的组成部分进行分析可以明确,原告广州睿驰公司试图将滴滴打车服务的各个模块进行分拆、切割,并各个击破的做法是完全错误的。这种做法忽视了滴滴打车服务的整体性和综合性,无法准确对其进行法律定性。具体而言,"滴滴打车 App"仅作为一个工具存在,无法独立发挥作用或产生商业利益,不具备独立的商业价值。若将"滴滴打车 App"从整个服务体系中剥离出来,其无法满足乘客的用车需求或司机的载客需求,将成为一个无法运转的空壳应用。只有在后台运输信息处理中心、车辆运输调度中心、客服中心等各部分的协同作用下,"滴滴打车 App"才能实现其应有的功能和商业价值。

此外,初步分析表明,滴滴打车提供的是运输类服务,但要进一步明确滴滴打车提供的到底属于《类似商品和服务区分表》的哪一类服务,是否与广州睿驰公司注册商标核定使用的服务构成类似,还需要深入了解其具体的运作流程(图2-3)。

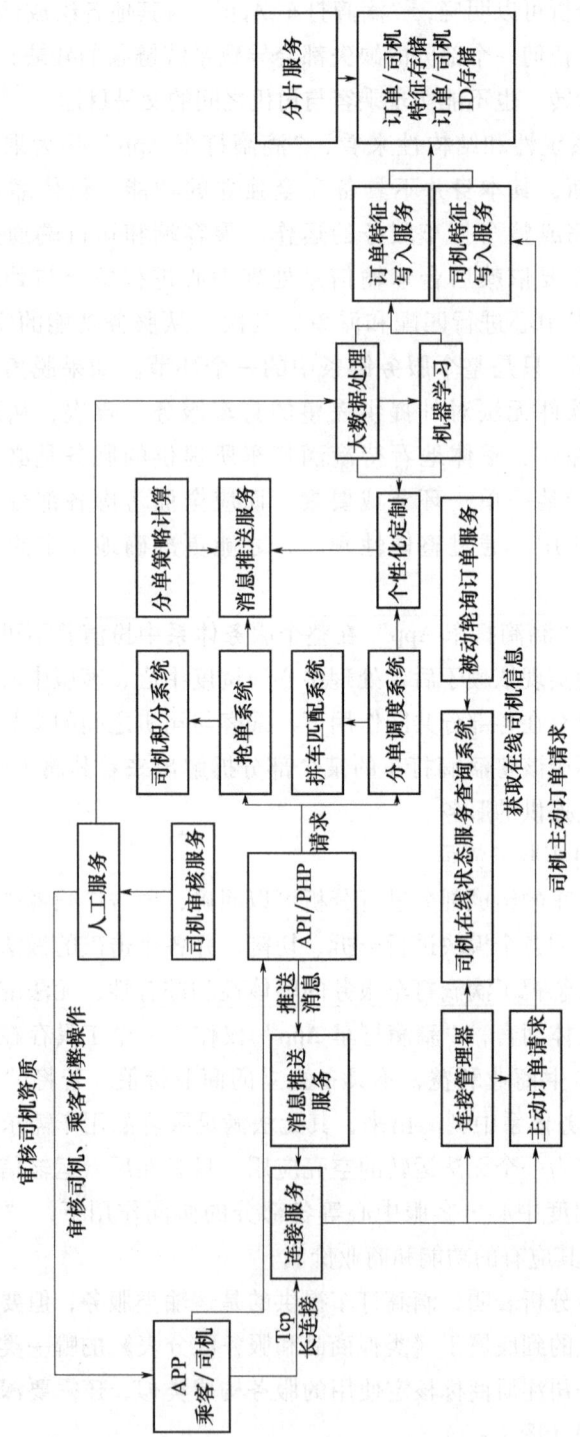

图2-3 滴滴打车服务流程

首先，司机需通过"滴滴打车App"或小桔公司设立的司机报名站点提交相关资格材料。这些材料经由客服部门人工审核后，确认其成为合格司机。确认合格后，司机可以随时随地打开"滴滴打车App"，在服务器支持和策略指导下接收订单。同时，客服部门会将已确认为合格司机的个人资料等信息传输至大数据中心，以满足后续计算处理需要。

当乘客使用移动端设备（如智能手机），在连接网络的状态下，通过"滴滴打车App"发布个性化用车需求时，该需求通过传输控制协议（TCP）长连接进行各个阶段的传输。首先，通过API/PHP接口向各个服务器发起联网请求，将订单信息传输至相应服务器处理。当司机打开"滴滴打车App"时，其状态信息和位置信息等数据也通过API/PHP接口，利用TCP长连接传输至相应服务器处理。

服务器承载着由策略人员和技术人员训练获得模型的不同功能系统，包括司机积分系统、抢单系统、分单调度系统、拼车匹配系统、司机在线状态服务查询系统等功能系统。将训练完成的分配策略架构于服务器中，分属于不同功能的处理系统，分别对不同类别的订单进行处理。

根据当前订单的属性，乘客的用车需求首先进入分单调度系统。根据乘客选择的服务类别（如拼车、快车、特快、出租车、专车、商务车或豪华车），在分单调度系统中进行处理和分配。如果乘客选择拼车服务，乘客需求会进入拼车匹配系统，与其他选择拼车服务的乘客在路线和距离上进行匹配，寻找最佳拼车搭档。拼车系统会将出发地和目的地路线重合度较高的订单进行合并，作为拼车单发送给司机。非拼车单不会经过上述过程，而是经过分单调度系统处理后，订单数据包括出发地、出发时间、目的地、小费和乘客个性化信息等会成为订单特征，一方面写入订单特征存储器，另一方面通过个性化定制系统进行计算。该个性化定制系统集合每次订单的订单特征数据、司机特征数据、前文所介绍的客服部门传来的司机信息等一系列数据，传入大数据中心。大数据中心通过对司机、乘客、交通状况和运营情况等大量历史数据的分析处理，为司机和乘客定制专属订单，并通过机器学习训练为通用模型。该模型不断输入、计算和学习新的数据以自我优化。这个模型另一个智能之处是可以根据交通运营情况实时更换订单分配策略以适应交通变动性。个性化定制系统根据订单和司机的位置、方向及个性化特征等指标，计算得出最匹配的司机，并向这些司机发送消息推送服务，从而实现为每个乘客选择最合适的司机播送订单，并为每个司机选择最合适的订单进行播送。

被上述订单匹配选中的司机，其司机在线状态服务查询系统服务器检查该司机的当前状态,如果司机的当前状态为在线状态,且目前没有分配正在进行中的订单,则通过消息推送服务向该司机发送该订单。

司机通过其"滴滴打车App"收到上述消息推送之后,可以点击抢接单,如果司机没有点击抢接单,而是一直处于观望状态中,则个性化定制系统计算获得的合适的订单将会进入被动轮询订单服务系统,在司机端的"滴滴打车App"上轮番播报,直到司机点击抢接单。如果司机的在线状态服务查询系统检测到司机状态为不在线,被动轮询订单服务系统也会停止工作。

司机通过其"滴滴打车App"收到上述消息推送之后,如果司机点击抢接单,该数据信息就会通过连接服务系统连接到管理器,从而实现乘客与司机之间的TCP长连接。如果有多名司机同时点击抢接同一个用户的订单的情况发生,情况则要更复杂一些,数据信息不是直接进入连接服务系统,而是首先进入抢单系统,抢单系统会根据这些司机与乘客之间的距离及每个司机拥有的滴米数量两个指标进行综合判断,以确定该订单被分配给哪个司机。如果计算出来某个订单归属于该司机,这个订单信息才进入连接管理器,在匹配的司机与乘客之间进行TCP长连接,以实现司机与乘客之间的信息匹配、信息撮合,完成叫车的全过程。

将乘客与司机匹配完成以后,司机的在线状态服务查询系统将会一直处于工作状态,实时监控司机的在线状态。一旦发现司机掉线,将及时切断乘客与司机之间的连接,并立刻为乘客重新通过分单调度系统、个性化定制系统等上述步骤,匹配新的司机。

上述过程是司机的被动接单流程,下面将进一步阐述司机主动请求订单的流程。

司机可以通过"滴滴打车App"发送主动订单请求。该请求中包含司机的位置信息、路线信息、行驶方向、服务价格、服务类型以及个性化信息等指标。这些指标首先被写入司机特征服务器,然后传输至大数据处理中心,进入与被动接单流程相同的处理环节。

此外,为了确保上述模型的顺利运行,还需依赖人工服务处理司乘纠纷。通过对乘客在运输服务过程中遇到的纠纷和疑惑进行处理,人工服务能够有针对性地解决问题。每一个问题处理过程中获得的有价值信息均会传递给大数据中心,用于进一步训练和优化上述模型。

不仅如此,滴滴打车还具备其他配套功能,例如支付功能、积分功能和代金券功能等。这些功能的运行流程与上述过程大致类似,其最终目的仍在于完成和优化叫车服务。虽然这些功能本身不具备独立的商业价值,但在保障叫车过程的顺畅、推广滴滴打车服务、提升用户体验和增加用户黏性方面发挥着重要作用。

综上所述，无论是司机的被动接单流程还是主动请求订单流程，以及其他配套功能的运行，都是通过各个系统和功能模块的共同协同作用实现的。

2. 滴滴打车提供服务类别

只有对滴滴打车运作流程全面了解，才能对其所提供的服务的类别进行深入分析和法律论证。判断小桔公司使用商标提供的服务与原告注册商标核定使用的服务是否类似需要从服务的目的、内容、方式和对象等方面进行审视。事实上，分析提供的服务类别也应基于这些方面展开。

然而，滴滴打车所提供的服务并非简单的、传统的服务项目，而是基于一个复杂的、互联互通的平台系统。该系统由 App、计算机软件和通信技术等高科技组成，显然区别于传统的简单服务（如理发、按摩等）。正如前文所述，滴滴打车服务的每个组成部分都是不可或缺的，不能断章取义地将某个部分拆解出来单独分析其属于什么服务。虽然滴滴打车整个服务过程使用了"滴滴打车 App"这一应用软件，并借助 TCP 通信服务，但是，叫车这个环节完成绝不仅仅依赖应用软件和通信技术，这些工具只是实现服务目的的手段。实际上，实现服务的工具可以是应用软件，也可以是人工、有线通信技术，未来或许可以是其他新兴科技产品。但工具本身并不能独立发挥作用或产生任何商业利益。

应用软件的引入使服务过程变得更加复杂。"互联网+"的发展日新月异，涌现出许多新的现象和概念。但通过不断思考和总结其实可以发现，必须对"互联网+服务"进行本质上的、实质性的判断，即应综合、整体、实质性地判断是什么服务。"综合"和"整体"在上述滴滴打车服务组成部分和流程介绍中已经得到明确体现，各部分相互连接和配合才完成整个服务过程，不能对某一部分进行拆解并单独注册和使用商标，这既不具有实际意义，也不经济。

为了更好地理解，可以将这一场景转换到商品上。例如，一辆汽车要实现其物理功能和价值，由轮胎、发动机、钢板、电路、油箱、音响、车灯、空调等等相当多的零部件组成，彼此之间相互配合才能行驶，而汽车生产商的商标只需在汽车整体上进行使用，无须在各个零部件上都注册使用自己的商标。"滴滴打车 App"也是如此，必须与小桔公司后方的一系列功能和机制共同运转，没有必要也不应该单独被注册和使用一个商标。

滴滴打车"互联网+服务"的性质，是由互联网的复杂性决定的，具有必然性。表面上看，类似"互联网+服务"利用了高科技手段，如移动互联网、通信技术和大数据，但本质上不过是提供服务所需的手段。滴滴打车服务本质上是为乘客和司机之间达成交易提供机会，即提供运输信息，实现信息撮合，这与通过人工或其他传统方式介绍司机给乘客的服务性质其实是相同的。

在新的商业形态不断迸发的科技时代，如果对每一种新技术手段融入的新服务都重新定性，不仅工作繁重，且后患无穷，未来商标分类将变得畸形。因此，不应对"互联网+服务"的运行架构和组成部分进行机械拆分，也不应对拆分后的模块进行过度解读和重新定义，而应回归传统商品和服务，透过现象看本质，识别其整体性质。这便是对"互联网+服务"进行综合、整体、实质性判断的方法，是在本案代理过程中对"互联网+服务"最关键、最有借鉴价值的认识。

理解了综合、整体、实质性判断这一标准，就可以回到"判断服务是否类似要看服务的目的、内容、方式、对象等方面"这个判断方法上。滴滴打车服务流程已经明确揭示，滴滴打车服务的对象具有相当的特定性，即乘客与司机。服务内容是采集、传输、处理乘客用车需求信息和司机特征信息，实现双方信息撮合，完成叫车和达成交易。服务方式是借助移动互联网平台系统，收集乘客需求信息和司机运输信息，再通过后台进行整理、分类、处理、调度和传送。实现方式利用了通信传输协议、API接口、各种服务器、大数据中心、机器学习模型和网络，利用"滴滴打车App"作为物理和技术联系介质提供服务，实际上就是"互联网+"的服务方式。尽管表面上运用了多种技术和科技产品，但这些不过是提供服务的手段。从整体和综合的角度考虑服务的本质目的和功能可以发现，滴滴打车服务本质上就是撮合司机与乘客，促使他们之间达成交易。经过上述分析，可以得出结论：滴滴打车提供的服务与原告注册商标核定使用的服务并不构成类似。

由此可见，对"互联网+服务"进行本质上的、实质性的法律判断，不仅是理解和处理此类案件的关键方法，也是应对未来不断涌现的新型服务模式法律问题的有效策略。这种方法在处理类似滴滴打车的服务模式时，能够提供清晰的法律逻辑和判断依据，确保在快速发展的科技背景下，法律实践能够与时俱进，保持其应有的稳定性和连贯性。

（1）商品与服务之争：解析与探讨

关于"滴滴打车App"是否属于第9类"计算机程序（可下载软件）"商品。第一，首先必须明确的是，"滴滴打车App"并非商品。将其视为商品，与日常对商品的理解背道而驰。商品是能够满足个人或社会某种需求,并可用于交换的劳动产品。使用价值是商品的自然属性,而价值是商品的社会属性。商品的使用价值是其价值的物质承担者,一个物品要成为商品,必须兼具使用价值和价值,二者缺一不可。就"滴滴打车App"而言,一方面,其不具备独立的使用价值,即便"购买"了这个"商品",在缺乏其他组成部分及功能机制配合和支持的情况下,乘客或司机均无法使用该App实现乘车或载客的目的。无法单独发挥作用、满足人们某种需求且不具备独立使用价值的"滴滴打车App",显然在使用价值层面不符合商品的定义。另一方面,"滴滴打车App"亦不具备价值。小桔公司免费向大众提供该应用软件的下载,如将"滴滴打车App"按原告的主张从整体服务中拆解出来,该部分并无任何收益,不具备价值。因此,"滴滴打车App"在价值层面也不符合商品的定义。综上所述,"滴滴打车App"不符合经济学上对商品的定义。实际上,将"滴滴打车App"视为商品的行为,是原告为了胜诉并获得赔偿而进行的概念强行拆解行为。这种行为割裂了小桔公司所提供的服务整体性,"滴滴打车App"实质上是小桔公司提供的服务不可或缺的一部分。

第二,"滴滴打车App"也不符合第9类"计算机程序(可下载软件)"商品的定义。正如前述,"滴滴打车App"不具备独立的商品属性,无法自主实现特定功能。在小桔公司提供的服务中,当前采用的最外端客户端是"滴滴打车App",但不能因此认定小桔公司提供的是计算机程序、计算机软件这一商品。小桔公司实际上通过应用软件收集乘客用车需求和司机特征信息,后续运用各种科技手段进行信息整理、分类、处理和传输,从而实现乘客快速叫车和司机降低空驶率的目的。显然,小桔公司本质上提供运输信息服务,而非单纯的软件下载服务。单纯下载、获得该软件并不能实现叫车目的,也非小桔公司意图提供的服务。小桔公司通过"滴滴打车App"这一看似是商品的软件,实质上提供的是叫车服务,该服务的完成需要依赖一系列服务器和人工操作,缺少任何一环,"滴滴打车App"都无法正常运行。

第9类"计算机程序(可下载软件)"商品,只有在消费者下载、购买软件后,对价支付仅用于软件本身,而无须其他服务即可满足消费者需求的情形下,才属于提供商品。例如,用友软件股份有限公司提供的用友软件,用户购买后即可通过软件进行企业管理、人力资源管理、客户关系管理等功能,软件本身即可实现上述目标,购买并使用该软件即满足了用户的需求。这种情况下,软件本身即为商品。再如,微软公司提供的Office系列软件,用户购买后即可通过软件实现文档、表格、演示文稿等功能，消费者购买的主要目的是使用软件本身，而非微软公司的服务。类似地，AutoDesk 公司的 CAD 制图软件，用户购买后使用其功能，支付的对价即为购买软件本身。这些软件在使用价值和价值上均符合商品定义。AutoDesk 公司投入大笔资金用于该软件的研发，不断地丰富软件功能、优化软件配置、提升软件性能；而用户购买 CAD 软件，就是为了使用 CAD 软件本身配置的功能，不需要或者说只有在极少的情况下才需要 AutoDesk 公司的服务。相比之下，小桔公司的"滴滴打车 App"不属于第 9 类"计算机程序（可下载软件）"商品显而易见。

第三，不能在认可小桔公司提供服务的基础上，认为其同时提供了"滴滴打车 App"这一商品。首先，前文已详细阐述了叫车流程，"滴滴打车 App"只是小桔公司整体服务的组成部分，不可将其片面看作商品。其次，"滴滴打车 App"无法独立发挥功能，不具备独立的使用价值，故不具备成为商品的条件。最后，对整体和部分分别定义、重复判断的行为缺乏法律依据，逻辑混乱，一个公司一个商业行为，要么是提供商品要么是提供服务。因此，不能认为小桔公司在提供服务的同时，也提供了"滴滴打车 App"这一商品。

综上，"滴滴打车 App"既不符合经济学上对商品的定义，也不符合法律意义上第 9 类"计算机程序（可下载软件）"商品的定义。将其视为商品的行为，是对小桔公司提供的服务进行片面的、割裂的解读，并无法律依据，也不符合逻辑。

需要补充的是，商标混淆可能性的第一个层面，除了商品类似、服务类似，还有一种情形是商品与服务类似，即商品和服务之间存在特定联系。在认定这种特定联系时，应该综合、整体地考虑服务与商品之间的密切程度，考虑两者的功能、用途、生产部门、销售渠道、消费群体等是否相同或者具有较大的关联性，是否容易使公众认为商品与服务的提供者是同一主体或者存在某种特别联系。司法裁判应该对市场、用户、产品、服务，对整个商业生态进行全新的审视，全面客观地观察商品和服务环节中新科技运用的性质，而不是对新的商业形态的运行架构和组成进行机械分割。在"互联网＋"时代，几乎所有的服务都会与应用软件深度结合起来，此时的软件并不是一个独立的商品。并且，也不应该因为服务使用了软件，就认为服务与软件商品的功能、用途、生产部门、销售渠道、消费群体等相同或者具有较大的关联性，从而认为服务与商品构成了类似，而是应该看服务的本质。举一个更加通俗易懂的例子：不能因为一家公司提供服务的时候需要用电，就认定该服务是电力服务。

具体到本案，小桔公司提供的服务旨在改善市民叫车体验，减少出租车空驶率，节约司机与乘客的时间、金钱及沟通成本。通过互联网技术平台，收集、处理、匹配司机和乘客两端的信息，使得双方可通过App后台服务器及人力提供的信息分析，及时确认方位并传递服务要约邀请，进一步形成要约与承诺，完成服务。表面上，小桔公司提供的是免费下载的打车软件，实质上该App无法独立运行，其叫车预约功能需借助互联网连接的后台服务器和人力管理集群进行数据分析和配对。从这个角度来看，滴滴打车的功能、用途、生产部门、销售渠道、消费群体等方面均与计算机软件这类商品存在明显差异，因此小桔公司作为服务的提供者，其从事的服务与第9类"计算机程序（可下载软件）"也不具有特定联系，进而不会导致商标的混淆。

(2) 第35类服务解析

广州睿驰公司主张的涉案商标之一，涉及的是第35类"商业管理和组织咨询、组织商业或广告展览、商业信息、民意测验、替他人推销、职业介绍所、商业企业迁移、在计算机档案中进行数据检索（替他人）、审计、寻找赞助"等服务，下文对小桔公司提供的服务是否属于第35类服务范围进行详细讨论。

关于第35类服务上注册商标的相关法律规定与实际应用，存在许多误解和误读。在第35类服务上申请注册的商标，常被误认为是"万能商标"，这种误解源于对法律规定的片面理解和望文生义。要准确理解第35类服务上注册的商标的真实含义，应当参考《类似商品和服务区分表》的详细规定与阐释。《类似商品和服务区分表》明确规定，第35类服务的主要目的是："对商业企业的经营或管理，进行帮助；对工商企业的业务活动或者商业职能的管理进行帮助，以及由广告部门为各种商品或服务提供的服务，旨在通过各种传播方式向公众进行广告宣传"，并且特别排除了物流运输类服务。由此可见，第35类服务的核心特征在于其所有相关服务均应为他人提供，而非为满足权利人自身业务需求所从事的活动。

具体到滴滴打车服务的分析，其服务对象始终是乘客与司机，并不存在所谓的"他人的商业活动"。因此，滴滴打车的服务并不符合第35类服务的规定，不能仅因服务涉及某些类型即认为其落入第35类服务的范围内，更应考察商标使用者是否为该类服务的提供者。

广告相关服务。原告广州睿驰公司主张，小桔公司的行为实际上落入第35类的"广告"范围。然而，这里的"广告"指的是为他人的商品或服务提供广告策划等服务，即广告公司为他人开展广告宣传活动的情形，才需注册在第 35 类服务上，而不包括请他人为自己的商品或者服务进行广告、广告策划、编辑、制作及传播等，也不包括为自己的产品或者服务直接进行广告宣传。在需要委托其他公司提供广告策划时，有广告需求的公司与普通消费者无异，消费者无须为自己消费的服务注册商标。而另一种情况，当公司为自己打广告时，相当于为自己提供服务，根本不存在商业活动，更无须注册商标。通过对"为他人提供广告"这一点的分析，可以更加清晰地理解，第 35 类服务的涵盖范围仅限于"为他人"提供服务，而"为自己"提供服务或"接受他人为自己提供"的服务，均不属于第 35 类服务的范畴。

商业管理辅助相关服务。广州睿驰公司还主张小桔公司从事了经营管理服务。然而，第 35 类服务规定的经营管理，实际上是指帮助他人对其商业企业进行经营管理，不包括为开展经营活动或者加强自身企业管理而从事的日常企业管理、商业分析、研究、调查等。[1]

从企业运营的视角来看，每个企业在进行正常经营活动时，必然涉及商业或工业企业的业务管理、运营、组织和行政管理，以及广告、市场营销和促销等行为。这些内部管理行为是企业对外进行商业活动的基础。在激烈的市场竞争环境下，没有一家企业能够不打广告而存活。然而，这类行为与大多数公司本质上对外提供的服务截然不同。若此类行为属于第 35 类服务的涵盖范围，则每个公司在进行商业活动前，均须在第 35 类服务上申请注册相关商标，然后再在实际从事的业务领域注册相应的商标，这将使商标申请变得冗余、烦琐，增加企业和商标行政管理部门的负担。同时，一旦某公司在第 35 类服务上申请注册某商标，其他从事不同业务的公司将无法在第 35 类服务上申请注册该商标，实质上剥夺了后者在实际从事类别上使用该商标的权利，这与商标法的规定和精神背道而驰。因此，小桔公司从事的打广告等行为不应受到第 35 类服务上的商标的管理。

替他人推销服务。至于原告广州睿驰公司主张的另一个观点"替他人推销"，实际上是指帮助他人提升其商品或者服务在市场上的销量或者需求，提供具体建议、策划、咨询等服务。

《国家工商行政管理总局商标局关于国际分类第 35 类是否包括商场、超市服务问题的批复》（商标申字［2004］第 171 号）中说明，"推销（替他人）"服务的内容是：为他人销售商品（服务）提供建议、策划、宣传、咨询等服务。第 35 类的服务项目不包括"商品的批发、零售"，商

---

[1] 《关于第 35 类服务商标申请注册与使用的指引》，国家知识产权局，2022 年 12 月 5 日发布。

场、超市的服务不属于该类的内容。单纯地向消费者出售自己的商品或者服务、销售他人的商品或服务以赚取差价的商品销售行为不属于替他人推销服务范畴。只有在经营活动中还从事了诸如广告宣传、商品展示、推销等服务时,才需要在相应的具体服务类别上申请注册商标。

2012年《国家工商行政管理总局关于超市服务与"推销(替他人)"服务是否属于类似服务的问题的批复》(商标监字[2012]第43号)中也明确:"商场、超市属于销售商品的企业,其主要活动是批发、零售。根据《类似商品和服务区分表》关于类似服务的判定原则,两者未构成类似服务。"从滴滴打车服务运营的模式和服务的类别来看,即便将"司机服务"看作一种商品,认为小桔公司从事的商业活动是销售"司机服务"以赚取差价,其经营模式也类似于超市,不应属于第35类"替他人推销"的范畴。滴滴打车并非代表司机向潜在乘客推销服务,而是在乘客有需求、司机有供给时,实现信息撮合,按文义解释并非推销。

广州睿驰公司举证试图主张,小桔公司推出的"积分商城"构成"替他人推销"。然而,积分商城不同于互联网商城、购物平台或商场,而是内部会员的积分兑换活动,其本质上属于福利活动,所涉物品为赠品,不存在金钱交易,也不存在商品销售与购买行为,更与"替他人推销"相去甚远。此外,积分商城中未使用过与"嘀嘀"相同或近似的商标。因此,滴滴打车服务的本质上并不属于第35类所规定的范畴。

(3) 第38类服务解析

广州睿驰公司主张,其余涉案商标核定使用的服务类别是第38类"信息传送、计算机辅助信息和图像传送、电子邮件传输、提供电信信息、电子公告牌服务(通信服务)、提供与全球计算机网络的电信连接服务、提供全球计算机网络用户接入服务、提供互联网聊天室、提供数据库接入服务、数字文件传送"等。下文将从多个角度分析滴滴打车的本质功能与目的,探讨其是否符合第38类服务的定义。

第一,依据对小桔公司提供的服务应该综合、整体、实质性判断的标准,其在为乘客与司机提供服务的过程中,确实涉及信息传送行为,乘客与司机可以通过"滴滴打车App"实现通信功能,但这并不是其提供服务的本质目的与功能。这种信息传输只是小桔公司服务中的一环,"通信"并非目的,而是实现司机和乘客连接的工具。随着科技水平不断提高,将来完全有可能无须借助此类"通信服务"也能实现乘客与司机之间的信息撮合。因此,必须整体地、综合地理解公司的服务性质,司机与乘客之间的联系是运输信息撮合中的一个环节,"信息传送""通信服务"的主张毫无根据。

第二，即便将小桔公司提供的服务进行拆解，也无法认定其从事了符合"通信服务"定义的行为。所谓"通信服务"应支持至少两人直接进行一对一通话，且其范围和内容应是直接向用户提供电信网络技术支持服务。小桔公司并未通过技术支持实现司机与乘客之间直接的一对一通话，而是通过严密计算、筛选和配对，并将双方的需求和供给信息传送给对方。因此，这部分最终目的是通过信息处理和匹配实现乘客与司机的信息交换，而非单纯的信息传送。滴滴打车服务的本质、目的与功能并不符合第38类所规定的范畴。即使司机与乘客通过"滴滴打车App"匹配成功，获得彼此的手机号等信息，进而实现一对一通信，这里的"通信服务"也非由小桔公司提供。因此，小桔公司提供的服务，即便不遵循综合、整体的认定标准，拆解来看也不涉及"通信服务"。不能因为小桔公司形式上构建了用户与司机之间的通信桥梁，就认为其提供了"通信服务"。

第三，小桔公司并不具备提供第38类服务的资质。第38类涵盖的服务其提供者应为广播电台、电视台、移动通信公司等专业性极高的机构。而互联网通信的经营者需具备相关资质和大量的基站等基础设施，方能从事此类服务。小桔公司并不具备相关资质，也不具备相应的基础设施，无法从事此类服务。这从侧面说明，小桔公司在"通信服务"中只是使用者而非提供者。识别问题的本质，弄清"通信服务"提供者和使用者的区别，一切疑问便迎刃而解。小桔公司在提供叫车服务时，需运用互联网服务器、电信传输等服务，但其本身并没有配置此类服务器、基站的能力与资质，而是与具有相应能力和资质的服务供应商签署合同，在其提供的服务基础上搭建自身服务。因此，小桔公司在此扮演的是第38类服务的使用者而非提供者的角色。

综上所述，滴滴打车的本质功能和目的与第38类服务并不相符。无论是依据本书的主张综合、整体、实质性地作出判断，还是按照原告的思路将其服务拆解开来看，小桔公司都没有从事符合"通信服务"定义的行为；此外，小桔公司也不具备提供第38类服务的资质。因此，广州睿驰公司的主张在法律和事实层面均缺乏依据。

(4) 第39类服务解析

排除对小桔公司提供服务的不准确认定，我们认为，小桔公司所提供的服务实质上应归属第39类中的"运输信息、运输经纪"服务。

互联网仅作为一种工具存在，其形式虽然多种多样，可能是服务器、传输协议、客户端、应用软件、端口等等，但工具的具体形式并不重要，真正重要的是该工具所实现的目的和本质。采用这种综合的、整体的、实质性的分析方法，才是解决这一根本问题的关键所在。滴滴打车的核心在于提供运输性信息服务，这包括提供运输信息、运输经纪、信息处理、车辆信息维护、交易保障和信用管理等后台服务，并且确实存在线下服务站点。运输过程通常分为前、中、后三个阶段，而小桔公司提供的运输信息、运输预订和必要的运输服务，实际上属于运输的前段。根据《类似商品和服务区分表》，第39类"主要包括通过铁路、公路、水上、空中或管道将人、动物或货物从一处运送到另一处所提供的服务及与此有关的必要服务，以及各类存储设施、仓库或其他类型的建筑物为保存或看管货物所提供的储藏服务"。并且特别强调包括"经纪人及旅行社提供的旅行或货运情况的服务，以及提供价目、时刻或运送方式情况的服务"[1]，这实际上涵盖了运输信息的服务。虽然小桔公司利用了互联网、软件和服务器等技术手段，但其本质仍是通过传输和交换司机与乘客之间的运输信息，帮助司机了解乘客的用车需求，并使乘客了解周边的司机动向。因此，小桔公司提供的服务本质上是运输信息和运输经纪，属于第39类服务范畴。

为了论证这一结论的合理性和准确性，需要更加深入地探讨小桔公司所提供服务的具体内容和特征。首先，小桔公司通过其平台将乘客的用车需求与司机的服务供给进行有效匹配，这一过程本质上是对运输信息的处理和传输。具体而言，乘客通过手机应用程序提交用车需求，这一需求信息通过互联网传输到小桔公司的服务器，经过处理后分配给附近的司机。司机接收订单后，系统将司机的车辆信息和定位信息反馈给乘客，乘客可以实时了解车辆的行驶状态和到达时间。这一过程中，信息的传输和处理是核心环节，充分体现了运输信息服务的特点。

其次，小桔公司通过其平台提供的运输经纪服务，实际上是对传统出租车调度模式的创新和升级。传统的出租车调度依靠电话或电台进行，而小桔公司通过移动互联网技术，实现了更加高效、便捷的调度方式。乘客和司机之间的信息不对称问题在这一过程中得到有效解决，乘客可以方便地获取周边车辆的信息，而司机也可以更高效地找到需要服务的乘客。这一服务模式不仅提高了运输服务的效率，还提升了用户的体验和满意度。

再次，小桔公司提供的服务还包括信息处理、车辆信息维护、交易保障和信用管理等后台服务。这些服务共同构成了一个完整的运输信息

---

[1]《类似商品和服务区分表——基于尼斯分类第十版（2013文本）》，中国工商出版社2013年版，第208页。

服务体系，为乘客和司机提供全方位的支持和保障。例如，平台通过对乘客和司机的信用信息进行管理和评估，确保服务质量和用户的安全；通过对车辆信息的维护和管理，确保车辆的运行状态和服务质量；通过对交易的保障和纠纷的处理，维护平台的秩序和用户的权益。这些服务虽然在形式上依托于互联网技术，但其本质仍然是运输信息服务的一部分。

在案件的代理过程中，除了理论分析，还应收集和挖掘各方面的证据，不能仅凭自身的论断来说服法官。首先，考虑是否能在官方文件中找到佐证。关于小桔公司提供的服务属于"运输"范畴，许多官方文件都可以有效佐证。根据交通运输部发布的《公路水路交通运输信息化"十二五"发展规划》，"交通运输业坚持以科学发展为主题，以转变发展方式、发展现代交通运输业为主线，着力调整交通结构、拓展服务功能、提高发展质量、提升服务水平，构建便捷、安全、经济、高效的综合运输体系。必须充分发挥信息化对改造传统产业、发展现代交通运输业的支撑和保障作用，着力在信息化环境下强化各种运输方式高效衔接，提高公共信息服务水平，规范市场运行秩序，增强安全监管和应急处置能力，提升政府决策管理效能，促进行业可持续发展。"[1] 文件强调信息化对改造传统产业和发展现代交通运输业的支撑作用，着力在信息化环境下促进各种运输方式的高效衔接，提高公共信息服务水平。滴滴打车符合该文件的精神，属于对运输方式的转变，建立了移动互联网时代的现代化、电子化出行方式，利用信息化改造传统交通运输业，颠覆了路边拦车的传统打车方式，改变了出租车司机空转等客的状况，提高了交通运输服务水平。小桔公司通过其平台，实现了移动互联网技术与传统运输服务的有效融合，提升了服务的效率和质量，符合这一发展规划的目标和要求。2013年发布的《交通运输部关于规范发展出租汽车电召服务的通知》指出，"创新电召服务模式。各地应根据本地实际情况，积极推广电话、网络、服务站点、手机终端等多种出租汽车电召服务模式"[2]。同年，北京市交通委员会运输管理局发布的《北京市出租汽车电召服务管理试行办法》进一步明确了"电召服务是乘客通过电话、网络、手机等形式经过调度中心调派出租汽车满足用车需求的服务方式。调度中心根据乘客用车需求和驾驶员业务应答情

---

[1]《关于印发公路水路交通运输信息化"十二五"发展规划的通知》，交规划发〔2011〕192号，2011年4月28日发布。
[2]《交通运输部关于规范发展出租汽车电召服务的通知》，交运发〔2013〕144号，2013年2月21日发布。

况，实行应答调派或指定调派。电召服务分为即时叫车和预约叫车。即时叫车指约车时间与用车时间间隔小于三十分钟；预约叫车指约车时间与用车时间间隔大于三十分钟且小于二十四小时"。[1]

根据上述文件，滴滴打车服务属于出租汽车电召服务。小桔公司通过其平台，提供即时叫车和预约叫车等多种服务模式，充分利用了移动互联网技术，将线上与线下相融合，通过调度中心调派出租汽车以满足用车需求，实现了高效的车辆调度和运输信息服务。根据国家政策文件，滴滴打车可定位为信息撮合机制、出租车调度平台及电召服务，属于运输行业范畴，归口运输服务单位。这些文件可以充分佐证小桔公司的"滴滴打车"商标提供的服务与原告商标核定使用的服务并不构成类似，进而不满足商标混淆可能性的条件。

此外，我们还联系了中国交通运输协会，向其详细阐述了我们的观点，成功取得了中国交通运输协会出具的证明函，确认"北京小桔科技有限公司使用嘀嘀打车（滴滴打车）标志提供的'运输信息'服务，解决了出租车司机与乘客之间信息不对称的问题"。

除了官方的公文和证明文件，媒体方面也有支持的声音：《中国工商报》2014年5月29日发布的一篇文章《滴滴打车为何惹"诉"上身》，就介绍了社会上有很多声音都支持"滴滴打车"只是整合了出租车和打车乘客双方资源，解决了信息不对称问题，并促成双方交易完成，其实质还是提供运输信息相关服务，打车软件仅是服务的实现方式而已。文章认为，按照分类原则，应该将滴滴打车服务界定为第39类"运输信息、运输预订、运输经纪"服务。[2]

综上所述，通过对各种证据的综合分析，可以得出结论，小桔公司提供的服务本质上属于第39类的"运输信息、运输经纪"服务。

3. 证据质证：策略之道的彰显

在法律专业领域，证据的提交是一项细致且具有策略的工作。

在第一次证据提交时，我方仅提交了《公路水路交通运输信息化"十二五"发展规划》、《交通运输部关于规范发展出租汽车电召服务的通知》，以及《北京市出租汽车电召服务管理试行办法》等三份简明的官方文件。主要是考虑到：第一，官方文件具有权威性、合法性和较强的证明力，是

---

[1] 《北京市出租汽车电召服务管理试行办法》，京交运出发〔2013〕107号，2013年4月25日发布。
[2] 《滴滴打车为何惹"诉"上身》，载《中国工商报》2014年5月29日。

由政府部门或权威机构发布，因而其内容和结论比较难被推翻，对方在质证时只能从证据的关联性入手。第二，初次提交简明文件有助于保持我方的诉讼灵活性，使我方在后续诉讼过程中能够根据情况变化或新证据的出现，及时调整诉讼策略。第三，通过提交这三份官方文件，可以观察对方的反应及其补充提交的证据，为我方后续的补充证据提供依据，最终实现诉讼的战略优势。

在向法院提交这三份官方文件之后，作为小桔公司的代理团队，我们重新整理了诉讼思路，补充提交新的证据，以更有力地论证小桔公司业务性质，并进一步阐明"互联网+服务"的认定。我方提交了文章《滴滴打车为何惹"诉"上身》，以说明社会主流声音支持我方观点。同时，我方还提交了《类似商品和服务区分表》及中国交通运输协会提供的证明函，以进一步证明小桔公司提供服务的实质为"提供运输信息相关服务"，应归属于第39类"运输信息、运输经纪"服务，与原告广州睿驰公司商标核定使用的第35类、第38类服务在目的、内容、方式、对象等方面均不构成相同或类似。此外，依国家政策规定，滴滴打车服务的管理者为交通运输部门，这也进一步支持了我方的观点。

为了更清晰地说明小桔公司提供服务的流程，我方还补充提交了艾瑞咨询发布的报告。该报告内容涵盖中国手机打车应用市场发展概况、中国手机打车应用运营商案例分析、中国打车移动应用用户与司机调研、关键词、概念和定义等多个方面，详细介绍了打车应用的商业模式和运营流程，将打车应用提供的服务归属于运输类服务。

特别重要的是，我方提交了小桔公司与通信服务提供者签订的合同和相关发票，包括与中通天鸿（北京）通信科技有限公司签订的通信服务合同及发票、与北京国都互联科技有限公司签订的短信业务协议及发票。这些证据都表明小桔公司本身并不是通信服务的提供者，乘客与司机通过"滴滴打车App"进行的联系实际上是利用了小桔公司租用的由上述公司提供的通信服务。

第一次补充证据非常有力，根据诉讼策略的需要和查缺补漏，我方进行了第二次证据补充。这次我们提交了小桔公司的企业法人营业执照，营业执照中记载的经营范围包括：技术咨询、技术服务等，这可以证明小桔公司并非生产销售软件产品，其实质上是通过信息技术手段提供"互联网+"运输服务。

反观原告的举证，其不仅试图将滴滴打车服务的组成部分进行分拆、切割，企图达到"碰瓷"的目的，而且其论述也显得牵强附会。例如，原告的证据6，即（2014）京长安内经证字第9449号公证书，内容包括对小桔科技网站（www.xiaojukeji.com）和小桔官方微博的记载，以及原告的证据7，即（2014）京长安内经证字第18973号公证书，是百度百科对滴滴打车服务的介绍，这些公证书旨在说明小桔公司替出租车司机推销服务，涉及出租车司机的商业管理；通过"嘀嘀打车"和"滴滴打车"软件将乘客的打车需求信息传送给出租车司机，属于信息传送行为。

我方认为，证据6和证据7的公证内容只能证明小桔公司使用了其"嘀嘀打车及图""滴滴打车及图"商标，且证明小桔公司从事的服务旨在加快司机与乘客之间信息的撮合，而不是为司机的服务进行"推销"。如前所述，"替他人推销"是为他人销售商品（服务）提供建议、策划、宣传、咨询等服务，单纯向消费者出售自己的商品或者服务、销售他人的商品或服务以赚取差价的商品销售行为并不属于替他人推销服务的范畴。原告所主张的证据并不足以证明小桔公司侵犯了原告的商标。

简而言之，我方在证据提交方面进行了周密的策划和选择，处处体现出策略和智慧，不仅有效地阐明了小桔公司业务的性质，还通过多角度、多层次的证据链条，进一步印证了我方的主张。这不仅有助于增强法官对我方论点的认同和支持，也在诉讼过程中对对方形成了强有力的攻势，以达到维护小桔公司合法权益的目的。

（二）原被告商标本身是否近似的判定

首先，从广州睿驰公司的商标来看，无论是"嘀嘀"还是"滴滴"，实际上都是象声词，在汽车行业中使用"嘀嘀"或"滴滴"并不具有显著性。

反观小桔公司，从未单独使用"嘀嘀"或"滴滴"作为商标，而是与"打车"结合使用。此前曾使用"嘀嘀打车"，后改为"滴滴打车"，并且持续、稳定地与出租车卡通形象图案结合使用。具体表现为：上方为圆角正方形中的出租车卡通图形，车身上半部为蓝色，下半部为黄色，"滴滴打车"四字也是黄色，是一个具有显著性的完整图文结合标识。其整体外观和视觉效果也明显区别于"嘀嘀"或"滴滴"商标。

通过对两个公司商标的分析，可以得出结论，小桔公司的商标与广州睿驰公司的商标在整体上具有显著差异，两者不具有混淆可能性。

在分析商标混淆的可能性时，还有必要从法律和市场实际情况两个方面综合考量。市场实际情况还需考虑相关公众的认知水平以及原告注册商标上是否具有值得保护的商誉，是否具有商标性使用行为等。

从相关公众的认知水平角度来看，小桔公司的商标经过长期、持续、稳定使用，已经在相关公众中积累了一定的知名度。尽管小桔公司成立时间较短，但其发展势头迅猛，并获得了多项荣誉，包括"2013 中国年度创新成长企业 100 强""2013 年度成长最快创业公司""2013 年度 O2O 产业联盟理事单位""优化生活特别贡献奖""年度设计奖"等。这些荣誉不仅证明小桔公司的创新能力和市场认可度，还表明"滴滴打车"的图文标识已经与其提供的服务形成了紧密联系，相关公众已经熟知小桔公司的商标，不会将其与原告的商标产生误认或混淆。

无论是混淆还是反向混淆，都要求在先商标权利人对其商标实施了商标性使用行为，原告对其商标的实际使用情况，是判断被告的商标性使用行为是否会导致服务来源混淆的重要参考因素。商标的生命在于使用，只有通过使用，商标才能发挥识别商品或者服务来源的作用，从而在商标上产生相应的权益，这种权益才是商标法保护的对象。无论是从商标法的产生还是具体规定来看，商标法保护的绝不是仅注册的空壳商标，相反，没有经过注册但是经过使用形成了一定影响的商标也可能受到法律的保护。所以，如果是注册但未实质使用的商标，即便他人在其注册范围内使用，也不会导致相关公众对商品或者服务的来源产生混淆。而在此次诉讼之前，市面上从未听闻过广州睿驰公司，也未见其对"嘀嘀""滴滴"商标的使用。

综上所述，无论从小桔公司所从事的服务与广州睿驰公司注册商标核定使用的服务是否类似的角度，还是从原被告双方商标本身是否近似的角度进行判断，小桔公司的商标与广州睿驰公司的商标均不会导致相关公众产生混淆或误认。因此，小桔公司对其"滴滴打车"商标的使用行为并不构成商标侵权。

七、精彩庭审

2015 年 1 月 12 日，广州市睿驰计算机科技有限公司与北京小桔科技有限公司之间的商标侵权纠纷一案在北京市海淀区人民法院开庭审理。

在庭审中，我方律师从容应对，对原告提出的所有观点和证据进行冷静分析，指出其逻辑和证据的漏洞，并据理力争，提出我方的观点。反复强调要综合、整体、实质地对"互联网+"企业从事的是什么服务进行判断，向法官展示开创性的论证思路。此次辩护不仅为本案提供了有力的支持，也为未来类似案件提供了借鉴。

（一）答辩思路

在答辩环节，我方提出了击破对方主张的两大主要论点：一是原被告双方商标的使用或者核定使用的服务不类似；二是原被告双方商标不近似，因此不构成侵权。

第一，原被告双方商标的使用或者核定使用的服务不类似。小桔公司提供的服务不属于原告注册的第35类和第38类服务，而是属于第39类服务。因此，我方商标的使用没有落入原告的权利范围。

第二，原被告之间的商标本身不具有近似性。原告广州睿驰公司的"嘀嘀"商标显著性不高，属于拟声词，而小桔公司使用的标识为"滴滴打车"，并非单独使用"滴滴"。"滴滴打车"商标为图文商标，显著性较强，与原告商标存在明显区别。此外，在商标侵权案件中，仅比对商标本身是不够的，还需考虑是否会导致消费者混淆和误认。尽管小桔公司成立时间较短，但发展迅速，已在行业内产生了重要影响，获得了多个奖项和荣誉，得到了社会的广泛认可。"滴滴打车"商标与小桔公司提供的服务已经形成紧密联系，为相关公众所熟知，不会产生混淆或误认。

我方进一步提出，原告提起本案诉讼具有明显的恶意，目的是通过诉讼获得不正当竞争的利益，提升其公司的知名度和商誉。首先，广州睿驰公司提起的诉讼使大量媒体和记者到访小桔公司办公场所，频繁的采访和报道严重干扰了公司的正常运营。此外，媒体的不实报道，有损小桔公司的形象，公司的商誉受到了严重损害。其次，由于案件的广泛曝光，小桔公司的客户和司机流量出现了明显的问题，许多用户使用意愿明显降低。再次，在融资方面，由于案件的负面影响，小桔公司的融资也受到了一定冲击。最后，案件已经在社会上引起了广泛的关注和讨论，公众的讨论和猜测不仅进一步损害了小桔公司的商誉，还将公司推向了舆论的风口浪尖，给公司的品牌形象带来了不可估量的负面影响。原告的行为不仅损害了小桔公司的合法权利，还浪费了宝贵的司法资源，扰乱了正常的社会秩序。原告通过提起该诉讼，试图利用法律手段达到不正当竞争的目的，是恶意诉讼。

（二）服务是否类似的论证

本案争议的核心问题是被告小桔公司所使用商标的法律定性。如果能够认定小桔公司从事的服务与原告注册商标核定使用的服务并不类似，那么小桔公司不构成商标侵权的主张就可以得到证实。这是双方当事人争辩的焦点所在，原告和被告双方在此问题上均不肯妥协，竭力据理力争。

1. 谈话中的双方辩论

在谈话过程中，原告提出了以下主张：首先，原告认为，被告小桔公司的服务行为必须通过网络电召进行，即实际上通过网络提供服务，因此应当归类为第38类服务项下的"信息传送、计算机辅助信息和图像传送、电子邮件传输、提供电信信息、电子公告牌服务（通信服务）、提供与全球计算机网络的电信连接服务、提供全球计算机网络用户接入服务、提供互联网聊天室、提供数据库接入服务、数字文件传送"等服务。其次，原告主张，小桔公司的网站还提供了出租车管理服务，应当归类于第35类服务项下的"商业管理和组织咨询、组织商业或广告展览、商业信息、民意测验、替他人推销、职业介绍所、商业企业迁移、在计算机档案中进行数据检索（替他人）、审计、寻找赞助"中的管理行为。

针对这些主张，我方律师逐一进行了回应。首先，小桔公司的服务并非仅仅提供"滴滴打车App"这一软件，其服务是通过多种机制组合来提供的。软件作为一个门户，其本身并不具备独立运行的功能，亦不具备商品的属性，必须与小桔公司的其他机制组合起来，共同提供整体服务。因此，应当从整体服务的角度进行考量，不能单独拆分每一个组成部分来认定其提供的服务。

其次，关于原告所称的服务类别问题，我方也提出反驳意见。

关于第35类服务：原告主张小桔公司提供的出租车管理服务应当归类于第35类服务中的"商业管理和组织咨询"等行为。然而，我方认为，小桔公司进行的管理行为实际上是其自主的经营管理行为，并非为他人进行的商业管理行为。第35类服务应当是为他人提供的商业管理服务，而自主进行的经营管理行为广泛存在于各企业的日常生产经营活动之中，不能因此认定小桔公司实施了第35类的管理行为。

关于第38类服务：原告主张，小桔公司的服务应当归类为第38类服务中的"信息传送、提供数据库接入服务、提供互联网聊天室"等服务。我方指出，第38类服务主体通常包括广播电台、电视台、移动、联通等拥有基站等通信设施的通信企业，从事此类服务必须具备相应的资质，并获得有关部门的批准。而小桔公司显然不具备相关资质，其提供的服务亦不属于第38类服务的范畴。

2. 庭审中的辩论

在一审开庭时，双方就相关问题进行了进一步的论证。我方针对原告在庭前谈话中提出的观点进行了再次反驳。

关于第38类服务：根据《类似商品和服务区分表》第38类的注释，该类服务主要包括至少能使二人之间通过感觉方式进行通信的服务。这类服务包括：（1）能使一人与另一人进行交谈；（2）将一人的消息传递给另一人；（3）使一人与另一人进行口头或视觉的联系（无线电和电视）。注释特别指出，本类尤其包括主要进行播放无线电或电视节目的服务。小桔公司确实利用了互联网通信工具，但在当前科技革命的背景下，任何行业的发展均可能或必须依赖互联网。使用互联网技术并不等同于提供互联网服务。互联网通信的经营者需要具备相关资质，而小桔公司仅仅是互联网服务的使用者，与其他通信公司签约并使用其提供的第38类服务。

关于第35类服务：原告主张的3502群组"工商管理辅助业"通常指为他人提供的一对一商业管理服务，而非管理自身事务。广告属于3501群组，并未落入原告注册商标核定的使用范围。小桔公司并不从事广告类服务，而是收集司机与乘客的信息，通过后台服务器和人工服务的介入进行筛选和调度，实现司机与乘客之间的交易。小桔公司实际从事的是提供运输性信息服务，包括运输经济和运输信息、信息处理、车辆信息维护等服务，综合来看，应当归属第39类服务范围。

然而，原告认为第39类服务的提供者应为出租车公司一类。其根据《类似商品和服务区分表》第39类运输类注释，认为此类运输服务是将人或物从一处运到另一处的服务，通常包括物流和客运等服务及与此有关的必要服务，以及提供车次、票价、始发站、途经站等票务信息的服务，并不包括小桔公司所述提供运输性信息。原告进一步认为，提供第39类运输服务的主体通常为客运公司、出租车公司、物流公司等，并不包括小桔公司使用的互联网应用软件。原告还认为小桔公司所从事的活动不属于运输经纪，并援引《现代汉语词典》对"经纪"的定义，经纪是指"为买卖或合作双方撮合并从其中获取佣金的行为"，指出小桔公司的"滴滴打车App"不向司机收取佣金，反而提供补贴，因此不构成经纪行为，更不属于运输经纪。

对原告提出的小桔公司未收取佣金的观点，我方认为佣金的表现形式多样，类比免费网站通过点击量获利的情况，不能因此否认其获取利益。原告对《类似商品和服务区分表》的解释过于机械，应综合考虑实际情况。而无论交通运输部门出台的规范运输平台管理办法还是社会主流观点，都认为小桔公司提供的服务属于运输类服务，其核心服务是提供运输信息和运输经纪。

原告进一步主张，小桔公司将乘客的信息进行收集并传递给司机的行为属于典型的通信服务，类似于腾讯等通信服务。原告认为乘客与司机之间通过聊天确认对方地理位置等信息的过程，属于第38类服务。原告还指出，小桔公司在发表意见时提到的客户端、语音信息、发送等关键词也属于第38类服务。

对此，我方进行了激烈辩驳。首先，电信通信服务应为一对一且直接的，如打电话。然而，小桔公司提供的通信服务是间接的，乘客与司机之间的信息在小桔公司的后台经过中转和分拣，由小桔公司决定传递信息的对象。小桔公司在提供服务时只是使用了客户端、语音信息等互联网通信服务，其角色是通信服务的使用者而非提供者。

原告广州睿驰公司进一步主张小桔公司将乘客打车需求信息通过软件管理后反馈给司机的行为属于第35类的商业管理模式之一。乘客打车需求信息应属于第38类中的"计算机辅助信息和图像传送"，"滴滴打车App"就是信息发布和交易的平台。

实际上，小桔公司的服务对象是乘客与司机，服务的目的是帮助乘客与司机进行信息匹配，促进交易，提供的服务内容是乘客用车需求信息和司机载客信息的匹配。运输过程分为前、中、后，运输前小桔公司提供的运输信息、运输预订、运输的必要服务、司机服务点信息等均属于运输信息。因此，从整体上看，小桔公司从事的是第39类运输类服务。

此外，广州睿驰公司还列举了其他可能被涵盖在其商标的服务类别的情形，主张小桔公司的行为构成侵权。第一，小桔公司在帮助乘客快速叫车时，事实上实施了为司机推销的行为，属于第35类服务中的替他人推销；第二，替出租车司机推销的行为改变了传统出租车司机等客的方式，属于第35类服务中的商业管理；第三，对使用"滴滴打车App"出现爽约情形的乘客与司机实施限制行为，也属于第35类服务中的商业管理行为；第四，小桔公司发布招聘司机的内容并建立管理体系，属于第35类服务中的商业管理行为；第五，小桔公司曾开设积分商城，其中部分商品属于代金券、优惠券性质，提供代金券的行为变相提高了商家的流量，属于第35类服务中的替他人推销；第六，小桔公司品牌公关类别下的品牌经理岗位职责包括广告资源管理和广告预算拟定与执行，属于第35类服务中的广告行为；第七，电召服务旨在转变出租车运营模式，实现促进出租车行业发展的效果，属于第35类服务中的商业管理。

当前互联网发展水平高，对人们日常生活影响大，不能因商业管理字样就认定从事商业管理行为。企业进行正常生产经营都需对自有客户进行企业内部管理。而积分商城属于福利性质，不是为他人推销产品。《国家工商行政管理总局商标局关于国际分类第35类是否包括商场、超市服务问题的批复》（商标申字［2004］第171号）说明，"推销（替他人）"服务的内容是：为他人销售商品（服务）提供建议、策划、宣传、咨询等服务。第35类的服务项目不包括"商品的批发、零售"，商场、超市的服务不属于该类内容。司机信息的提供与商超、零售商品提供类似，不属于第35类的替他人推销。广告不属于原告商标涵盖范围，且广告未使用"滴滴打车"商标，不能因广告行为字样就认定企业从事广告服务。

最为关键的是，原告提出的主张，数量较多又欠缺关联性，且均未涉及小桔公司的核心业务，正反映出原告在其主张中缺乏整体性思维，而是将小桔公司的服务进行割裂，并断章取义地认定小桔公司从事了各种类型的服务。此种做法显然存在错误。

（三）混淆可能性的论证

对于原被告商标之间是否具有混淆可能性，除了前述主要从原被告双方从事的服务是否类似角度论证，我方还从以下三个方面进行详细补充论述：首先，小桔公司的商标与原告的商标不构成近似；其次，小桔公司的商标具有较高的知名度，已为公众广泛知晓，不会引起混淆或误认；最后，原告并未实施实际使用行为，不存在商誉受到法律保护的情形，不具有混淆或者误认的前提。

小桔公司的商标是"滴滴打车"文字与图片的组合使用，而非单纯的文字商标，并强调这种组合使用的商标较原告单独使用的"滴滴"文字更具显著性。我们还提交了商标评审委员会的文件，证明小桔公司注册的"滴滴打车及图"商标已初审公告，从侧面证明了商标评审委员会不认为小桔公司的商标与原告睿驰公司商标构成近似。小桔公司使用的是"滴滴"文字加图片，显著性较原告单独使用"滴滴"更高，不会引起公众的混淆或误认。原告广州睿驰公司并未提交足够证据证明其商标的实际使用行为。而对商标进行商标性使用是判断混淆可能性的前提，广州睿驰公司的商标不符合这一前提条件，小桔公司的商标使用行为就不能构成商标侵权。

为证明其商标使用行为，原告广州睿驰公司提交了其子公司嘀嘀汽车网的资料及数份推广合同，并提供了其购买该网站域名的合同及其他注册相关资料。广州睿驰公司还提交了滴滴车主通项目的立项通知书和研发费用明细表，声称该项目涵盖洗车、汽车美容、维修保养等车主服务，但处于测试阶段。

但广州睿驰公司提交的证据无法证明其商标在第 38 类服务和第 35 类服务上的使用行为。广州睿驰公司在其网站中使用商标的行为属于从事第 42 类"主持计算机网站"服务。滴滴车主通项目，仅处于立项阶段，尚未产生实际成果，存在为诉讼临时制作的可能性。即便该项目真实存在，其验收时间也晚于小桔公司"滴滴打车 App"的上线时间，因此小桔公司的使用在先。至于嘀嘀汽车网，其上线时间不明，且仅为普通汽车介绍网站，广告合同也无履行凭证，无法证明其商标存在第 38 类和第 35 类上服务的使用行为。

（四）精彩质证

在举证和质证环节，小桔公司的律师团队按照预先准备的策略进行了详尽的分析和辩驳，观点明确、论证有力，并提出了一些具有借鉴意义的质证意见。

原告广州睿驰公司提交了关于使用"嘀嘀打车 App""滴滴打车 App"打车并制作成公证书的证据，试图证明小桔公司提供了第 35 类和第 38 类服务，并且在这些服务上使用了"嘀嘀打车"或"滴滴打车"商标。我方不仅按照前述逻辑有条不紊地说明这些服务不属于第 35 类和第 38 类服务，还发现了对方公证书的漏洞。原告在制作公证书时，显然遗漏了下载应用软件的界面。这一遗漏无论是有意为之还是无意疏忽，都是至关重要的证据缺失。如果公证书中记录了该下载页面，就会显示，无论司机还是乘客在获得服务之前，必须先下载"滴滴打车 App"。在下载过程中，可以看到"小桔公司"的字样以及车辆卡通图案，这正好印证了小桔公司主张的"滴滴打车"文字加图的组合商标，具有显著性，并且不会与广州睿驰公司所提供的服务产生混淆。

八、法院采纳

2015 年 2 月 6 日，北京市海淀区人民法院对本案作出一审判决，支持我方关于"互联网＋服务"性质的认定，驳回原告广州市睿驰计算机科技有限公司的全部诉讼请求。法院的判决主要基于以下三个方面的论证。

法院强调了认定滴滴打车服务性质的原因和意义。根据我国 2013 年《商标法》第 56 条和第 57 条的规定，注册商标的专用权，以核准注册的商标和核定使用的商品为限。未经商标注册人的许可，在同一种商品上使用与其注册商标相同的商标，属于侵犯注册商标专用权的行为；在同一种商品上使用与其注册商标近似的商标，或者在类似商品上使用与其注册商标相同或者近似的商标，容易导致混淆的，亦构成侵权。在通常情形下，确认是否侵犯注册商标的专用权，应参考被控侵权行为使用的商标或标识与注册商标的相似度，两者使用商品或服务的相似度，以及两者共存是否容易引起相关公众主观上对来源的混淆误认。具体到本案中，应考虑被告"嘀嘀打车及图""滴滴打车及图"商标与原告"嘀嘀""滴滴"文字注册商标的相似度，两者服务是否构成类似，以及两者共存是否容易引起相关公众对来源的混淆误认。法院的论证与我方律师的辩护思路是一致的。

（一）原被告商标是否近似

法院采纳了我方关于小桔公司"滴滴打车及图"与原告"嘀嘀""滴滴"文字商标之间不构成近似的观点。法院认为，小桔公司的滴滴打车服务使用图文组合标识将其营业内容"打车"给予明确标注，并配以卡通汽车图标，图文组合使用具有较强的显著性，与原告的文字商标具有明显区别。而原告的文字商标"滴滴（嘀嘀）"本身为象声词和常用词，"嘀嘀"是摹仿汽车喇叭的声音，而"滴滴"的发音等同于前者，两者在被告服务所属的出租车运营行业作为商标使用的显著性较弱。反观被告的图文标识因其组合使用具有更强的显著性。

（二）原被告服务是否类似

对于服务类别的相似性问题，法院裁判也与我方提供的论证思路一致，并且驳回原告的主张。法院分别论述了第38类服务、第35类服务两个部分，有力阐述了滴滴打车与原告广州睿驰公司所主张注册商标的服务类别不类似。虽然法院没有直接认定小桔公司从事的服务属于第39类，但是也没有驳回我方律师的观点。

法院的论证逻辑也从服务的目的、内容、方式、对象四个方面展开。滴滴打车服务的对象是乘客和司机，服务内容为借助移动互联网及软件客户端，采集乘客的乘车需求和司机可以就近提供服务的相关信息，通过后台进行处理、选择、调度和对接，使司乘双方可以通过手机中的网络地图确认对方位置，通过手机联络，及时完成服务，起到方便乘客和司机，降低空驶率，提高出租车运营效率的作用。这部分内容原被告双方是无异议的，但是双方在服务性质这一点上产生了分歧。

法院首先对第35类服务的目的，以及对商标核定使用的服务进行分类的本意进行了目的性解释，该部分论述与我方的观点完全一致。根据《类似商品和服务区分表》，第35类服务涵盖商业经营、商业管理、办公事务，其服务目的在于对商业企业的经营或管理提供帮助，亦即对商业企业的业务活动或商业职能的管理提供支持。该类服务的对象通常为商业企业，服务内容则包括商业管理、营销方面的咨询、信息提供等。法院进一步阐明，只有那些专门提供此类服务，且其最终目的是商业经营、商业管理或办公事务的服务，才符合第35类服务的规定。相反，被告小桔公司在提供服务过程中所涉及的商业行为，综合来看，无论是针对行业特点采用的经营手段，还是小桔公司从事的服务，并不属于第35类服务所指的由服务企业对商业企业提供的经营管理帮助。法院还指出，任何公司在进行经营活动时，均可能包含商业性和管理性的行为。如果仅凭这些行为的存在就确定商标的覆盖范围，将显著扩大第35类服务的范围，这与该服务类别的本意相悖。因此，法院认为，以是否具有上述性质的组成部分来确定商标的覆盖范围并不符合第35类服务的分类原则。综合而言，法院的判决不仅严谨地遵循服务分类的法律规定，也维持服务分类体系的合理性和一致性，避免不当扩大商标保护范围的情形。

  法院进一步对第38类服务进行了详细的文义解释，该解释与我方的观点和理由相一致。根据《类似商品和服务区分表》第38类服务类别的定义，该类服务主要包括至少能使二人之间通过感觉方式进行通信的服务，设定范围和内容主要为直接向用户提供与电信相关的技术支持类服务。在本案中，滴滴打车平台的服务并非简单地建立双方之间的通信联系，而是需要对信息进行处理后发送给特定的目标人群。同时，该平台为对接双方提供对方的电话号码，以便相互联络，并非直接实现双方的通信。因此，小桔公司提供的服务与第38类服务类别中所指的"电信服务"具有明显区别。此外，法院还详细阐述了第38类服务提供者必须具备的特殊资质要求。根据相关法律规定，提供"电信服务"的企业必须取得行业许可证，并需要建立大量的基础设施。这些资质和条件显然不适用于小桔公司所提供的打车服务。因此，法院认定，小桔公司提供的打车服务与第38类服务中的"电信服务"存在本质上的区别，因而不应被纳入在第38类服务上注册的商标的保护范围。

  法院明确肯定了我方关于"互联网+服务"性质判断的开创性观点，即必须对服务进行整体性、综合性、实质性判断。在快速发展的互联网经济背景下，传统行业逐渐借助移动互联网和通信工具开发移动应用程序，并在此基础上进行整合，形成不同于传统行业的新型产业模式，即"互联网+"模式。被告经营的服务项目正是属于此类"互联网+服务"。在"互联网+"模式下，商品和服务类别的划分比以往更为复杂。然而，越是复杂，越需要深入挖掘其本质，不能仅因其形式上使用了基于互联网和移动通信业务的应用程序，就机械地将其归类为特定服务。正确的方法是对服务进行综合性判断，不能将网络和通信服务的使用者与提供者混淆。法院进一步指出，如果将小桔公司提供的服务认定为第38类服务，实际上会大大扩展第38类服务的范围，使注册在第38类服务上的商标成为"万能商标"，从而使所有建立在互联网和移动通信业务上的应用程序所提供的服务都受第38类服务上注册的商标的管辖。这种做法显然不符合商标法的立法目的，也不合理。因此，法院认定，滴滴打车服务并不属于第38类电信技术服务。

  法院通过详细论证，认定被告提供的服务在服务方式、服务对象和服务内容上均与原告商标所核定使用的服务存在显著区别，不构成相同或类似服务。更为重要的是，法院支持了我方关于"互联网+服务"性质判断的开创性思路和方法，强调要抓住服务的本质和重点，进行整体性和综合性的判断，而不能将"互联网+服务"这种复杂多样的服务割裂开。法院指出，必须抛开形式和表象，从根本上识别服务的方式、对象、内容和目的，这才是在科学技术不断发展的背景下，灵活应对和解决问题的最佳路径。文字描述是固定的，而方法是灵活的。只有这样，才能不受《类似商品和服务区分表》文字表述的局限，在面对新兴问题和疑难问题时，能够冷静分析，透过现象看本质，从而做到胸有成竹。原告广州睿驰公司所称被告小桔公司商标涵盖的电信和商务两类特点，均不是小桔公司服务的主要特征。小桔公司服务的主要特征在于其运行方式和商业性质的共性，而非具体的电信或商务功能。法院的论证和判决不仅在法律上具有严谨性和逻辑性，也为"互联网+服务"性质的判断提供了科学合理的方法论指导，为今后类似案件的处理提供了重要的法律依据和参考。

  尽管法院并未明确认定小桔公司提供的服务属于第39类服务，但这一观点已获得诸多权威专家的认可。事实上，本案引发了知识产权学界的广泛关注和讨论。一方面，小桔公司当时发展迅猛，其旗下的"滴滴打车App"已经成为家喻户晓、广为人知的打车软件。另一方面，本案是"互联网+服务"领域的首案，其性质的认定对于整个"互联网+"产业具有重大影响，关系到许多采用"互联网+"模式运营的企业未来的发展问题。因此，无论是企业界还是法学界，都对此案给予了极高的关注。

  为了确保判决的合理性和权威性，法院在认定滴滴打车服务应归属的商标类型时，专门组织了专家论证会。会议邀请了刘春田教授、郑胜利教授、李顺德教授、冯晓青教授等十位国内权威的知识产权专家参与讨论。经过深入研究和讨论，这些专家一致认为："嘀嘀打车"或"滴滴打车"图文组合商标所标识的是"运输信息、运输经纪"服务；软件只是智慧交通的构成部分而不是独立的待售商品；"嘀嘀打车"或"滴滴打车"图文组合商标与原告"嘀嘀"文字商标不构成类似。

这一观点实际上与我方坚持的观点一致。在"互联网+服务"这一特殊领域，企业往往会从事诸多复杂的行为，例如应用计算机软件、互联网通信，甚至企业的广告宣传和经营管理等行为。举例而言，若某公司在第35类广告服务上成功注册了熊猫标志的商标，而另一家公司在其宣传册上使用熊猫图案进行正常的公司宣传，这并不构成侵权。实际上，该熊猫商标仅能限制其他提供广告服务的公司在其广告商业服务中使用该图标，不能禁止其他公司在广告宣传中使用该图标。所有商业行为应被视为一个整体，而不应将每个部分割裂开来分别看待。如果要求在细枝末节的方面都注册相应的商标，这将是极其不经济且荒谬的做法，也不符合商标法的宗旨、根本目的和原则。因此，应当将所有行为活动视为一个整体，从整体上判断其行为逻辑，服务的目的、内容、对象及方式，避免片面和机械地适用法律条文，只有这样，才能准确把握"互联网+"企业从事服务的性质。

（三）原告商标的实际使用

关于商标混淆的认定，法院还提出原告对其商标的实际使用情况也是认定被告使用行为是否会导致混淆的一个参考因素。商标的价值在于实际使用，只有经过推广和使用的商标才具有保护意义。因此，注册并不是商标取得保护的唯一条件。如果商标注册人未对其注册商标进行商标性使用，那么该注册商标就不具有实际利益。如果第三人对该商标进行商标性使用，也不会侵犯商标注册人的权益，更不会导致公众对商品或服务来源产生误认。

在本案中，原告广州睿驰公司提交的证据未能证明其在注册商标核定使用的范围内对该商标进行了使用，亦未在与滴滴打车同类服务上使用。法院认定小桔公司的"滴滴打车"图文标识在短期内通过显著使用获得了较高的知名度和影响力，市场占有率高，并拥有大量用户。从双方商标的实际使用情况来看，难以构成混淆。

此外，法院指出，"滴滴打车App"的上线时间为2012年9月9日，而原告广州睿驰公司商标的批准时间分别为 2013 年 11 月和 2014 年 7 月，均晚于被告小桔公司图文标识的使用时间。同时，考虑到被告的服务与原告注册商标核定使用的类别不同，且商标本身存在明显区别，被告的使用行为不会与原告经营行为产生混淆。

因此，法院认为，被告对"滴滴打车"图文标识的使用，并未侵犯原告对第 11122098 号、第 11122065 号"嘀嘀"和第 11282313 号"滴滴"注册商标享有的商标权，遂驳回原告的全部诉讼请求。[1]

一审判决宣告后，原告不服，提起上诉。然而，原告在上诉后又撤回了上诉，一审判决生效。

九、杭州妙影公司、宁波妙影公司与小桔公司商标侵权案

分析完海淀案后，简单介绍一下杭州案。正如前文诉讼策略所规划的那样，海淀案取得了非常有利于小桔公司的判决结果。该判决不仅是法律上的肯定，也产生了良好的社会影响。

在杭州案中，原告包括两家公司，即杭州妙影电子有限公司（以下简称杭州妙影公司）和宁波市科技园区妙影电子有限公司（以下简称宁波妙影公司）。

宁波妙影公司于 2011 年 3 月 22 日向原国家工商行政管理总局商标局申请注册了第 9243846 号"嘀嘀"商标和第 9243913 号"Didi"商标，注册类别为第 9 类商品，包括"可下载的计算机应用软件；计算机软件（已录制）；芯片（集成电路）；运载工具用导航仪器（随载计算机）；交通信号灯（信号装置）；扬声器音箱；运载工具轮胎低压自动指示器；照相机（摄影）；运载工具用蓄电池；电子防盗装置"等。这些商标于 2012 年 5 月 21 日获得原国家工商行政管理总局商标局的核准注册。为了满足公司的商业需求，2013 年 7 月 13 日，宁波妙影公司将这些商标转让给了杭州妙影公司。而后双方又签订了商标使用许可合同，杭州妙影公司将上述注册商标排他许可给宁波妙影公司使用，许可使用期限到 2021 年 12 月 31 日。

在小桔公司与妙影公司的两起诉讼中，第一起诉讼的起诉时间是 2014 年 5 月 8 日，由杭州市中级人民法院受理，二位原告诉称小桔公司在软件商品及广告宣传中使用了"嘀嘀打车及图""嘀嘀"商标，侵犯了其第 9 类"嘀嘀"商标的注册商标专用权。第二起诉讼的时间是 2014 年 6 月 18

---

[1] 广州市睿驰计算机科技有限公司与北京小桔科技有限公司侵害商标权纠纷案，北京市海淀区人民法院（2014）海民（知）初字第 21033 号民事判决书。

日，由于小桔公司于 2014 年 5 月 20 日将"嘀嘀打车"更名为"滴滴打车"，二位原告在杭州市拱墅区人民法院再次起诉小桔公司，仍以其第 9 类"嘀嘀"注册商标的专用权为权利基础，诉称小桔公司使用"滴滴打车"在软件商品及广告宣传中的行为构成了商标侵权。

尽管妙影公司与广州睿驰公司之间并不存在任何直接的关联，但两者在诉讼策略上却表现出惊人的一致性。双方均提出了类似的诉讼请求，这侧面反映出其在诉讼动机上的一致性。

在妙影公司与小桔公司的法律纠纷中，妙影公司于 2014 年 5 月 8 日向杭州市中级人民法院提起了首次诉讼，具体诉讼请求如下：

一、判令被告立即停止侵犯杭州妙影电子有限公司第 9243846 号"嘀嘀"商标专用权及宁波市科技园区妙影电子有限公司上述商标使用权的行为，包括但不限于：

1. 立即停止将"嘀嘀"作为其软件商标使用（包括在其软件、店招、自己网站、他人网站和应用下载商店、广告宣传和其他商业活动中）；

2. 立即在其网站 www.xiaojukeji.com 和其他网站或应用下载商店中停止（包括要求其他网站或应用下载商店停止）提供其"嘀嘀"系列软件［包括嘀嘀打车（嘀嘀打车乘客端），嘀嘀司机、嘀嘀师傅（嘀嘀打车司机端）］下载，并断开"嘀嘀"相关软件的服务器连接等。

二、判令被告在《中国知识产权报》、《钱江晚报》、《中国青年报》、人民网、中央电视台经济频道（CCTV2）上就侵犯原告商标专用权的行为发表声明，消除影响；

三、判令被告赔偿二原告人民币 8000 万元；

四、判令被告赔偿二原告因本案的合理支出 20 万元（含律师费公证费、差旅费等）（暂计）；

五、本案诉讼费由被告承担。

在妙影公司向杭州市拱墅区人民法院提起的第二次诉讼中，其诉讼请求与第一次起诉书类似，要求小桔公司停止使用相关商标、消除影响。但在第二次诉讼中，妙影公司提出的赔偿金额显著降低，仅为人民币 20 万元，相较于前述案件中的 8000 万元赔偿请求有着巨大的差异。

妙影公司在主张事实理由的思路上与海淀案中原告广州睿驰公司基本一致，区别主要在于所涉商标注册的类别不同。

首先，妙影公司主张其拥有明确的权利基础。其次，妙影公司称其对涉案商标进行了持续使用。自 2006 年成立以来，宁波妙影公司一直专注于嵌入式系统的研究和应用，致力于嵌入式智能终端、高校音视频编码、云服务计算领域的研发等技术和产品产业。宁波妙影公司的法定代表人成立杭州妙影公司后，基于宁波妙影公司积累的技术优势和经营历史，杭州妙影公司在开发车联网、移动物联网应用及服务等方面，始终保持国内领先地位。杭州妙影公司是全国智能运输系统标准化技术委员会国家标准的起草单位，并打造了"云＋三端"的智慧出行服务平台。该平台由物联网云计算服务、Web 端（包括嘀嘀地图等）、手机端（包括嘀嘀出行、嘀嘀打车、嘀嘀公交、嘀嘀场招）和车载端（包括嘀嘀导航等）组成，旨在通过规范化的组织管理和全方位的优质服务，打造一个以综合性云服务平台为中心、各类终端产品为骨干的智能交通信息服务系统，以响应顾客需求。再次，妙影公司认为，小桔公司的行为侵犯了其注册商标专用权。自 2012 年 9 月起，小桔公司对外推出滴滴打车系列软件（包括 iOS 和 Android 系统的滴滴打车乘客版、司机版软件），通过应用下载商店、官方网站及其他网站提供用户下载。此外，小桔公司还在其服务点门店招牌上使用"嘀嘀"商标，在官方微博账号及官方网站上使用"嘀嘀"和"didi"商标，并在各种广告宣传和其他商业活动中予以使用。妙影公司主张上述行为构成了在同类商品上使用与原告注册商标近似的商标，侵犯了原告的注册商标专用权。

（一）诉讼策略与证据补充

杭州案与海淀案在案情上既有相似之处，也存在显著差异。具体而言，杭州案中妙影公司作为原告，仅拥有"嘀嘀"和"didi"文字商标，其注册类别为第 9 类"计算机程序（可下载软件）"，该类别属于商品商标而非服务商标。在前文中已经进行了详细的分析。

在证据方面，基于海淀案的经验，我们从整体性、综合性、实质性上进行论证，并收集、补充了相关证据。例如，《数字营销》杂志发表的文章《嘀嘀打车：钟情口碑传播的 O2O 平台》，介绍了嘀嘀打车作为一个 O2O 平台的运作模式，即将线下的商务机会与互联网结合起来，属于第 39 类的运输服务。《尊品》杂志发表的《站在"互联网＋"的风口上，谁能先飞》，对"互联网＋"服务进行了介绍，指出滴滴打车是"互联网＋传统的士"，小桔公司提供的服务综合、整体、实质上属于"互联网＋运输"服务，不应将其割裂认定为第 9 类"计算机程序（可下载软件）"。

此外，我们还补充了滴滴打车的《业务流程图》《滴滴打车运输信息数据处理架构图及解释》《乘客端说明及代码》《司机端说明及代码》，这些材料对滴滴打车服务的流程有了更进一步的介绍，能够更清楚地展现其服务的性质。我们还制作并提交了（2015）京长安内经证字第7854号和第7855号公证书，以证明小桔公司提供的实际上是服务而非软件。公证书中记录了小桔公司注册营业地的线下司机审核、后台运输信息处理中心及客服部门工作流程，证明嘀嘀打车提供的是运输信息和运输经纪等运输服务。

一个关键的证据是北京市海淀区人民法院已经生效的判决书，即广州市睿驰计算机科技有限公司与北京小桔科技有限公司侵害商标权纠纷案的生效判决。虽然我国是成文法国家，前案判决对后案没有法律约束力，但对于这类具有广泛影响力的案件，尤其是经过多位知名知识产权专家讨论的案件，对后续类似案件具有重要的参考价值。海淀案中认定小桔公司提供的服务类别是第39类"运输信息、运输经纪"服务，这一观点在本案审理中为小桔公司提供了非常有力的帮助，极大地增强了我们的信心。

综上所述，通过对证据的充分收集、补充和论证，我们在本案中做了更充分的准备，也更加有信心。

（二）妙影公司证据分析

妙影公司的第一组证据是关于其权利的基础。第二组证据是原告主张的关于被告侵害原告"嘀嘀"商标专用权的行为。妙影公司提交的证据包括：4份公证书，分别证明被告小桔公司在杭州司机服务点招牌、官方微博、官方网站使用"嘀嘀"及"didi"商标；《类似商品和服务区分表》（第十版）（第九类0901群组页面）；中国版权保护中心关于"嘀嘀打车手机智能电召平台软件"的登记公告，旨在说明"嘀嘀打车"软件属于计算机程序（可下载软件）；多份公证书，公证的内容是小桔公司在其Android版本软件、iOS版本软件、官方微博、百度等广告宣传，各大App商店使用其"嘀嘀打车"及"嘀嘀"商标的行为；2份公证书，证明被告小桔公司在微博等平台多次承认其"嘀嘀打车"是计算机程序（可下载软件），且公众亦如此认为；6份公证书，证明"嘀嘀打车"更名"滴滴打车"后仍有在店招、广告等上使用"嘀嘀打车"商标的行为，被告侵权仍在继续；多份公证书、律师函回函、登记证书等，旨在证明小桔公司的"嘀嘀打车"挤占了原告妙影公司的市场，导致原告无法使用其商标。

对于上述第二组证据，分析思路和理由与海淀案相同，此处不再赘述。下文主要分析原告的第三、第四组证据。

原告第三组证据为其在先使用"嘀嘀"商标的证据。（1）妙影公司提供了 2 份公证书，内容是其嘀嘀出行、嘀嘀导航、嘀嘀打车、嘀嘀公交、嘀嘀场招、嘀嘀商城等产品。（2）杭州市发展和改革委员会《关于第九批服务业月度协调例会相关问题的汇报》（2010 年 7 月 16 日），以证明杭州妙影公司要求承担系统架构和智能终端产品的开发，并于 2010 年年初完成，已经处于测试盒建设示范工作阶段。（3）妙影公司与联通公司协议，证明双方共同开展"嘀嘀"系列产品业务合作。（4）杭州妙影公司与杭州文化广播电视集团签署的关于共同开展嘀嘀出行业务合作的协议。（5）2012年原告妙影公司与杭州建辉企业管理有限公司关于嘀嘀品牌包装的策划服务合同和发票。（6）2012 年 3 月，原告与杭州通源企业管理有限公司就嘀嘀车载导航项目专项咨询服务合同和发票。（7）2012 年 4 月，原告与杭州印象广告有限公司关于嘀嘀产品广告制作合同以及发票。（8）2012 年 6 月，原告与杭州印象广告有限公司关于嘀嘀产品新闻发布会广告承揽合同以及发票。（9）2012 年 8 月，银江股份有限公司与妙影公司关于嘀嘀地图的技术咨询合同和发票。（10）2013 年 9 月，杭州妙影与杭州和弦劳动服务有限公司嘀嘀车载终端推广委托合同和发票。（11）智慧行车品天猫旗舰店嘀嘀导航产品页面。

商标的使用必须同时具备形式和实质上的使用行为，单纯的形式使用而无实质使用，不构成商标性使用。原告提供的多数证据在真实性上存在争议，例如证据（1）可能是为诉讼临时制作的网站，内容可以由原告自由修改；证据（3）至（10）为合作合同或发票，具有伪造的可能性。即使部分证据真实，也不足以证明原告存在商标性使用行为，如证据（4）至（7）最多能证明形式上的使用，不能证明实质上的使用；证据（1）（2）（11）即使内容真实，其提供的服务与注册商标指定商品不一致，不构成对注册商标的使用行为。

原告第四组证据是原告主张赔偿的证据，由于本书重点不在此，不再赘述。

（三）案件关键问题

本案在庭审过程中，主要围绕以下几个问题展开论证：

第一，滴滴打车在"互联网+"企业中具有代表性，从商标法意义上判断，其整体、实质上提供何种类别商品或服务？

第二,"嘀嘀打车 App"是否属于商标法意义上的"计算机程序(可下载软件)"商品?

第三,"嘀嘀打车"与原告"嘀嘀"注册商标核定使用商品是否相同或类似?

第四,"嘀嘀打车及图"商标与原告"嘀嘀"注册商标是否构成商标法意义上的相同或近似?

第五,"嘀嘀打车 App"内的"嘀嘀"等文字是否属于商标性使用?是否与原告妙影公司"嘀嘀"注册商标构成相同或类似商品上的相同或近似商标?

第六,小桔公司行为是否会造成相关公众混淆误认?

第七,妙影公司诉讼中补充提交了与小桔公司打车业务同类的嘀嘀出行商品或服务,但证据形成晚于小桔公司,明显属于为诉讼而制作,是否应当采信?妙影公司提供了大量伪造、变造的证据应当承担何种法律责任?

第八,小桔公司引入的投资款金额或"嘀嘀打车 App"下载量是否可以成为索赔 8000 万元的直接依据?

1. 再议服务类别

在本案中,关于问题一至问题五的分析,已在广州市睿驰计算机科技有限公司与北京小桔科技有限公司侵害商标权纠纷案中作了充分论述,此处仅作简要总结。

首先,小桔公司始终从事服务行业,并未提供独立的商品。其次,小桔公司提供的服务与妙影公司注册商标核定使用的商品之间不具有特定联系,认定这种特定联系时,应该综合、整体地考虑服务与商品之间的密切程度。

结合"互联网+"时代特征和当前产业发展状况,综合考虑小桔公司的服务模式,依据《类似商品和服务区分表》,可得出结论:小桔公司提供的实质上是运输类服务,属于第 39 类"运输信息、运输经纪"服务,与"计算机程序(可下载软件)"显然不具有很强关联性。原告妙影公司主张其商标用于"计算机软件(可下载程序)"的地图软件,与小桔公司的服务有明显区别,不应认定为类似商品服务。需注意,地图软件的特殊性质决定其生产及对外提供下载服务需自然资源部许可,无相关资质不得提供此类产品和服务。小桔公司无生产及对外提供地图软件资质,其使用百度公司提供的百度地图开展"运输信息、运输经纪服务",未将"百度"商标替换为"嘀嘀"等相同或近似商标。小桔公司仅为地图软件使用者,与妙影公司主张的嘀嘀地图软件间不具有特定联系。

2. 再议商标是否混淆

关于问题六，结合原告妙影公司提供的第三组证据，我方对于其在先使用"嘀嘀"商标的事实进行了质证，证据显示妙影公司实际使用的并非嘀嘀地图软件，而是百度地图。根据法律规定，生产和提供地图软件的下载服务需要特定许可，而妙影公司并未取得相关资质，事实上其并未在"计算机程序（可下载软件）"商品上使用"嘀嘀"商标，因而其商标不具有任何知名度。相比之下，小桔公司在其提供的"运输信息、运输经纪服务"上大量、长期、持续使用"滴滴打车及图"商标，已经被相关公众普遍认知，具有相当的知名度，因此不会造成相关公众的混淆误认。

关于问题七和问题八，不属于本书讨论的重点，此处不再赘述。

（四）调解结案

小桔公司作为答辩人在提交答辩状时主要从以下九个方面展开论证：第一，综合判断答辩人从事的是"运输信息、运输经纪"服务，而非生产销售"计算机程序（可下载软件）"商品。答辩人通过大量证据证明，其使用的商标主要用于提供运输信息和运输经纪服务，而非生产或销售计算机程序。第二，答辩人所从事的"运输信息、运输经纪"服务与被答辩人注册商标核定使用的服务不类似。答辩人提供的服务与被答辩人注册商标核定使用的服务在功能、用途、消费群体等方面均不具有相似性，不构成商标法意义上的类似服务。第三，答辩人行为不属于在同一种或类似商品上使用与被答辩人注册商标相同或近似的商标情形。第四，被答辩人提供的证据不能证明其在"计算机程序（可下载软件）"商品上实际使用了"嘀嘀"商标，缺乏损害赔偿的权利基础，其索赔请求不应给予支持。第五，答辩人所使用的"滴滴打车及图"标识与被答辩人"嘀嘀"注册商标不构成商标法意义上的近似商标，不会造成相关公众混淆误认。第六，被答辩人行为不会造成相关公众反向混淆。由于答辩人商标具有较高知名度，而被答辩人商标知名度较低，答辩人的使用行为不会使相关公众误认为被答辩人的商品或服务来源于答辩人或与其存在特定关联。第七，被答辩人主张的赔偿依据不能成立，也没有法律依据，不应给予支持。第八，答辩人已经停止使用"滴滴打车"等商标、文字，被答辩人要求停止使用的诉讼请求，不应给予支持。第九，被答辩人恶意诉讼，意图获得高额不正当收益，与我国司法精神不符，浪费了诉讼资源。如果支持其诉讼请求，将不利于企业互联化发展，造成不良的社会影响。

以上从多个方面论述了小桔公司不构成商标侵权行为，第一至第六点主要围绕小桔公司不构成商标侵权行为展开论述。其中，第四点着重反驳了损害赔偿的权利基础，与第七、第八点共同推翻了原告妙影公司关于损害赔偿和停止侵害的请求。第九点则对原告恶意诉讼的本质进行指控，希望法院能够识破原告的真实意图，维护司法公正和社会公平。答辩状内容丰富，逻辑结构严密，论证层层递进，说理充分，全面反驳了原告的各项主张，为小桔公司提供了有力的法律支持。

在海淀案中，我方已经胜诉，法院充分论证，认定小桔公司服务的性质。结合条理清晰、逻辑严谨的答辩状和充足的证据材料，我方具有充足的事实依据和法律依据让原告妙影公司知难而退。

考虑到诉讼时间已经拖延过久，对小桔公司的运营效率造成了较大影响，小桔公司迫切希望尽快结束这场商标纠纷，恢复正常的生产运营。持续的诉讼不仅耗费了大量的时间和资源，还对公司的市场形象和品牌声誉造成了负面影响。此外，小桔公司正在积极筹备下一轮融资，为确保融资顺利进行，增强市场信心，需尽早解决这一纠纷，从而集中精力提升运营效率，扩大市场份额。解决商标纠纷不仅有助于恢复公司正常运营，还能为公司应对未来的市场竞争奠定坚实基础。基于上述原因，小桔公司表现出强烈且真诚的购买意愿，多次主动联系原告，表达希望收购妙影公司商标的意图。妙影公司也认识到，继续诉讼不仅成本高昂，而且胜诉希望渺茫。通过商标转让其可以获得一定收益，符合其利益预期。在承办案件法院法官的积极沟通和调解下，双方最终达成了商标转让协议，两个案件均以调解结案。

十、案件典型意义

滴滴打车案是首例涉及"互联网＋"企业商标侵权指控的案件，具有开创性意义。由于并无类似案例可供参考，且现行法律并未对"互联网＋"企业的服务进行明确归类，本案的法律适用和判决将具有非常重要的指导意义。然而，鉴于互联网技术发展迅速，信息化浪潮席卷全球，本案绝不会是"互联网＋"企业商标侵权的最后一案。在此背景下，涉及"互联网＋"服务的商标案件必将日益增多。

因此，本案的裁决将成为先例，对未来"互联网＋"企业所从事服务的性质认定及商标侵权的判定具有深远影响。我们开创性地提出了综合、整体地看待服务的本质，这一思路强调在判定从事服务的类别时，不应仅限于单一维度的分析，而应从服务的整体特征、市场定位、用户体验等多方面综合考量。

（一）加深对"互联网+服务"的认识

在网络时代，传统企业寻求创新与优化的路径必然离不开互联网领域，尤其是智能手机的普及，使几乎所有类型的服务均可通过移动客户端实现。这一发展极大地简化了人们在日常生活中对服务的获取方式，并推动传统服务模式与互联网平台深度融合。服务通过手机应用软件、通信工具等介质向用户提供，也使得服务类别认定变得更加复杂。

然而，应当明确，"互联网+服务"模式的核心仍然是服务本身。无论是通过手机 App 还是电脑应用程序，互联网仅仅是一种工具，其形式并不影响服务的本质属性。"互联网+服务"的复杂性决定了在对其性质进行认定时，不能简单地将服务提供流程中的各个功能模块拆分并视为独立的服务单元。例如，滴滴打车服务不仅涉及互联网通信功能，还包括支付功能、积分商城、地图软件等多种互联网技术。将这些功能模块分别视为独立服务并各自申请商标的做法，显然是错误的。

滴滴打车案通过法院判决明确了"互联网+服务"认定的方法和标准，为后续类似案件提供了司法指引。法院在判决中采用综合、整体性认定方法，突破传统服务分类的局限，强调服务本质的核心地位。这为司法实践中处理"互联网+服务"商标纠纷提供了参考依据，有助于形成统一的裁判标准。本案在知识产权法领域贡献了新的理论视角。通过对"互联网+服务"性质的深入探讨和认定，该案件丰富了商标法实践，为学术研究提供了实证材料。在进行"互联网+服务"性质认定的过程中，应坚持以服务的本质为核心，综合考量各个功能模块的整体性，确保商标注册的准确性和科学性。这不仅有助于维护企业合法权益，也有助于优化商标注册管理，提升商标法治水平。

（二）加强"互联网+服务"企业商标意识

事实上，在"互联网+"概念兴起之时，大多数"互联网+"企业都难以准确识别其所从事的服务性质，以及应在何种类别的商品或者服务上申请注册商标，很多企业甚至没有意识到商标注册的重要性。在本案判决之前，小桔公司申请的"嘀嘀打车及图""滴滴打车及图"商标均注册在第 9 类"计算机程序（可下载软件）"商品上。即便小桔公司这样具有商标意识的企业，仍不清楚应该在什么类别的商品或服务上注册商标。这种情况并非个例，许多企业都会产生类似的错误认识，并在错误的商品或者服务类别上申请注册商标，却在自己实际使用商标从事的服务上没有获得相应商标权，导致陷入商标侵权风险，投机者从中获取利益。这种错误认识的产生主要是由于"互联网＋服务"具有跨界融合的特性，传统的服务分类方法已无法直接适应其需求。

在我们对小桔公司实际提供的服务进行分析后，发现其从事的服务应属于第 39 类服务。我们立即建议小桔公司及时在第 39 类服务上申请注册"滴滴打车及图"商标。事实上，小桔公司曾于 2014 年 3 月 24 日在第 39 类服务上申请了第 14229622 号"滴滴"文字商标，涵盖了"3901 交通信息；运送旅客；运输经纪；运送乘客；3903 出租车运输；3905 司机服务；汽车出租；3910 快递服务（信件或商品）；3911 为旅行提供行车路线指引；旅行预订"等服务。然而，该申请于 2015 年 1 月 28 日被商标局驳回。小桔公司认识到在其从事的服务类别上注册商标的重要性，及时向商标局申请复审，并迅速在第 39 类"运输、运输信息、经纪"等服务及其他十几个类别的商品和服务上申请注册"嘀嘀打车及图"和"滴滴打车及图"商标。2015 年 11 月 4 日，该商标申请进入实质性审查阶段。

本案的判决使其他"互联网＋"企业认识到及时注册商标的关键性，同时，企业也认识到应在正确的商品或者服务类别上申请注册商标，以避免类似本案中小桔公司被起诉的法律风险。这一判决不仅对个案具有重要意义，还为整个行业提供了宝贵的经验教训。如果企业对于商标应该注册在何种商品或者类别仍无法确定，应咨询专业且经验丰富的律师，通过专业咨询，企业可以更好地理解商标法的具体要求和注册流程，确保自己的商标在法律上得到有效保护。

十一、案件社会影响

在海淀案中，小桔公司最终胜诉，该案件的判决受到业界广泛关注，对"互联网＋"行业产生了深远的影响。

（一）助力小桔公司蓬勃发展

在当前竞争异常激烈且互联网迅速发展的环境下，有时微小的错误也可能对企业造成严重后果。小桔公司的核心业务就是滴滴打车服务，若其在商标侵权诉讼中败诉，小桔公司将面临一系列严重后果，包括但不限于被禁止继续使用现有商标。这一商标是公司通过大量的人力、财力和时间投入才逐步建立起来的，代表着公司的市场信誉和品牌价值。一旦败诉，为从商标权利人处获取商标使用权或者所有权，小桔公司可能需要支付高额的商标转让费用,这些费用将对公司造成巨大压力。倘若被迫停止使用该商标,小桔公司就需要重新打造品牌形象,这一过程不仅耗费巨大,还存在很多不确定性。用户对新品牌的接受程度无法保证,可能导致部分用户的流失。此外,重新打造品牌需要时间,竞争对手可能趁机抢占市场份额,这无疑会使小桔公司在市场竞争中处于劣势地位。

这些后果也直接影响投资者的信心。每位投资者都会密切关注并记录这些负面事件,在未来的投资决策中,对小桔公司滴滴打车项目的投资将进行更加谨慎和深入的考量。商标侵权问题反映出公司在知识产权管理和合规方面可能存在的漏洞,这将削弱投资者对公司管理层的信任,进而影响他们的投资决策。在这种犹豫和不确定性中,投资者可能会选择将资金投给其他竞争对手,从而对小桔公司的后续融资产生重大影响。融资能力是新兴行业企业立足市场的关键因素,也是公司发展与其他对手竞争的命脉所在。

因此,商标侵权诉讼的结果对小桔公司的未来发展和市场地位具有深远影响。胜诉不仅能够维护公司的商标权益和品牌声誉,还能增强投资者信心,确保公司在激烈的市场竞争中继续保持领先地位。而在此次商标侵权诉讼中,小桔公司胜诉,对其用户基础、品牌声誉和投资者信心都产生了显著的积极影响。

首先,保全了"滴滴打车"商标的合法使用权,还通过诉讼的影响力,提高了品牌的知名度。此次诉讼引起了广泛的社会关注,反而起到了良好的宣传效果,使更多潜在用户了解并认可小桔公司的服务。胜诉进一步提升了用户对滴滴打车服务的信任,巩固了现有用户的忠诚度,并吸引了新用户的加入。

其次,展示了小桔公司在面对挑战时的应对能力,增强了投资者对公司治理水平和市场前景的信心,大大提升了公司的融资能力。投资者目睹小桔公司在逆境中胜出,更加坚定了他们对公司未来发展的信心。投资者认为,小桔公司在网约车市场中具有独特的竞争优势,与其他网约车公司相比,更具潜力和稳健性。胜诉后的良好市场反响和增强的投资者信心,使小桔公司后续融资极为顺利。

再次,小桔公司不仅巩固了自身品牌,还在市场竞争中占据有利地位,扩大市场份额,实现战略性合并。小桔公司成功实现了与主要竞争对手快的打车的战略合并,这一举措极大增强了公司的市场份额和服务能力。此外,小桔公司还成功收购了美国最大的网约车公司优步在中国的子公司——优步中国。这一系列并购活动,不仅加强了公司的市场垄断地位，还进一步扩大了其在中国网约车市场的影响力。

通过胜诉和一系列成功的资本运作，小桔公司实现了凤凰涅槃般的重生，进入了一个更加高速发展的阶段。其市场占有率持续增长，最终覆盖了整个中国市场，成为中国网约车行业的领导者。小桔公司在市场中的地位日益稳固，成为行业中的标杆企业，并且这一领先地位持续至今。

（二）恶意商标诉讼现象遭到打压

小桔公司在滴滴打车系列案件中胜诉，也是对恶意商标诉讼行为的震慑，尤其是IPAD案发生之后，商标"碰瓷"的不良风气愈发严重，本案的裁决不仅是小桔公司一家企业的胜利，更是千千万万"互联网+"企业的胜利。

在海淀案中，原告广州睿驰公司试图将小桔公司的"互联网+"服务的组成部分分拆、切割成多个不同的服务，然后分别认定这些服务落入其注册商标的核定使用范围，以此主张构成侵权。然而，这种主张因其缺乏法律依据而被法院驳回。这一裁决不仅体现了法院对商标法基本原则的坚守，也有助于净化商标诉讼环境，维护市场秩序，保护创新商业模式的发展。法院反对分拆认定服务性质的方式，明确传达了对恶意商标诉讼行为的零容忍态度，打击了投机者通过"碰瓷"商标从中获取利益的意图，也为其他企业类似商标纠纷的处理提供了参考。

商标"碰瓷"的投机行为将对社会产生严重的负面影响。投机者通过这种方式攫取利益，不仅打击了企业发展的积极性，还使得这些企业在面对商标纠纷时，投入更多资源进行防范和应对，无法专注于创新和发展。这种现象对于整个市场环境和经济发展都是极为不利的。

如果法院对原告这种行为予以支持，不仅会损害小桔公司——一个正处于发展蓬勃中的科技企业的合法权益，而且会鼓励有不良意图的个人、企业抢先注册尚未在众多类别上注册商标的"互联网+服务"企业的相应商标。尤其是社会知名度高、影响力大、口碑好的企业，更容易成为此类诉讼的目标，因为投机者认为这些企业为了保护品牌形象，已经投入了大量成本，为了维护既有的商标利益，愿意支付高昂的成本接受商标转让，从而能够攫取更多的利益。

法院在本案的裁判中不仅关注法律条文的适用，更考虑社会道德和公共利益，传达了对投机取巧行为的零容忍态度。法院裁判和社会舆论的导向共同作用，形成了抑制恶意商标诉讼行为的良好氛围。这不仅为企业创新提供了更好的法律保障，也净化了市场环境，促进了社会的和谐发展。

(三) 对"互联网+"行业的影响

滴滴打车系列案件对整个"互联网+"行业的发展，都产生了不可估量的影响。

本案发生于2014年，当时智能手机刚刚兴起，其对人们日常生活的影响远未达到今天的程度。当今社会正处于一场前所未有的科技革命中，在这场技术变革的浪潮中，如何运用新技术改造传统行业成为一个重要命题。在这一背景下，"互联网+"作为一个创新性的解决方案应运而生。"互联网+"概念是在创新2.0（信息时代、知识社会的创新形态）的推动下，由互联网形态演进、催生的一种新的经济社会发展形态。其核心理念是将互联网与各个传统行业深度融合，通过科技介入，推动传统行业的优化和转型，以适应新时代的发展需求。"互联网+"模式的实质是"互联网+各个传统行业"，当前，越来越多的传统服务行业，如金融、医疗和教育等，利用互联网技术的便利性，开创了"互联网+服务"模式。通过这一模式，传统服务行业得以深入、细化到各个服务和功能领域。互联网技术为传统行业的发展注入新的活力，两者融合产生了"1+1>2"的效果。这种模式不仅促进了传统行业的发展，还创造出新的行业形态。传统行业不仅在技术层面得到了提升，也在服务质量和效率上实现了显著的进步，重新焕发生命力。

"互联网+服务"模式不仅对传统行业的转型升级具有重要意义，还为国家、社会和经济的发展作出不可磨灭的贡献。通过这一模式，社会资源配置得到了优化，服务效率得到了提升。在国家层面，互联网技术的广泛应用推动产业结构的优化升级，促进新兴产业的发展，从而提升了国家的整体经济竞争力。在社会层面，"互联网+服务"模式带来社会资源的优化配置和服务效率的提升，促进社会的公平与正义，各类服务能够更加普惠地覆盖社会的各个角落，极大地提高了人民生活的便利性、安全性和幸福感。在经济层面，"互联网+服务"模式为经济发展注入了新的活力。通过这一模式，各类企业能够更加灵活地适应市场变化，满足消费者的多样化需求，从而提升市场竞争力。这一模式还推动共享经济、平台经济等新经济形态的发展，为经济增长提供了新的引擎。

滴滴打车项目也是发挥上述作用的典型项目。交通运输业一直是国家发展的重要领域，交通运输业现代化是实现国家发展目标的关键阶段性任务，其要求通过信息化手段推动交通运输业的发展，解决发展中的各种难题，促进发展方式的转变，全面提升交通运输能力和水平。在这一时代背景下，滴滴打车等互联网用车服务项目应运而生。作为"互联网+交通运输"模式的典型代表，滴滴打车项目通过科学且前瞻性的决策，极大地方便了乘客用车需求，降低了司机的空驶率，从而大幅提高了交通运输系统的整体效率。此外，滴滴打车还在节能减排方面发挥了重要作用，促进绿色交通的构建。通过优化车辆调度和路径规划，有效减少燃油消耗和废气排放，符合国家交通运输业的发展规划及环保政策。滴滴打车作为一个创新成功的"互联网+"服务项目，具备显著的推广价值。其运营模式和技术应用，为解决交通运输行业长期存在的诸多问题提供了新的思路。

近年来，国家对"互联网+"新兴产业提供了诸多优惠措施和政策支持。无论在国家层面还是社会层面，大量资金流入"互联网+"企业的项目，以支持其初创与发展。各级地方政府设立了多种奖励和评比活动，激励"互联网+"企业不断创新、改进和突破。这些激励措施不仅提升了企业的积极性和创造力，也促进了整个行业的健康发展。

而在"互联网+"模式的推进过程中，法律的支持与保护发挥着至关重要的作用。法律应当积极回应这一新兴经济形态的发展需求，为"互联网+"企业提供全面的法律保障，包括但不限于知识产权保护、数据安全保障、市场准入和公平竞争等。通过法律手段，保障"互联网+"模式在创新和应用中的合法权益，促进其健康、可持续发展。

（四）促进立法完善

在国家知识产权局2022年发布的《关于第35类服务商标申请注册与使用的指引》中，直接引用了滴滴打车系列案件，以说明权利的维护和行使应该遵循诚实信用原则和权利不得滥用原则，避免超过限度行使自己的权利。"市场经营主体在提供服务的过程中，其服务均有可能具有一定的'商业性'及'管理性'等特点或属性。第35类服务商标权利人不能因其他市场主体在经营活动中提供的服务存在上述属性就认为该等行为与第35类服务属于同一种或类似服务，从而认为侵害其第35类服务的注册商标专用权，禁止其他市场主体正当提供服务。"[1]滴滴打车系列案件，为第35类服务上注册的商标如何正确使用，提供了丰富的司法实践。

本案的判决不仅具有重要的司法实践意义，还对2016年《北京市高级人民法院关于涉及网络知识产权案件的审理指南》的完善起到了积极的推动作用。鉴于本案中所涉及的类似情形，特别是在应用软件提供的商品

---

[1]《关于第35类服务商标申请注册与使用的指引》，国家知识产权局，2022年12月5日发布。

或服务与他人注册商标核定使用的商品或服务是否构成相同或者类似的问题上,第 28 条规定:"认定利用信息网络通过应用软件提供的商品或者服务,与他人注册商标核定使用的商品或者服务是否构成相同或者类似,应结合应用软件具体提供服务的目的、内容、方式、对象等方面综合进行确定,不应当然认定其与计算机软件商品或者互联网服务构成类似商品或者服务。"[1]

具体而言,应当注重以下四个方面:首先,服务的目的,即应用软件的开发和运营是否与特定商品或服务的商标使用目的存在一致性。其次,服务的内容,即应用软件实际提供的服务内容是否与商标核定使用的商品或服务在功能、用途等方面存在重合。再次,服务的方式,即应用软件提供服务的技术手段、操作流程等是否与注册商标所涉及的商品或服务方式相似。最后,服务的对象,即应用软件所针对的用户群体与注册商标所面向的消费群体是否具有重叠性。

通过这一综合分析方法,第 28 条规定避免了机械地将所有通过信息网络提供的服务与计算机软件商品归类为类似商品或服务,从而更加精准地界定商标权的保护范围。这也是滴滴打车系列案件对司法实践作出的重要贡献,促进商标法与时俱进,进一步完善我国网络知识产权法律体系。

---

[1] 《北京市高级人民法院关于涉及网络知识产权案件的审理指南》,2016 年 4 月 13 日发布。

第三章 人人车案

一、案件缘起

二手车市场逐渐成为汽车交易领域不可忽视的一部分。然而，这个市场的发展并非一帆风顺，长期以来，由于信息不对称、交易不透明等问题，消费者在购买二手车时常常面临诸多风险和不确定性，这些因素都影响着市场的健康发展。市场急需一种创新模式来打破现状，重建消费者的信任，在这样的市场需求和时代呼唤下，"人人车"应运而生，作为国内二手车C2C交易模式的先行者，人人车的出现不仅仅是对传统二手车交易方式的一种颠覆，更是对整个行业信任体系的一次重塑。人人车通过建立一个在线平台，将买卖双方直接连接起来，减少了中间环节，降低了交易成本，更重要的是，它的创新模式极大地提高了交易的透明度和安全性。人人车的诞生，标志着二手车交易进入了一个新的时代。它不仅为消费者提供了一个更加便捷、可靠的购车渠道，也为整个行业带来了新的发展机遇。然而，如任何新兴事物一样，人人车在成长的过程中也不可避免地遇到了一些挑战和问题。这些问题的出现，不仅考验着人人车自身的应对能力，也对整个行业的规范和监管提出了新的要求。

（一）人人车的诞生

提及二手车在线交易平台人人车，相信许多人耳熟能详，作为国内二手车C2C交易模式的开创平台，人人车不仅优化了国内的二手车交易生态，更为广大用户带来了一种前所未有的透明、诚信的交易体验。在过去较长一段时间里，尽管二手车市场拥有巨大的潜力，但却始终未能实现爆发式的增长，其中一个重要的原因便是市场信任的缺失。

消费者对于二手车市场的信任度普遍偏低，原因在于普通用户很难凭一己之力全面、深入地了解每一辆二手车的真实状况。因此，只有当用户对某个中介品牌建立起深厚的信任感时，二手车市场才有可能迎来快速发展。而人人车自成立之日起，便凭借其优质的服务迅速赢得了用户的广泛赞誉。在成立不到两年的时间里，人人车便凭借其卓越的表现，成为二手车行业中第一个建立起良好口碑的品牌。它不仅为用户提供了更为便捷、高效的交易渠道，更通过严格的车辆检测与评估，确保每一辆车的品质，从而赢得了用户的信赖。可以说，人人车的出现，不仅为二手车市场注入了新的活力，而且为广大用户带来了更为安心的购车体验。

人人车创始人李健的职业生涯可谓丰富多彩，从他的职业经历中不难窥见他敢于探索的勇气与乐于创新的精神。李健曾在百度担任产品经理一职长达七年，在这段工作经历中，他深入了解了互联网行业的运作机制，对产品发售前的市场调研、产品规划、设计、开发、测试、上线到后期运营等各个环节了如指掌，也对用户需求和市场趋势有了更为敏锐的洞察力。离开百度后，李健加入了58同城，任职副总裁，负责58同城的产品端业务，继续深耕互联网行业，在58同城，他接触到更多元化的业务场景和更广阔的市场空间。之后，李健又加入微软亚洲工程院，任副院长。在微软，他接触到最前沿的技术和最高效的管理方法，也见证了科技如何改变世界。尽管微软的工作环境和待遇都相当优越，但李健内心却始终燃烧着创业的激情。

2014年，李健毅然从微软离职，决定创立人人车。他深知二手车市场有巨大的潜力和发展空间，但同时也存在诸多问题和挑战。他希望通过自己的努力和创新，为这个行业带来一些改变，为用户提供更加透明、诚信的交易体验。2014年4月，北京善义善美科技有限公司（以下简称"善义善美公司"）全新品牌——人人车二手车交易平台（以下简称"人人车公司"）成立。人人车公司以其独特的C2C模式，勇敢地进入二手车市场，打破了传统交易模式的束缚，为消费者提供了一个更加透明、便捷的二手车交易环境。

不久，人人车网站正式上线，其页面浏览量（PV）仅首日就轻松过万。2014年7月，人人车网站全面上线，其独特的C2C个人二手车虚拟寄售模式，为用户提供了一个安全、透明、高效的二手车交易平台。这一创新模式，迅速赢得了市场的认可和用户的青睐。

2014年12月，李健与雷军的一次会面，更是为人人车公司的发展注入了新的动力。在这次会面中，李健对人人车公司的热情和坚持，成功打动了雷军，并顺利拿到了顺为资本领投的B轮融资。这次融资不仅为人人车公司提供了2000万美元的资金支持，更使公司估值达到了1.15亿美元。这无疑是对李健及其团队努力认可，也为人人车公司的未来发展奠定了坚实的基础。

但新事物的发展似乎总伴随着坎坷，尽管人人车公司一直致力于为消费者提供"省心"与"放心"的服务体验，但在商业发展的道路上，它依然不可避免地遭遇了挑战和困扰。2014年5月14日，北京好车无忧信息技术有限公司（以下简称"好车无忧公司"）在商业舞台上崭露头角。这家公司的成立，给计算机技术推广和网络技术服务领域带来了一股新生力量。仅成立半个月，好车无忧公司便迅速行动，于2014年5月29日向商标局递交了第14568556号"人人车"商标的注册申请。后该商标经核准转让给优舫（北京）信息科技有限公司（以下简称"优舫公司"）。这一举动无疑对人人车公司的经营造成了巨大影响，一场围绕商标的商业大战隐隐拉开序幕。此后，围绕该第14568556号"人人车"商标的注册、使用，人人车公司与该商标注册申请人及该商标成功核准注册后的商标专用权人之间，展开了一系列的"权利保卫战"。

（二）"人人车"商标侵权开端

优舫公司是优信集团旗下的科技、大数据子公司，创立于2016年3月25日。优舫公司先行一步，成功抢注了"人人车"商标，这无疑给人人车公司沉重一击。之后，因"人人车"商标的争夺，两家公司频繁在法庭上交锋。这场商标之争，不仅关乎品牌形象，更涉及市场份额的争夺。

（三）优舫公司购买"人人车"商标

消费市场中，每一种商品与服务品类都会经历其发展的关键时期。这一时期宛如黎明前的黑暗，既预示着商业发展的巨大潜力、行业即将迎来的曙光，又伴随着未知和混沌，在这样的阶段，能够敏锐捕捉时机、敢于率先行动的品牌往往更容易赢得市场上的先发优势，为未来的商业版图奠定坚实基础。

以二手车电商行业为例，自2008年国内汽车消费市场迎来大爆发后，历经四年的市场酝酿与沉淀，二手车电商行业于2011年开始进入了它的黄金发展期。尤其是2015—2018年被业界普遍视为该行业发展的关键窗口。这一时期，不仅是市场拓展的绝佳机会，更是各大品牌相继展开激烈争夺的战场。能够在这期间精准出击，成功占领消费市场，就能够在后续的市场竞争中站稳脚跟，获得领先地位。

根据权威机构2014年的数据统计，二手汽车交易量已经达到惊人的940万辆，然而，在这样庞大的市场规模下，二手车公司或品牌在市场上几乎都处于隐形状态，没有一家能够真正被全国消费者所知晓。二手车市场近万亿元的市场规模，却缺乏一个真正具有代表性的知名品牌，这无疑为新的品牌诞生提供了巨大的机会。

2014年4月，李健率先采用C2C模式创建了人人车平台，开启了二手车电商的新篇章。同年11月，杨浩涌创建了赶集好车，并随后独立成立瓜子二手车直卖网。而在2015年3月，优信二手车也依托于深耕二手车行业的优信集团旗下优信拍正式上线。这些新兴品牌的涌现，无疑为二手车电商市场注入了新的活力。

值得注意的是，这些新兴品牌在建立后不久，便纷纷进入了疯狂的融资之路。人人车公司在成立后的3年多时间，就先后获得了5笔投资，总额高达4.6亿美元，折合人民币约30亿元，这些投资来自顺为资本、腾讯、滴滴等知名投资机构。同样，瓜子二手车和优信二手车也分别获得了数亿美元的投资。这些资金的注入，为这些新兴品牌的发展提供了强有力的支持。

然而，商业竞争总是残酷而激烈的。在二手车电商市场的拼杀中，不仅需要面对同行的竞争，还需要应对各种外部挑战。人人车公司在发展过程中就遭遇了商标抢注风波。好车无忧公司及第14568556号"人人车"商标的受让方优舫公司企图通过抢注商标"碰瓷"人人车公司，以此获取利益。面对这样的挑战，人人车公司并未选择妥协，而是积极寻求反击，以维护自身的合法权益。

在对第14568556号"人人车"商标的注册申请提起异议以及无效请求的同时，人人车公司并未坐以待毙，而是积极寻求反击方式，以粉碎好车无忧公司的阴谋，即便其后优舫公司以高价购买第14568556号"人人车"商标，想通过此种方式获得商标专用权，以此阻断人人车公司对"人人车"标识的使用，并置竞争对手人人车于死地，人人车公司也从未妥协，在律师团队的建言献策下，奋力反击，力图维护自身合法权益。对第14568556号"人人车"商标的申请注册，人人车公司在提起商标异议的同时，分别向法院提起确认不侵权之诉与不正当竞争之诉。针对原告优舫公司指控其商标侵权，人人车公司借司法公信力还原事实，恢复声誉，保障商业融资。针对优舫公司肆意、广泛使用"人人车"文字、商标、名称的行为发起反攻，力图以确认原告实施不正当竞争行为的方式维护自身对"人人车"商标的正当权益，并促使优舫公司弥补其不正当竞争行为给人人车公司造成的损失。

在公司与律师团队的共同努力下，人人车最终反败为胜，优信二手车

"搬起石头砸自己的脚"。本案中，商标行政确权与商标侵权保护有交叉，指控商标侵权与请求确认不侵权有交叉，原告商标行政确权与被告获权有交叉，商标侵权与不正当竞争有交叉……一系列案件程序复杂、权利的确定充满曲折，人人车公司历经六年才反败为胜。这一案例不仅展现了商业竞争的残酷性，也凸显了品牌建设在企业发展中的重要性。对于当时的二手车电商行业来说，谁能够在关键时刻敏锐捕捉时机，成功应对各种挑战，谁就能够在市场竞争中占据领先地位。人人车公司反败为胜的成功案例，无疑将会为其他品牌提供有益的借鉴和启示。

（四）人人车公司遭遇下架要求、行政投诉

优舫公司多次采取行动，通过手机应用平台向善义善美公司、人人车公司发出警告和平台下架通知，要求善义善美公司、人人车公司在小米应用商店、360 手机助手、VIVO 应用商店、OPPO 软件商店、苹果 App Store 等手机应用平台下架其带有"人人车"字样的 App。此外，优舫公司还对善义善美公司、人人车公司进行行政投诉，企图逼迫善义善美公司、人人车公司放弃在其软件、网站名及宣传中使用"人人车"商标。

（五）幸运"夭折"的商标侵权之诉

2014 年 5 月 29 日，北京好车无忧公司就已经向原国家工商行政管理总局商标局申请了在第 9 类、第 35 类及第 42 类商品或服务上注册第 14568556 号"人人车"商标，且好车无忧公司申请注册的"人人车"商标在 2015 年 7 月 7 日被获准注册，商标专用权有效期至 2025 年 7 月 6 日，该商标覆盖了第 9 类商品，第 35 类、第 42 类服务。

2017 年 1 月 7 日，优舫公司与好车无忧公司签订商标使用独占许可合同，获得了好车无忧公司在第 14568556 号"人人车"商标核定使用的全部商品及服务项目下对该注册商标独占使用许可的权利，许可使用期限自 2017 年 1 月 7 日至 2025 年 7 月 6 日，优舫公司也享有单独进行维权的权利。

因此，当优舫公司发现善义善美公司未经其许可，在小米应用商店、360 手机助手、VIVO 应用商店、OPPO 软件商店、苹果 App Store 等多家手机应用平台发布"人人车二手车""人人车""人人车（探索版）"等多款应用，并在第 9 类商品、第 35 类以及第 42 类服务项目中使用与第 145685556 号"人人车"商标相同的商标；人人车旧机动车经纪公司在其运营的"www.renrenche.com"网站中也在第 9 类商品、第 35 类以及第 42

类服务项目中使用与第 14568556 号"人人车"商标相同的商标后，提起了诉讼。优舫公司请求法院判令善义善美公司、人人车公司立即停止侵害原告第 14568556 号"人人车"商标注册商标专用权的行为，在小米应用商店、360 手机助手、VIVO 应用商店、OPPO 软件商店、苹果 App Store 等手机应用平台，在"www.renrenche.com"网站刊登声明，就其侵权行为消除影响，并赔偿经济损失。

2017 年 6 月 27 日，善义善美公司向北京市海淀区人民法院提出管辖权异议，主张应依法将案件交由北京知识产权法院审理，后北京市海淀区人民法院与优舫公司进行了谈话，优舫公司"明知"人人车公司已经在先向知识产权法院起诉其侵犯商标权及不正当竞争，两案基本事实相同，且北京知识产权法院已经立案受理，仍向海淀区人民法院提起诉讼。这一行为暴露出其明显的恶意。优舫公司在没有正当理由的情况下，向海淀区人民法院提起商标侵权诉讼，其真实目的很可能是为了谋取一己私利，同时排挤人人车公司这一行业内的强劲竞争对手。

但 2018 年 8 月 9 日，北京知识产权法院审理过程中，优舫公司向法院提出撤诉申请，优舫公司诉善义善美公司、人人车公司侵害商标权纠纷一案自此落下帷幕。

二、"人人车"商标行政确权之路

商标不仅是企业形象和品牌价值的体现，更是企业在市场中进行区分和竞争的重要工具。一个独特且具有辨识度的商标，能够帮助企业在消费者心中建立起独特的品牌印象，增强消费者对企业产品或服务的信任感和忠诚度。在探讨"人人车"商标面临的纠纷之前，我们有必要对"人人车"商标行政确权的有关情况有一个基本的认识。

商标注册并非易事，涉及复杂的法律程序和多方面的考量。梳理商标行政确权的整个过程，在"人人车"商标注册申请的过程中，异议和争议解决始终是重要话题。

（一）商标行政确权过程梳理

对商标是否需要审查以及如何进行审查，世界各国的做法大体分为实行审查原则与不实行审查原则两种。我国对申请注册的商标采用审查原则，既需要对商标进行形式审查，也需要对商标进行实质审查。

1. 商标审查环节

形式审查环节主要是对申请人递交的申请商标注册的书件、手续是否符合法律规定的审查，是一种程序性的审查。审查发现申请人提交的手续不齐全或存在申请人未按照规定填写申请文件的情况时，商标局将退回商标注册申请。[1]

在实质审查环节，商标局需要对商标是否具备注册条件进行审查，只有顺利通过商标局的实质审查，商标才可能被初步审定并予以公告。实质审查的内容主要包括以下三个方面：第一，待注册商标是否违反我国商标法规定的禁止使用条款；第二，待注册商标是否违反我国商标法规定的禁止注册条款，注册商标需要具备我国商标法规定的构成要素，具有显著性；第三，待注册商标是否与他人的合法权利或在先利益产生冲突，即与他人在同一种或类似商品上已注册的商标相同或者近似，是否与申请在先的商标以及被撤销、被宣布失效未满一年的注册商标相同或者近似。

经过实质审查，若商标局认为待注册商标不符合我国《商标法》或《商标法实施条例》的有关规定，或者认为待注册商标与他人已在先注册或在先申请的商标混同的，可以决定驳回申请人的商标注册申请，发给申请人驳回通知书，一旦申请人的商标注册申请通过了商标局的实质审查，该商标即可得到初步审定，并被予以公告[2]。

2. 初步审定并公告环节

初步审定后的商标尚未经正式核准注册，申请人还未取得该商标的商标专用权，在初步审定后的公示期间，他人可对初步审定公告的商标提出反对意见。初步审定并公告的目的在于，一方面征求社会公众的意见，使社会公众可以对商标局初步审定的结果进行监督，促使商标得以准确注册，另一方面也为在先商标注册权利人与其他合法在先权利人提供维护自身权益的渠道，以避免商标被核准注册后产生争议，降低商标争议对企业经营利益的风险、减少负面影响[3]。

人人车案中，第14568556号"人人车"商标即在初步审定公告阶段后，几番受到商标异议的挑战，下文会对此过程展开详细介绍，对有关法律问题进行分析与阐述。

3. 商标异议环节

对于初步审定并公告的商标，他人可以对该商标的申请注册提出反对意见，自商标公告之日起3个月内（异议期）他人可以提起商标异议，此

---

[1] 刘春田主编：《知识产权法》（第6版），中国人民大学出版社2002年版，第300—301页。
[2] 刘春田主编：《知识产权法》（第6版），中国人民大学出版社2002年版，第301页。
[3] 刘春田主编：《知识产权法》（第6版），中国人民大学出版社2002年版，第302页。

后由商标局对商标异议进行处理,决定是否准予商标注册。

商标局对商标异议的处理本质上是对商标注册申请进行二次审查(在此过程中主要是进行实质审查),查明商标注册是否符合法定条件,作出被异议商标是否准予注册的决定。

需要强调的是,2001年《商标法》第30条[1]对可以提起商标异议的主体规定为任意主体,任何人都可以对某一商标注册申请提出异议。但2013年《商标法》对可以提起商标异议的主体进行修改[2],规定为:只有在先权利人、利害关系人可以依据相对条款提起商标异议,除此以外,任何人都可以依据绝对条款向商标局提出商标异议。这一变化直接影响本案2015年首次提起商标异议申请时对申请主体的要求,下文将对此进行详细分析。

(二)出师不利——"人人车"商标异议不予受理

2015年4月6日,第14568556号"人人车"商标通过初步审定,并予以公告,被认定其符合商标注册的相关要求。

对此,善义善美公司十分惊讶,并于2015年5月19日,在法定异议期限内针对第14568556号"人人车"商标向商标局提出商标异议申请。

善义善美公司在提起商标异议申请时,明确阐述了以下三大理由:首先,"人人车"这一概念是由其创办人李健率先提出并成功实践,创造了行业领先的二手车网络交易平台,优舫公司在明知"人人车"品牌存在的情况下,仍然抢注与之相关的商标,这一行为显然违反了《商标法》第7条和第15条的规定,即商标注册应当遵循诚实信用原则,且不得侵犯他人在先权利。

其次,善义善美公司在先使用"人人车"商标,并通过大量宣传和推广,使得该商标在市场上获得了较高的知名度和影响力。因此,采取不正当手段抢注该商标的行为,不仅违反了《商标法》第32条的规定,即不得以不正当手段抢先注册他人已经使用并有一定影响的商标,也严重损害了善义善美公司的合法权益。

---

[1] 2001年《商标法》第30条规定:"初步审定的商标,自公告之日起三个月内,任何人均可以提出异议。公告期满无异议的,予以核准注册,发给商标注册证,并予公告。"
[2] 2013年《商标法》第33条规定,"对初步审定公告的商标,自公告之日起三个月内,在先权利人、利害关系人认为违反本法第十三条第二款和第三款、第十五条、第十六条第一款、第三十条、第三十一条、第三十二条规定的,或者任何人认为违反本法第十条、第十一条、第十二条规定的,可以向商标局提出异议。公告期满无异议的,予以核准注册,发给商标注册证,并予公告。"

最后，"人人车"品牌经过善义善美公司巨大的投入和长期的运营，已经与消费者建立了稳定的联系，成为消费者心中固定、唯一的品牌代表。优舫公司持有与之相似的商标，极易导致消费者产生误认和混淆，这不仅影响了商标注册制度的公正性和市场秩序的稳定，还可能带来不良的社会影响。这一行为显然违反了《商标法》第10条第1款第8项的规定，即商标不得有害于社会主义道德风尚或者有其他不良影响。

基于以上理由，善义善美公司依据《商标法》第7条、第10条第1款第8项、第15条、第32条的规定，请求商标局裁定不予核准被异议商标的注册。

2015年7月21日，商标局经过审查后作出决定，认为异议申请中缺少异议人作为在先权利人的主体资格证明，因此对善义善美公司的异议申请不予受理。这一决定无疑给善义善美公司带来了巨大的打击。善义善美认为第14568556号"人人车"商标的注册申请是不合理且不合法的，遂决定采取进一步的行动来维护自己的权益。善义善美公司向原国家工商行政管理总局递交行政复议申请，希望能够得到公正和合理的裁决。

2015年9月30日，原国家工商行政管理总局对善义善美公司的行政复议申请作出决定。原国家工商行政管理总局在审查了善义善美公司针对第14568556号"人人车"商标注册申请所提起的异议后，认为该异议不应被受理，维持商标局原先作出的不予受理善义善美公司商标异议的决定。

善义善美公司就原国家工商行政管理总局商标局所作出的［2015］异0000026277YYBL商标异议不予受理通知（以下简称"不予受理决定"），以及随后原国家工商行政管理总局作出的工商复字［2015］394号行政复议决定（以下简称"复议决定"），向北京知识产权法院提起诉讼，以维护自身的合法权益。善义善美公司提出，根据《商标法》第15条、第32条的规定，对于这种明显带有恶意抢注性质的商标注册申请，应当坚决予以驳回，不予核准注册。这样才能维护商标法的严肃性和权威性，保障在先使用人的合法权益不受侵害。

经过漫长的等待和激烈的法庭辩论，北京知识产权法院作出撤销商标局的不予受理决定，并撤销原国家工商行政管理总局维持被诉通知的复议决定，这一判决似乎为善义善美公司带来了一线曙光。

本案一审过程中，北京知识产权法院对原告善义善美公司所提出的异议申请进行了深入细致的剖析。法院认为，善义善美公司在提交异议申请时未能充分提供相关证据证明其身份符合《商标法》第15条以及第32条所规定的利害关系人的标准，这一关键的疏漏使得其基于相对条款所提起的商标异议无法满足法律规定的程序性要求。因此，在这一部分的诉讼请求上，法院未给予善义善美公司支持。

一审法院也敏锐地注意到《商标法》第 10 条第 1 款第 8 项的规定，即任何人均享有提出异议申请的权利。这一规定意味着，尽管善义善美公司未能成功证明其相对权利，但它仍然有权依据绝对条款对涉案商标提出异议。鉴于此情况，一审法院认为商标局有责任对善义善美公司基于绝对条款所提起的商标异议正式受理并严格审查。因此，在权衡了上述各方面因素后，北京知识产权法院判决撤销商标局原先作出的不予受理的行政决定，并同时撤销原国家工商行政管理总局维持商标局被诉决定的复议决定。

然而，事情并未就此结束。撤销不予受理决定和复议决定是善义善美公司的诉讼请求，但北京知识产权法院所给出的判决理由仍然不能让善义善美公司心服口服，善义善美公司认为自己的权益并未得到充分的保障和尊重。与此同时，原国家工商行政管理总局也认为自己的立场和决定是合理且合法的，不应该被推翻。

于是，善义善美公司和原国家工商行政管理总局均选择向北京市高级人民法院提起上诉。

一审中，北京知识产权法院认为，在商标异议申请的初步审查阶段，商标局的责任仅限于根据《商标法》和《商标法实施条例》的相关规定，对提出异议的时间、异议申请人的主体资格等基础性事项进行审查。只要异议申请人在法定的异议期限内以《商标法》第 10 条第 1 款第 8 项为理由提出异议，并提交了相关的主体资格证明，商标局就应当无条件地受理该异议申请。至于异议申请人的主张在实质上应适用何种性质或条款，并不属于商标局在初步审查阶段需要考虑的范围。而原国家工商行政管理总局对此持有完全不同的观点。其强调，对人人车公司在异议程序中主张适用的法律条款和异议理由进行实质性认定，是由《商标法》第 33 条对异议启动主体的明确区分和限制所决定的，这种实质性认定不仅是必需的，而且是至关重要的。商标局坚持认为，在异议申请的受理阶段，其应当对异议人是否具备适格的主体资格进行实质性的判断，如果忽视了这一点，将很容易导致在先权利人滥用绝对条款的漏洞，从而逃避其应当承担的法律责任，这将严重削弱 2013 年《商标法》中限制异议主体制度的有效性和权威性。更为严重的是，这种做法可能会使异议人故意规避《商标法》第 33 条规定的举证责任，进而导致恶意异议行为的泛滥。长此以往，不仅会对异议人产生极其负面的引导效应，还会对整个商标异议制度造成严重的破坏。因此，商标局强烈呼吁上级法院能够对此给予高度重视和审慎考虑。

此外，尽管商标局未在法定期限内提起上诉，表达其对一审判决的异议，但在二审询问过程中，其明确表示完全同意原国家工商行政管理总局的上诉理由。因此，二审法院在审理此案时，也需要充分考虑商标局的立场，明晰其与原国家工商行政管理总局在诉讼请求与上诉理由上的高度一致性，确保最终的判决结果既符合法律规定，又能公平、公正地维护各方当事人的合法权益。

一审过程中，北京知识产权法院表示，虽然商标局在异议提起阶段仅做形式审查而不应进行实质审查会导致异议申请人不当利用商标异议制度，但在明确的法律规定与推定的法律风险之间，基于司法机关的定位和职责，法院还是选择了前者。

而二审法院认为，人人车公司依据《商标法》第15条、第32条对被异议商标提出异议，但并未提交其作为在先权利人或者利害关系人的证明并附送有关证据材料，因此，商标局依据《商标法实施条例》第26条的规定，对人人车公司涉及《商标法》第15条、第32条的异议申请不予受理并无不当。北京市高级人民法院认为，《商标法实施条例》第27条第2款关于"当事人可以补充有关证据材料"的程序性规定旨在保障异议人和被异议人在商标异议程序中的合法权益，保证各方当事人能够在合理的时限内提出各自的主张并通过相关证据予以证明，该程序性法律条款的适用必须以商标异议程序的依法启动为前提。因此，人人车公司有关商标局未给予其补充提交材料的机会而直接不予受理的行为违反《商标法实施条例》第27条规定等上诉理由不能成立。此外，在《商标法》第7条不属于《商标法》第33条规定的提出异议可以援引的法律条款的情况下，商标局对人人车公司有关《商标法》第7条的异议申请不予受理并无不当。故商标局对人人车公司依据《商标法》第7条、第15条、第32条规定对被异议商标提出的异议申请不予受理并无不当，原国家工商行政管理总局复议决定中相关内容亦无不当。

但是，根据《商标法》第33条的规定，任何人认为违反绝对条款的，均可以向商标局提出异议，因此，基于《商标法》第10条、第11条、第12条而提出的商标异议申请，不需要提交异议人作为在先权利人或者利害关系人的主体资格证明。本案中，人人车公司在商标异议申请书中已经明确提出了有关《商标法》第10条第1款第8项的异议理由，在此情形下，商标局应当依法予以受理。至于人人车公司的该项理由是否具有事实依据、其该项异议主张能否成立，应当由商标局通过相应的审查程序，作出实体性的认定。此时以异议申请缺少异议人作为在先权利人的主体资格证明为由不予受理人人车公司提起的异议申请缺乏法律依据，北京市高级人民法院表示应当对此进行纠正。

最终，北京市高级人民法院维持北京知识产权法院在一审中作出的判决，该终审判决在为本案画上了句号的同时也为人人车公司、商标局以及原国家工商行政管理总局提供了明确的法律指引。这一结果要求商标局必须对人人车公司针对第14568556号"人人车"商标所提出的商标异议进行重新审理。

（三）异议之争——"人人车"商标异议不予受理行政复议和诉讼审查

1. 驳回注册申请，不予公告

根据北京市高级人民法院于2017年8月28日作出的终审判决，商标局受理善义善美公司提出的商标异议申请。商标局基于全面考察，认为第14568556号"人人车"商标不应该被予注册。

异议人人人车公司对指定使用在第9类商品及第35类、第42类服务上的被异议商标提出异议。"人人车"是异议人人人车公司及其创始人打造的二手车网络交易平台，经异议人多年大量使用和广泛宣传，已成为知名二手车网络交易平台，与异议人人人车公司之间形成了紧密对应关系，也为相关公众和消费者所广泛知晓和使用，如果由异议人人人车公司之外的他人将"人人车"作为商标注册使用在上述相关商品或服务上，不仅容易误导公众，导致混淆误认，同时也可能扰乱正常的市场经济秩序，损害社会公共利益，从而产生不良影响。

2017年12月28日，依据《商标法》第10条第1款第8项、第35条规定，商标局作出了第14568556号"人人车"商标不予注册的决定，不予公告第14568556号"人人车"商标。

2. 商标评审委员会复审

（1）申请人优舫公司视角

被异议人优舫公司认为，被异议商标系被异议人优舫公司合法受让取得。异议人人人车公司依据《商标法》第7条、第15条、第32条提出的异议申请不属于本案的审查范围，其异议主张不应得到支持。同时，被异议商标也并不会对我国政治、经济、文化、宗教、民族等社会公共利益和公共秩序产生消极、负面的影响。因此,被异议商标应当被予以核准注册。

(2) 原异议人人人车公司视角

在此过程中,原异议人人人车公司积极向商标评审委员会提交自己的意见。人人车公司主张,一方面,申请人商标与"人人车"商标明显近似,且人人车公司与"人人车"商标已形成唯一对应关系,若由他人注册,容易误导公众,导致混淆误认,扰乱正常的市场经济秩序,损害社会公共利益,进而产生不良影响。另一方面,申请人恶意注册大量"人人车"系列商标,注册后又不使用,有违商标注册及使用目的,且申请人明知原异议人在先使用"人人车"商标,又从被异议商标原注册人处受让该商标,违反诚信原则。"人人车"商标本身缺乏显著性,而是后期通过原异议人推广使用取得显著性,使该商标与原异议人形成了唯一对应关系。申请人在明知原异议人对"人人车"享有相关权利的情况下恶意抢注。被异议商标损害了原异议人在先域名权及在先网站名称权。此外,"人人车"商标经原异议人宣传使用已构成驰名商标,应得到驰名商标保护。申请人以不正当手段大量、多次注册"人人车"商标,囤积商标,扰乱商标注册秩序。依据《商标法》第 4 条、第 7 条、第 10 条第 1 款第 7 项、第 10 条第 1 款第 8 项、第 11 条、第 13 条、第 15 条、第 32 条、第 44 条第 1 款的规定,被异议商标不应当予以核准注册。

(3) 司法审判视角

根据本案申请人与被申请人的陈述,可以发现,本案的焦点问题为被异议商标的申请注册是否违反《商标法》第 10 条第 1 款第 8 项之规定。

《商标法》第 10 条第 1 款第 8 项规定,有害于社会主义道德风尚或者有其他不良影响的标志不得作为商标使用。商标评审委员会指出,判断一个标志是否具有其他不良影响,应当考虑该标志或者其构成要素是否可能对我国政治、经济、文化、宗教、民族等社会公共利益和公共秩序产生消极、负面的影响。如果该标志的注册仅损害特定民事权益,可以依据《商标法》规定的救济方式和相应程序,另行解决。

具体到本案中,原异议人主张被异议商标与原异议人"人人车"商标明显近似,且原异议人"人人车"商标经宣传使用具有较高知名度,原异议人与"人人车"商标已形成唯一对应关系,被异议商标是对原异议人在先商标的抢注,申请人恶意明显,若由申请人注册使用,容易导致混淆误认,该主张仍属于损害特定主体民事权益的范畴,混淆了特定主体民事权益与社会公共利益和公共秩序的关系。本案被异议商标"人人车"为单纯的中文商标，其在文字构成方面及其使用在第 9 类、第 35 类、第 42 类指定使用商品和服务上，按照社会公众的通常理解并不会从"人人车"文字中解读出对我国的政治、经济、文化、宗教、民族等社会公共利益和公共秩序产生不良影响。[1] 因此，可以得出被异议第 14568556 号"人人车"商标的申请注册未构成《商标法》第 10 条第 1 款第 8 项所指情形的结论。

最终，商标评审委员会也决定对被异议商标在第 9 类、第 35 类、第 42 类复审商品和复审服务上予以核准注册。

（四）另辟蹊径——"人人车"商标无效风云

商标局在正式受理了人人车公司所提出的商标异议申请后，经过详尽的审查与考量，于 2017 年 12 月 28 日作出重要决定，商标局决定驳回第 14568556 号"人人车"商标的注册申请。在审查期间，第 14568556 号"人人车"商标还经历了一次权利主体的变更，即 2017 年 6 月 21 日，第 14568556 号"人人车"商标的权利主体从好车无忧公司转让给了优舫公司。

然而，故事并未就此结束。面对商标局的这一决定，优舫公司并未选择放弃，而是决定继续争取其权益。2018 年 1 月 18 日，优舫公司正式向商标评审委员会递交了复审申请。经过商标评审委员会的再次仔细审查，最终，该商标获得了予以核准注册的结果。

优舫公司对国家知识产权局于 2019 年 10 月 25 日作出的商评字 [2019] 第 253195 号关于第 14568556 号"人人车"商标无效宣告请求裁定（以下简称"被诉裁定"）深感不满，在法定期限内向北京知识产权法院提起行政诉讼，以维护自身的合法权益。北京知识产权法院高度重视此案，于 2019 年 12 月 18 日正式受理。为确保案件审理的公正性和专业性，法院迅速组成合议庭。同时，法院还依法通知了与本案具有利害关系的第三人人人车公司参加诉讼，以确保各方当事人的诉讼权利得到充分保障。

人人车公司强调，"人人车"这一品牌在市场上享有极高的知名度，已经成为公众广泛认知和信赖的标志。然而，争议商标的原注册人利用与人人车公司的特殊关系，以及对"人人车"商标的明确了解，恶意地注册了与之一致的商标。这种行为严重侵犯了人人车公司的合法权益，也违背

---

[1] 参见《国家工商行政管理总局商标评审委员会关于第 14568556 号"人人车"商标不予注册复审决定书》（商评字 [2018] 第 229398 号）。

了商标注册的诚信原则。争议商标的申请注册不仅是对其享有的在先域名权和在先网站名称权的明显侵犯，还缺乏作为商标应有的显著性。商标作为一种标识，其主要功能在于区分商品和服务的来源，而争议商标在这方面的功能明显不足，容易导致消费者混淆和误认。此外，争议商标的申请注册行为严重违反了诚实信用原则，扰乱了正常的商标注册秩序，给社会带来了不良影响。这种行为如果不加以制止，将鼓励更多的恶意抢注和侵权行为，对整个商标注册制度的公信力构成威胁。

在详细查阅了申请人提交的证据材料后，国家知识产权局发现，早在争议商标申请注册日之前，人人车公司已经将"人人车"商标使用在二手车交易平台服务上，并经过广泛的使用和宣传，在相关公众中产生了一定的影响。而争议商标的注册人好车无忧公司，作为人人车公司的同行，且了解"人人车"商标的使用情况，却仍然注册"人人车"商标，这无疑构成以不正当手段抢先注册他人已经使用并有一定影响的商标的情形。

同时，国家知识产权局也对好车无忧公司关于人人车公司没有在先使用"人人车"商标的主张进行了审查，于2019年10月25日裁定对争议商标予以无效宣告。

北京知识产权法院最终作出撤销国家知识产权局原先宣告第14568556号"人人车"注册商标无效的裁决。

面对这一判决，国家知识产权局向北京市高级人民法院提起上诉，希望能够借助更高级别的法律程序，对是否应当宣告涉案的第14568556号"人人车"商标无效，展开更为深入、细致与全面的司法审查和判定，请求北京市高级人民法院能够审慎考虑此案，并撤销原审判决，维持原先的被诉裁定。

在国家知识产权局看来，诉争商标的注册并未违反2013年《商标法》第15条第2款以及第32条关于"以不正当手段抢先注册他人已经使用并有一定影响的商标"的明确规定。国家知识产权局认为，原审判决在事实的认定上存在模糊不清之处，未能准确把握案件的核心要点和关键细节，导致对案件性质的误判。同时，原审判决在法律适用上也存在明显的错误，未能正确理解和运用相关法律条款，从而得出了不公正的结论。

如果上诉法院对一审判决结果进行改判，那么被上诉人优舫公司将不得不面对一个极为严峻的局面：失去其基于第14568556号"人人车"商标的商标专用权。这一改判将直接剥夺被上诉人在相关市场上使用该商标的权利，商标专用权的丧失，意味着被上诉人将无权再在其商品或服务上使用"人人车"这一标识。

基于北京市高级人民法院的二审判决结果，商标评审委员会在经过深入研究和审慎考虑后，于 2021 年 9 月 18 日重新作出裁决，并正式发文公布。根据该裁决，商标评审委员会决定对第 14568556 号"人人车"商标的注册予以维持。

至此，围绕着第 14568556 号"人人车"商标的申请注册产生的一系列斗争算是告一段落，但在对该商标的申请注册提出异议以及申请无效的过程中，人人车公司并未放弃从其他角度寻求对自身权益的维护，下文将对人人车公司的精妙策略进行进一步的阐释。

（五）差强人意——"人人车"商标行政确权

2019 年 2 月 26 日，人人车公司以诉争商标的注册违反 2014 年施行的《中华人民共和国商标法》第 4 条、第 7 条、第 10 条第 1 款第 8 项、第 11 条、第 15 条第 2 款、第 32 条、第 44 条第 1 款的规定为由，向国家知识产权局提出商标无效宣告申请，请求宣告第 14568556 号"人人车"商标无效。

同年 10 月 25 日，国家知识产权局作出商评字〔2019〕第 253195 号《关于第 14568556 号"人人车"商标无效宣告请求裁定书》，认定第 14568556 号"人人车"商标构成 2014 年《商标法》第 15 条第 2 款、第 32 条"以不正当手段抢先注册他人已经使用并有一定影响的商标"所指的情形，宣告定第 14568556 号"人人车"商标无效。

优舫公司不服被诉裁定，在法定期限内向北京知识产权法院提起行政诉讼。北京知识产权法院认为，诉争商标未构成 2014 年《商标法》第 15 条第 2 款规定之情形，亦未构成 2014 年《商标法》第 32 条规定的以不正当手段抢先注册他人已经使用并有一定影响的商标的情形，国家知识产权局作出的被诉裁定认定有误，判定国家知识产权局对其作出的商标无效宣告请求裁定进行纠正。

国家知识产权局不服原审判决，向北京市高级人民法院提起上诉，请求撤销原审判决，维持被诉裁定。北京市高级人民法院经过详细审查，认为原审判决认定事实清楚，适用法律正确，程序合法，最终作出维持北京知识产权法院一审判决的决定。故此，优舫公司基于 14568556 号"人人车"商标的权利得受到维护。

三、"人人车"商标确认不侵权之争

在有关第 14568556 号"人人车"商标确权方面，虽然几经周折，仍无法阻止优舫公司在第 14568556 号"人人车"商标上享有商标权，可人人车公司并未放弃探索解决之道，人人车公司在对诉争商标提起商标异议的同时，也发起了一系列的反制。

人人车公司首先采取的是提起确认不侵权之诉的方式。2017年12月18日，在经过商标异议程序后，商标局作出了（2017）商标异字第58235号决定，决定第14568556号"人人车"商标不予注册。一年后，商标评审委员会又作出了商评字［2018］第229398号复审决定，推翻了之前的决定，核准该商标在复审商品及服务上的注册，并明确其专用权期限自2015年7月7日至2025年7月6日。

此后，本案的当事人——人人车公司、原申请注册人好车无忧公司以及商标受让人优舫公司——围绕这一诉争商标的授权确权展开激烈的斗争。尽管该商标仍处于异议阶段，尚未最终确权，但好车无忧公司已多次向各大互联网应用平台发出侵权投诉，试图阻止人人车公司对"人人车"商标的使用。这些投诉不仅干扰了人人车公司的正常宣传和经营活动，更对其商业信誉造成了严重的负面影响。

人人车公司设立于2014年6月9日，原名北京善义善美网络技术有限公司，2017年3月22日经核准名称变更为人人车公司，主要从事旧机动车经纪业务等。本案被告好车无忧公司设立于2014年5月14日，主要从事计算机技术推广、网络技术服务等业务。2014年5月29日，好车无忧公司在第9类商品，第35、第42类服务上向原国家工商行政管理总局商标局申请注册第14568556号"人人车"商标。商标核定使用在第9类上的具体商品为"已录制的计算机操作程序；计算机软件（已录制）；电脑软件（录制好的）；已录制的计算机程序（程序）；计算机程序（可下载软件）；计算机游戏软件；电子出版物（可下载）"。核定使用在第35类上的具体服务为"直接邮件广告；计算机网络上的在线广告；成本价格分析；为消费者提供商业信息和建议（消费者建议机构）；电话市场营销；替他人推销；将信息编入计算机数据库；计算机录入服务；计算机数据库信息系统化；在计算机中进行数据检索（替他人）"。核定使用在第42类上的具体服务为"车辆性能检测；计算机编程；计算机软件设计；计算机系统设计；替他人创建和维护网站；计算机程序和数据的数据转换（非有形转换）；计算机软件咨询；计算机软件维护；提供互联网搜索引擎；把有形的数据和文件转换成电子媒体"。

就在人人车公司与好车无忧公司各自发展、布局市场之时，一场关于商标权的争议悄然展开。2016年7月21日，人人车公司首次收到华为开发者联盟转发的好车无忧公司的投诉函，要求其下架"人人车二手车

App"。随后，类似的投诉函如雪片般飞来，百度手机助手、苹果 App Store、小米应用商店、腾讯应用宝等各大平台均接到了好车无忧公司的投诉。面对这一突如其来的商标权挑战，人人车公司并未选择沉默，而是积极发出侵权投诉反通知，坚称并未侵权，并表示将通过一切合法手段维护自身权益。

在这场商标权的拉锯战中，双方你来我往，各不相让。好车无忧公司甚至一度将人人车公司告上法庭，但最终选择了撤诉。而人人车公司则始终坚持自己的立场，不仅在各大平台上发出反通知，更明确表示将通过商标行政确权与诉讼等途径解决争议。

2016 年 11 月 26 日，好车无忧公司在对苹果 App Store 回复投诉事宜的邮件中明确表示："我公司已经充分了解到人人车公司、北京善义善美科技公司的申诉函、授权委托书等相关资料。"而 2016 年 12 月 12 日，好车无忧公司就向北京市石景山区人民法院起诉人人车公司及北京善义善美公司侵害其第 14568556 号"人人车"注册商标专用权，该案于 2016 年 12 月 19 日被依法受理。2017 年 3 月 10 日，好车无忧公司就该案提出撤诉申请，北京市石景山区人民法院于 2017 年 3 月 10 日作出（2016）京 0107 民初 17102 号裁定准许其撤诉。2017 年 12 月 14 日，优舫公司又向法院起诉人人车公司及北京善义善美公司侵害其第 14568556 号"人人车"注册商标专用权，该案于 2017 年 12 月 19 日被依法受理，2018 年 8 月 9 日，优舫公司就该案提出撤诉申请，以法院裁定准许其撤诉收尾。

人人车公司向北京知识产权法院提起确认不侵权之诉。该案不仅是一场关于商标权的法律争议，更是一场关于企业品牌建设、市场布局与商业道德的深刻反思。在激烈的市场竞争中，企业如何平衡自身发展与他人权益、如何遵循商业道德与法律规范、如何构建和谐共生的商业生态，无疑是每一个市场主体都需要深入思考的问题。

案件审理过程中，原告人人车公司请求法院确认并明确宣告原告人人车公司在其业务运营中所采用的"人人车"标识及文字并未侵犯被告好车无忧公司所声称拥有的第 14568556 号"人人车"注册商标的专用权利。

人人车公司是"人人车"标识的原始和持续使用人，经过长期的品牌建设和市场推广，该标识已在相关公众中积累了较高的知名度和良好的商誉。事实上，该标识已构成未注册的驰名商标，人人车公司对"人人车"标识享有在先权利，对"人人车"商标的持续使用是合法且正当的，绝未构成对被告好车无忧公司或任何第三方商标权的侵犯。况且原告人人车公司所从事的主要服务是二手车经纪服务，这与被告好车无忧公司在第 9、第 35、第 42 类商品和服务上申请注册的第 14568556 号"人人车"商标所指定的使用范围也存在明显的差异。因此，人人车公司的使用行为不可能构成对好车无忧公司注册商标权的侵犯。再者，好车无忧公司所声称拥有的第 14568556 号商标在本案审理过程中正处于异议程序，其注册商标的专用权尚未最终确定。在此情况下，好车无忧公司无权对人人车公司及其关联企业使用"人人车"商标的行为进行任何形式的限制或干扰。

北京知识产权法院将案件争议焦点归纳为：（1）好车无忧公司是否具备成为本案被告的法律资格；（2）本案是否符合提起确认不侵害商标权之诉的法定受理条件；（3）人人车公司在其经营活动中使用"人人车"标识的行为，是否构成对好车无忧公司所持有的商标权的侵权。法院认为：好车无忧公司是本案适格被告、本案符合确认不侵害商标权之诉的受理条件，人人车公司在其经营活动中使用"人人车"标识的行为构成对好车无忧公司商标权的侵害，确认北京人人车旧机动车经纪有限公司使用"人人车"标识、文字的行为不侵犯北京好车无忧信息技术有限公司原第 14568556 号"人人车"注册商标专用权，无须承担侵权责任。

本案的胜诉结果也向其他企业传递了一个信息，当面临类似针对人人车公司商标侵权的投诉，或是受到其他企业因过去对人人车公司侵权投诉消息的波及时，可以通过具有司法效力的判决结果证明它们从未涉足任何商标侵权行为。法律文书的权威性不容置疑，它清晰地界定了合法与非法的界限，为各大平台在应对相关指控时提供了坚实的法律支撑。因此，无论外界如何喧嚣，只要坚守法律底线，这些平台都能自信地面对任何关于商标侵权的质疑与挑战。

但被告好车无忧公司认为，一审判决在认定事实和适用法律方面存在严重错误，这直接导致了不公正的判决结果。首先，好车无忧公司坚决否认自己是本案的适格被告。早在 2017 年 6 月 13 日，好车无忧公司就已将第 14568556 号"人人车"商标转让给案外人优舫公司。因此，与该商标相关的所有权益已完全转移至优舫公司，与好车无忧公司再无任何关联。这一重要事实被一审判决所忽视，导致好车无忧公司被错误地牵涉进本案。为了维护法律的公正与公平，本案应当立即驳回人人车公司对好车无忧公司的起诉，或者追加真正的权益所有者优舫公司参与本案诉讼。

其次，好车无忧公司认为本案不具备确认不侵权之诉的受理条件。一审法院同时审理的人人车公司针对优舫公司提起的关联诉讼即（2017）京 73 民初 148 号案件，已经全面涵盖了本案所涉及的核心问题。因此，本案的继续审理不仅没有必要，而且可能导致法律资源的浪费和司法判决的混乱。

最后，好车无忧公司认为，人人车公司使用"人人车"标识的行为已经构成了对第14568556号商标专用权的严重侵害。该商标核准注册的商品与服务类别明确且完全包含了人人车公司的应用软件与相关网络服务。然而，一审判决却忽视了这一关键事实，对注册商标核定服务类别进行了不恰当的变通表达，这无疑是法律适用的严重错误。为了维护商标权益的严肃性和法律的尊严，好车无忧公司要求二审法院对此予以纠正。

北京市高级人民法院对本案二审的争议焦点进行了全面且细致的剖析，对本案的两项核心争议——本案是否符合确认不侵权之诉的受理条件、人人车公司涉案关于请求确认不侵害商标权的主张是否成立作出进一步的回应，并得出本案符合确认不侵权之诉的受理条件、人人车公司请求确认不侵害商标权的主张能够成立的结论，最终维持一审的判决结果。

四、确认不侵权案之原告诉请和被告风险

在确认不侵权之诉中，原告人人车公司的诉请主要是希望法院确认并明确宣告其在业务运营中所采用的"人人车"标识及文字，并未侵犯被告好车无忧公司所声称拥有的第14568556号"人人车"注册商标的专用权利，并要求被告好车无忧公司承担本案的全部诉讼费用。

人人车公司提出上述诉请有其充分的考量。首先，人人车公司是"人人车"标识的在先使用人，且经使用已经具有了较高的知名度，已构成未注册驰名商标。人人车公司享有对"人人车"商标的在先权利，其持续使用"人人车"商标的行为不应当被认为是对他人商标权的侵犯。其次，从商标适用范围来看，人人车公司所从事的服务实质上是二手车经纪服务，这与好车无忧公司在第9、第35、第42类上申请注册的第14568556号"人人车"商标所指定使用的商品和服务并不类似，人人车公司的使用行为也并不构成对好车无忧公司注册商标权的侵犯。再次，好车无忧公司的第14568556号商标尚处于异议程序中，并未取得注册商标专用权，其不具有指控商标侵权的权利基础，无权限制人人车公司及其关联企业对"人人车"商标的使用。最后，在不具有商标权权利基础的情况下，好车无忧公司不仅恶意"搭便车"，还频繁警告人人车公司，严重干扰了人人车公司的经营，其行为应当尽快停止。

商标侵权指控并非儿戏，一旦指控不实，被告也将面临一系列风险。在本案中，好车无忧公司指控人人车公司商标侵权，但最终不得不撤诉。随后，人人车公司请求法院确认其商标使用不构成侵权，经过两次司法审

判，北京知识产权法院与北京市高级人民法院均作出判决，认定人人车公司未构成商标侵权。

首先，被告在诉讼过程中将面临诉讼风险。诉讼不仅耗时耗力，还可能涉及高额的诉讼费用。在本案中，好车无忧公司在诉讼中并未提出充分证据，不仅未能达到预期目的，反而可能因为败诉而承担相应的诉讼费用。此外，诉讼过程中的不确定性也可能对被告的经营活动造成干扰，影响其正常的商业运作。

其次，商业信誉的下降是被告面临的另一大风险。在商业社会中，信誉是企业的宝贵资产。一旦企业因为不实指控而被告上法庭，无论最终结果如何，都可能对其商业信誉造成损害。在本案中，好车无忧公司指控人人车公司商标侵权，但最终未能得到法院的支持。这种结果可能会让公众对好车无忧公司的专业性和诚信度产生怀疑，从而影响其在市场上的竞争力。

此外，被告还可能面临市场机会的丧失。在诉讼期间，被告需要投入大量的精力和资源应对诉讼，这可能导致其忽视市场变化和客户需求，错失发展机遇。与此同时，原告也可能利用诉讼作为竞争手段，通过拖延诉讼进程，消耗被告的资源，从而获得市场优势。

更为严重的是，如果被告的指控被认定为恶意诉讼，其还可能面临法律的惩罚。恶意诉讼不仅损害了被诉方的合法权益，也浪费了司法资源，破坏了市场秩序。在本案中，如果好车无忧公司的指控被认定为恶意，其可能需要承担相应的法律责任，包括但不限于赔偿损失、支付罚款等。

因此，被告在提起商标侵权指控时，需要充分评估可能面临的风险。一方面，被告应当在提起诉讼前进行充分的调查和评估，确保指控的合理性和准确性；另一方面，被告也应当考虑通过和解、调解等非诉讼方式解决纠纷，以减少诉讼风险和商业信誉的损失。

五、确认不侵权案之法院采纳

北京知识产权法院细致梳理了案件材料，深入剖析了双方当事人的主张与反驳，最终将案件争议焦点明确归纳为以下三个问题：第一，好车无忧公司是否具备成为本案被告的法律资格；第二，本案是否符合提起确认不侵害商标权之诉的法定受理条件；第三，人人车公司在其经营活动中使用"人人车"标识的行为，是否构成对好车无忧公司所持有的商标权的侵权。

第一，关于好车无忧公司是否为本案的适格被告这一问题，北京知识产权法院进行了全面的审查和评估。本案中，有确凿的证据表明，人人车公司曾在2016年7月收到华为开发者联盟转发的好车无忧公司发出的严厉投诉函，该函明确要求华为开发者联盟下架人人车公司推出的热门应用——"人人车二手车App"。此后不久，人人车公司又陆续在2016年11月1日、11月22日、12月7日及12月23日等不同的时间，分别收到来自百度手机助手、小米应用商店、腾讯应用宝等知名平台转发的好车无忧公司的多封投诉函。这些投诉函的内容无一例外要求相关平台下架人人车公司旗下的"人人车二手车"等应用程序。值得注意的是，在整个过程中，包括本案立案前后，好车无忧公司始终以自身的名义，并依据其所持有的第14568556号"人人车"商标，向外界发出侵权警告并坚决主张相关权益。考虑到在本案所涉的时间段内好车无忧公司一直是第14568556号"人人车"商标的注册商标专用权人，因此，北京知识产权法院认为，好车无忧公司作为本案的被告，无论从事实上还是从法律上来看，都是完全适格的，不存在任何不当之处。

第二，关于本案是否符合确认不侵害商标权之诉的受理条件，这是一个相对复杂且颇具争议的法律问题。从当前我国的法律规定来看，除了《最高人民法院关于审理侵犯专利权纠纷案件应用法律若干问题的解释》（以下简称《侵犯专利权案件司法解释》）等少数司法解释对确认不侵犯专利权纠纷的受理条件有所规定，涉及其他知识产权类别的法律和司法解释并未对确认不侵权之诉的受理条件作出明确而具体的规定。尽管如此，考虑到该制度所保护权利的类型和设计目的的一致性，北京知识产权法院认为在确认不侵害商标权案件中有必要对其进行参照适用。根据《侵犯专利权案件司法解释》第18条的规定："权利人向他人发出侵犯专利权的警告，被警告人或者利害关系人经书面催告权利人行使诉权，自权利人收到该书面催告之日起一个月内或者自书面催告发出之日起二个月内，权利人不撤回警告也不提起诉讼，被警告人或者利害关系人向人民法院提起请求确认其行为不侵犯专利权的诉讼的，人民法院应当受理。"由此可见，确认不侵权之诉的立法目的在于有力规制权利人可能存在的滥用诉权的行为。在被警告人因遭受侵权警告而处于极度不安的状态，而权利人却怠于行使诉权使这种状态持续存在的情形下，被警告人应当有获得司法救济的有效途径。

司法实践中，法院往往认为可以参考适用专利法相关司法解释中的规定。如北京知识产权法院（2016）京73民初1219号判决书中，北京知识产权法院认为,"从现行法律规定看,除有关司法解释规定了确认不侵犯专利权纠纷的受理条件外,涉其他知识产权类别的法律和司法解释并未对确认不侵权之诉的受理条件予以明确规定。鉴于该制度所保护权利的类型性和设计目的的一致性,有必要在确认不侵害商标权案件中对其进行参照适用。"[1]

法院受理确认不侵权之诉,是否需要以被警告人向权利人催告行使权利的程序或权利人在合理期限内提起侵权之诉为前提条件?《侵犯专利权案件司法解释》确认不侵权之诉的立法目的在于规制权利人滥用诉权,在被警告人应当遭受侵权警告,而权利人怠于行使诉权使被警告人处于不安状态的情形下,被警告人应当能够获得司法救济的途径。并且,由于侵权之诉在举证和事实查明上优于确认不侵权之诉,为了促使当事人尽量通过侵权之诉解决争议,防止被警告人动辄提起确认不侵权之诉,有必要设置被警告人向权利人催告行使权利的程序,以及留给权利人提起侵权之诉的合理期限。但是,如果确有证据证明权利人故意怠于行使诉权且被警告人确实处于不安状态,从平衡双方地位和权益考虑,确认不侵害商标权之诉的该项立案条件可不受限于专利法有关司法解释规定的催告程序的时间、对象以及形式的限制。

本案中,2016年7月19日至2016年12月22日本案立案期间,好车无忧公司以其持有第14568556号"人人车"商标注册证为由,先后在华为应用市场、小米应用商店、苹果App Store、腾讯应用宝等手机应用平台投诉人人车公司,人人车公司在收到警告且其相关经营服务受到实际影响长达近5个月之后,才提起本案诉讼。此前,虽然人人车公司并未直接向好车无忧公司进行书面催告程序,但是其通过苹果App Store、小米应用商店、腾讯应用宝等平台发出侵权投诉反通知,腾讯应用宝等平台在转发侵权投诉反通知至好车无忧公司的过程中亦表明态度:希望投诉方另行通过行政投诉、诉讼等方式或直接与开发者协同解决相关问题。这一过程中,腾讯应用宝等平台的转发程序实质上起到了督促好车无忧公司行使诉权的功能,双方已经通过应用平台对对方的真实意思有了充分的了解。好车无忧公司在对苹果App Store回复投诉事宜的邮件中亦明确表示已了解人人车公司等的申诉函。而好车无忧公司在本案受理前提起(2016)京0107民初17102号诉讼的行为,说明其并无撤回侵权警告的意思表示。此后好车无忧公司向北京市石景山区人民法院申请撤诉的行为,使人人车公司是否构成侵权再次处于不确定状态,不足以消除相关投诉可能对人人车公司带

---

[1] 北京知识产权法院(2016)京73民初1219号判决书。

来的消极影响，此时受理确认不侵权之诉符合法律规定的确认不侵权之诉制度的立法目的。因此，法院认为，人人车公司的起诉符合确认不侵犯商标权纠纷的受理条件，并对其相关主张予以支持。

第三，关于人人车公司在其经营活动中使用"人人车"标识的行为是否构成对好车无忧公司商标权的侵害这一核心问题，北京知识产权法院进行了深入细致的审理和评判。2013年《商标法》第57条第2项明确规定：未经商标注册人的许可，在同一种商品上使用与其注册商标近似的商标，或者在类似商品上使用与其注册商标相同或者近似的商标，容易导致混淆的，属于侵犯注册商标专用权的行为。因此，在判断本案是否构成商标侵权时，首先需要解决的是商品或服务的相同或类似问题。为此，法院参照《最高人民法院关于审理商标民事纠纷案件适用法律若干问题的解释》第11条第1款的规定："商标法第五十七条第（二）项规定的类似商品，是指在功能、用途、生产部门、销售渠道、消费对象等方面相同，或者相关公众一般认为其存在特定联系、容易造成混淆的商品。类似服务，是指在服务的目的、内容、方式、对象等方面相同，或者相关公众一般认为存在特定联系、容易造成混淆的服务。"同时，该司法解释第12条还进一步规定："人民法院依据商标法第五十七条第（二）项的规定，认定商品或者服务是否类似，应当以相关公众对商品或者服务的一般认识综合判断；《商标注册用商品和服务国际分类表》《类似商品和服务区分表》可以作为判断类似商品或者服务的参考。"鉴于《类似商品和服务区分表》在商标核准注册的类别上较大程度地决定了注册商标的使用范围，在判断商品或服务的类似性时，必须充分考虑该表中关于商品及服务分类的原则。

在本案中，好车无忧公司所持有的第14568556号"人人车"商标被核定使用在第9类、第35类和第42类等多个类别上。具体来说，在第9类上的主要使用范围为"计算机软件（已录制）；电脑软件（录制好的）"等，这主要指向计算机及其外部设备；在第35类上的服务则主要涉及"计算机网络上的在线广告；替他人推销；在计算机中进行数据检索（替他人）；为消费者提供商业信息和建议（消费者建议机构）"等，这些服务的核心目的在于对商业企业的经营或管理提供助力以及对工商企业的业务活动或商业职能的管理提供支持；而在第42类上的服务则主要涵盖"计算机软件设计；替他人创建和维护网站"等，这主要是针对计算机编程及相关服务的。然而，经过审理查明的事实为，人人车公司与好车无忧公司都是利用先进的互联网和移动互联网技术（包括但不限于网页和App等）来整合二手车车源信息和二手车需求信息的，并以此来实现二手车的流通服务。从这个角度来看，两家公司都可以被视为提供二手车经纪服务的机构。进一步来说，人人车公司在其经营过程中所提供的服务主要是为车源主体和买家主体搭建一个高效、便捷的交易平台，并提供相关的居间经纪服务。这些服务与好车无忧公司的第14568556号"人人车"商标在第35类和第42类上所核定使用的服务在服务的目的、内容、方式以及对象等方面都存在明显的差异，不属于同一范畴。更为重要的是，在本案审理过程中，好车无忧公司并未能提供充分且确凿的证据来证明其所持有的"人人车"商标已经构成驰名商标。在这种情况下，好车无忧公司无权要求人人车公司在其原有的使用范围内停止使用"人人车"这一标识。换句话说，人人车公司在其"二手车经纪"服务上继续使用"人人车"这一标识并不构成对好车无忧公司在第9类、第35类以及第42类商品及服务上所享有的第14568556号"人人车"注册商标专用权的侵权。

最终，在全面审理本案后，北京知识产权法院依照《中华人民共和国商标法》第57条第2项以及《最高人民法院关于审理商标民事纠纷案件适用法律若干问题的解释》第11条第1款、第2款和第12条的相关规定，作出判决：确认北京人人车旧机动车经纪有限公司使用"人人车"标识、文字的行为不侵犯北京好车无忧信息技术有限公司原第14568556号"人人车"注册商标专用权。

但本案并未到此终结，被告好车无忧公司对一审判决结果表示不满，并进一步提起上诉，北京市高级人民法院对本案的争议焦点进行了全面且细致的剖析。本案的核心争议在于两点：一是本案是否符合确认不侵权之诉的受理条件；二是人人车公司关于请求确认不侵害商标权的主张是否成立。

首先，关于本案是否符合确认不侵权之诉的受理条件。北京市高级人民法院指出，确认不侵害商标权纠纷，从本质上看，是利益受到特定注册商标专用权影响的行为人，以该注册商标专用权权利人为被告提起的，请求确认其行为不侵害该注册商标专用权的诉讼。在我国现行法律及司法解释的框架下，虽然未对确认不侵害商标权纠纷的受理条件作出明确规定，但法院在审理此类案件时，应当根据《中华人民共和国民事诉讼法》（以下简称《民事诉讼法》）第119条的规定进行审查。

好车无忧公司主张本案不符合确认不侵权之诉受理条件的具体理由主要有三项：其一，好车无忧公司不是本案适格被告；其二，人人车公司未履行提起确认不侵权案件所必需的催告程序；其三，人人车公司提起的另案诉讼包含了本案核心问题。对于这三项理由，法院逐一进行了回应。

第一,关于好车无忧公司是否为本案适格被告的问题。法院认为,人人车公司提起本案诉讼的起因是好车无忧公司向多个应用平台发出投诉函,要求下架人人车公司的"人人车二手车App"。在这一行为中,好车无忧公司是实施人,并且在实施该行为时,还是涉案商标的注册商标专用权人。因此,从这一角度来看,好车无忧公司是本案的适格被告。

第二,关于人人车公司未履行催告程序是否影响其提起本案诉讼的问题。法院认为,虽然好车无忧公司以人人车公司未履行催告程序为由主张本案不符合确认不侵权之诉的受理条件,但这一主张并不能成立。因为从《民事诉讼法》第119条规定以及确认不侵权诉讼制度的目的来看,确认不侵权纠纷的产生,是由于权利人主张相对方侵权,但又不通过法定程序予以解决,使相对方处于不确定状态。确认不侵权诉讼的制度目的在于赋予相对方诉权,使其能够通过司法途径尽快结束其与权利人之间不稳定的法律状态。因此,只要相对方收到权利人的侵权警告,但权利人未在合理期限内撤回警告或提起诉讼,从而导致双方之间的权利义务处于不确定状态,即足以使相对方产生诉的利益,从而具备提起确认不侵权之诉的适格条件。在本案中,好车无忧公司以发送投诉函的方式主张人人车公司的"人人车二手车App"构成侵权,而人人车公司以反通知方式声明不构成侵权。在好车无忧公司收到应用平台转发的反通知后既未撤回警告也未提起诉讼的情况下,双方之间的权利义务关系即处于不确定状态。因此人人车公司为消除该不确定状态对其正常经营持续造成的影响有权提起本案诉讼。

第三,关于人人车公司提起另案诉讼是否影响本案审理的问题。法院认为好车无忧公司所称一审法院同时审理的人人车公司针对优舫公司提起的另案诉讼与本案争议的法律关系并不相同,因此不影响本案的审理。

综上所述,北京市高级人民法院认为,一审法院认定人人车公司的起诉符合确认不侵害商标权纠纷的受理条件,具有事实及法律依据。

其次,对人人车公司请求确认不侵害商标权的主张是否成立这一问题,北京市高级人民法院也作出回应。法院认为,根据《中华人民共和国商标法》的相关规定,判断诉争行为是否属于侵犯商标权的行为应当考虑多个因素,包括:商标标志的近似程度、商品或服务的类似程度以及请求保护商标的显著性和知名程度、相关公众的注意程度等,以是否容易导致相关公众的混淆误认为判断标准。本案中,双方当事人的主要争议在于涉案商标核准注册的商品和服务与人人车公司通过"人人车二手车App"开展的服务是否构成类似商品与服务。法院对此进行了深入的分析,认为二者在服务的目的、内容、方式、对象等方面差异明显，不构成类似商品与服务。因此，二审法院认可一审法院关于人人车公司在二手车经纪服务上使用"人人车"标志不侵害好车无忧公司在相关商品和服务上享有的注册商标专用权的认定。

最终，北京市高级人民法院认为好车无忧公司的上诉请求不能成立，应予驳回，一审判决认定事实清楚，适用法律正确，应予维持。

六、律师代理在本案中的积极作用

法律纠纷中，律师往往承担着战略规划者和问题解决者的角色。面对复杂的商标侵权和不正当竞争问题，人人车公司的律师团队展现出了卓越的专业能力和战略眼光。我们深知，每一起案件的胜利不仅取决于对法律条文的运用，更在于能否制定出一套既符合法律规范又能最大化客户利益的策略。

本案中，人人车公司律师团队的首要任务是识别出案件的关键点，深入剖析案件中涉及的争议问题，评估潜在风险。律师团队制定的这套应对措施的核心在于主动出击，通过提起确认不侵权之诉，明确人人车公司在商标使用上的合法性，同时对竞争对手的不正当行为进行反击。在策略的制定过程中，我们充分考虑了案件的各个方面，包括但不限于商标的确权、商标权的转让、新商标的注册申请等。通过精准的法律操作，为人人车公司争取到了更多的主动权和话语权。

此外，我们还积极协助人人车公司进行商标的受让和注册，通过合法途径巩固和扩大了人人车公司的商标权益。这一举措不仅为人人车公司提供了更加坚实的法律保护，也为公司的长远发展奠定了基础。

下文将详细探讨人人车公司律师团队是如何实施这套诉讼策略的，以及如何通过法律手段为人人车公司争取最大利益。通过这一过程，我们可以看到律师在商业法律案件中的中流砥柱作用，以及如何通过智慧和专业为当事人争取到公正和胜利。

（一）合理制定诉讼策略

针对人人车公司面临的商标及商业竞争问题，我们为其精心制定了一套全面的诉讼策略。人人车公司在选择阻止他人对第14568556号"人人车"商标进行确权的同时，主动提起确认不侵权之诉、侵权及不正当竞争之诉。此外，人人车公司积极受让第16069876号"人人车"商标，并通过申请注册获得第20915093号"人人车"商标商标权，主张己方不侵权，提起商标侵权及不正当竞争之诉，主张对方侵权且不正当竞争，可谓思虑周全，思路精妙。

（二）准确定义被告从事的是二手车经纪

人人车公司的律师团队为了更精确地阐述人人车公司的业务范畴，从其实际经营范围的角度出发进行了深入剖析。我们通过大量的证据和案例，有力地证明了人人车公司所提供的服务在宏观上确实应归类为"经纪"服务。值得一提的是，人人车公司早在2014年便已开始涉足二手车经纪领域，将互联网技术的便捷性与传统二手车经纪服务的专业性巧妙地结合在一起。这种创新模式彻底改变了传统二手车交易中存在的诸多弊端，如信息不对称、交易效率低下等，使得人人车公司迅速成为二手车经纪服务平台的佼佼者。

人人车品牌以其高效、透明的服务流程，为二手车交易的买卖双方提供了全流程、全覆盖的经纪服务。从车辆信息的初步筛选、价格谈判、交易合同的签订，到最终过户手续的办理，人人车平台都扮演着至关重要的角色，确保每一笔交易都能顺利达成。而天津人人车网络技术有限公司（以下简称"天津人人车公司"）作为人人车品牌的重要组成部分，更是为交易双方提供了包括售前咨询、售后服务在内的一系列增值服务。这些服务在整体上无疑符合《类似商品和服务区分表》第36类所定义的"经纪"服务范畴，更具体地说，它们属于"二手车经纪"这一细分领域。律师团队的这一论证，不仅为人人车公司的服务性质提供了有力的法律支撑，也进一步巩固了其在二手车经纪市场的领先地位。

在优舫公司与国家知识产权局关于商标无效的行政纠纷案中，人人车公司作为案件第三人，对其从事的服务进行了详细的论证与阐述。人人车公司的律师团队指出，对于类似或具有密切关联性的商品或服务的判断，应根据个案，结合立法目的、行业惯例、本案特殊性、市场实际效果、争议商标指定使用的具体商品或服务等综合分析，以争议商标申请日作为时间点，判断在先使用的商标与争议商标是否使用在类似或具有密切关联性的商品或服务上。律师团队从上述几个角度出发，通过详细举证以及分析，有力地证明了诉争商标指定使用的商品或服务与本案第三人"人人车"商标在先使用服务属于具有密切关联的商品或服务。

1. 立法目的

从立法层面进行深入剖析，不难发现《商标法》第30条与第15条第2款虽然都涉及在先商标与在后商标需指定使用在"同一种商品或类似商品"上的要求，但两者的立法初衷和考量维度其实是大相径庭的。

具体来说，《商标法》第 30 条的核心在于商品本身属性的类似性。这一条款的立法目的非常明确，就是为了防止市场上的相关公众因为商品的相似性而产生混淆误认，从而保护消费者的权益和市场秩序。

而与之相对，《商标法》第 15 条的侧重点则在于抢注商标与他人在先使用商标的关联性。此条款的立法目的旨在维护市场中的诚实信用原则，防止特定关系人恶意抢注他人已经在使用的商标，以此确保市场竞争的公平和诚信。

因此，在实际应用中，当我们依据《商标法》第 15 条第 2 款来制止特定关系人的抢注行为时，我们不能仅仅机械地比对商品本身的属性是否类似。更重要的是，我们需要深入挖掘抢注商标与他人在先使用的商标之间是否存在密切的关联性。只有这样，我们才能更加准确地实现这一法条的立法目的，也就是维护市场的公平竞争和诚信原则。

2. 行业惯例

《类似商品和服务区分表》在商品服务的分类上，往往难以与日新月异的社会经济发展保持完全同步。这意味着，该分类表可能无法全面覆盖市场上出现的所有新型商品或服务。以本案为例，在争议商标申请之时，《类似商品和服务区分表》中并未明确列出"二手车经纪服务"这一项，更不用说"通过互联网提供二手车经纪服务"这样更为具体的服务项目了。

值得注意的是，在相关行业内，企业通常会根据公司业务特性及互联网商品服务的定位，在创立初期就选择在第 9 类、第 35 类、第 42 类等多个类别上同时申请注册其核心商标。这种做法已经成为行业惯例，并且在本案进入诉讼程序时依然没有改变。

由此可见，第 9 类、第 35 类、第 42 类商标分类对于同行业服务而言，是不可或缺的，它们与企业的商品和服务有着密切的关联。考虑到原商标抢注人的恶意行为，以及第三方的信任度，我们有理由相信，如果《类似商品和服务区分表》在争议商标申请时已经包含了"二手车经纪"或"通过互联网提供二手车经纪服务"等项目，那么抢注者同样会毫不犹豫地进行抢注。

3. 本案特殊性

分析本案时，必须着重考虑移动互联网的新业态特性以及二手车的交易特性，这两者对于理解案件至关重要。

人人车公司作为一家典型的互联网公司,在移动互联网的浪潮中,必然依赖应用软件、移动通信等技术手段。这些现代科技工具,尤其是应用软件,已经成为其开展服务不可或缺的一部分。同时,网站的开发与建设也是其业务运营中的重要环节。正因如此,争议商标所指定的第9类、第42类商品或服务,与本案的第三人人人车公司存在着密切的关联性。这种关联性主要体现在移动互联网的特性上,因为正是这些技术手段使得人人车公司能够提供便捷、高效的服务。

从人人车公司所提供的服务内容来看,其核心目的在于促成二手车交易。在这个过程中,通过应用软件和网站集中展示车源信息、进行车辆性能检测等环节都显得尤为重要。这些环节不仅为消费者提供了详细的车辆信息,还确保了交易的公平性和透明度。因此,争议商标所指定的第35类、第42类服务与本案的第三人人人车公司同样具有较大的关联性。这种关联性则是基于二手车交易的独特性质而产生的。

综上所述,在审视本案时,必须充分考虑移动互联网和二手车交易的双重特性,这样才能更准确地理解和评估争议商标与第三人之间的关联性。

4. 公众认知

在现实生活中,随着移动互联网的深入普及,公众在选择商品或服务时,已经习惯于通过移动网络进行。值得注意的是,公众在利用移动互联网选择时,通常会将争议商标注册的第9、第35、第42类视为具有紧密关联性的分类。这种关联性认知在消费者心中已经根深蒂固。因此,原告的行为,无论是在商标注册还是在实际应用中,都极有可能导致公众的混淆和误认。

参考人人车公司在无效宣告理由中详细列举的事实,再结合其所提供的评审证据,可以清晰地看到,好车无忧公司及优舫公司利用争议商标进行了一系列不当行为,包括但不限于恶意投诉、发布伪造的 App 等。这些行为已经造成了平台管理者的困扰,也使大量消费者产生混淆,误以为这些 App 或服务与人人车公司有关联。这种混淆不仅损害了消费者的利益,也对人人车公司的品牌形象和市场份额造成了不小的冲击。

5. 争议商标指定使用的商品或服务角度

争议商标所指定使用的商品和服务,覆盖了多个关键类别,具体涉及第9类的计算机软件、计算机程序等核心元素,这些都是现代互联网服务不可或缺的组成部分。进一步看,第35类中涵盖的计算机网络上的在线广告、替他人推销等服务正是互联网营销的重要环节，体现了商标持有者在网络营销方面的深度布局。更值得注意的是，第42类中包括的车辆性能检测服务不仅与汽车行业紧密相关，也显示了商标持有者具有将服务范围扩展到更专业的汽车服务领域的意图。

从这些指定使用的商品和服务来看，商标申请者在注册时就已经有了明确而周全的策略考虑，并刻意紧紧围绕人人车公司的互联网服务来挑选商品或服务进行注册。这种做法不仅显示了其高度的商业敏感性和前瞻性，也反映出其在商标注册上的专业和精细。然而，这种有针对性的注册行为，也可能引发市场中的竞争和权益冲突，因此，在商标法的框架下对其进行审视和评估显得尤为重要。

6. 既往规范性文件的效力

商标行政管理机关多次明确认定，好车无忧公司所注册的"人人车"商标与第三人人人车公司提供的商品或服务存在紧密关联。这一认定并非偶然，而是在严格审查后得出的结论。

2017年12月18日发布的（2017）商标异字第0000058235号《第14568556号"人人车"商标不予注册的决定》，以及此后作出的多达十份相关决定，都明确指出："人人车"作为人人车公司及其创始人倾力打造的二手车网络交易平台，经过公司的大量使用和广泛宣传，已经成为知名的二手车网络交易平台。该平台与人人车公司之间已经形成了紧密的对应关系，这种关系也被相关公众和消费者所广泛知晓和使用。因此，如果允许人人车公司之外的他人将"人人车"作为商标注册并用于上述相关商品或服务上，不仅会误导公众，导致混淆误认，还可能对市场经济的正常秩序造成扰乱，进而损害社会公共利益。

人人车公司提供的服务在整体上属于"经纪"服务。人人车公司自2014年起从事二手车经纪业务，将互联网与传统二手车经纪服务相结合，改变了传统二手车交易的众多弊端，成为二手车经纪服务平台的代表。经人人车公司授权，北京人人车公司与天津人人车公司共同以"人人车"品牌为二手车交易双方提供全流程、全覆盖的二手车经纪服务，以此促成买卖双方达成二手车交易，其中天津人人车公司为交易双方提供售前售后等相关服务。其在整体、实质上属于《类似商品和服务区分表》第36类"经纪"服务，具体指"二手车经纪"服务。

（三）迅速提起请求确认不侵权之诉

面对权利人滥用警告函，扰乱市场竞争秩序的行为，受其干扰的利害关系人可以选择提起确认不侵权之诉予以应对。确认不侵权之诉是为了规制权利人滥发侵权警告的行为，维护稳定的市场经营秩序，而给予被警告人的司法救济途径，使后者免于因权利人怠于行使诉权而长期处于不安状态。如果权利人的行为构成不正当竞争，利害关系人亦可在诉讼中同时要求其承担赔偿责任。

实践中，当认为自己并未侵犯他人权利，但却收到了来自权利人的侵权警告函时，可以选择向法院提起确认不侵权之诉。通过这种方式，法院将对双方的争议进行审理，并最终作出是否侵权的判决。如果判决确认利害关系人并未侵权，那么其将得到法律的保护，免受进一步的侵权指控和干扰。

如果权利人的行为被认定构成不正当竞争，那么利害关系人在提起确认不侵权之诉的同时，还可以要求其承担相应的赔偿责任。这种赔偿责任的承担，不仅是对权利人不当行为的惩罚，更是对利害关系人合法权益的保障和补偿。

自 2016 年 7 月 21 日人人车公司收到华为开发者联盟转发的好车无忧公司发出的投诉函，要求华为开发者联盟下架人人车公司的"人人车二手车 App"后，人人车公司就接连不断地接收到来自各大应用平台的投诉和应用下架通知。如 2016 年 11 月 1 日、2016 年 11 月 11 日、2016 年 11 月 22 日、2016 年 12 月 7 日、2016 年 12 月 23 日等，人人车公司曾分别收到百度手机助手、苹果 App Store、小米应用商店、腾讯应用宝等转发的来自好车无忧公司的投诉函，这些投诉函纷纷要求相关平台下架人人车公司的"人人车二手车 App"。以上投诉对人人车公司的信誉有极其严重的影响，非常不利于人人车公司的融资。

腾讯应用宝等平台在转发侵权投诉反通知至好车无忧公司的过程中也表明了希望投诉方另行通过行政投诉、诉讼等方式或直接与开发者协同解决相关问题的态度。腾讯应用宝等平台的这一态度实质上起到了督促好车无忧公司行使诉权的功能，双方已经通过应用平台对对方的真实意思有了充分的了解。好车无忧公司虽然在对苹果 App Store 回复投诉事宜的邮件中表明已了解人人车公司等的申诉函，但其在法院受理人人车公司提起的确认不侵权之诉之前就提起（2016）京 0107 民初 17102 号诉讼的行为，足以说明好车无忧公司并无撤回侵权警告的意思表示。此后好车无忧公司向北京市石景山区人民法院申请撤诉的行为，再次使"人人车公司是否构成侵权"这一问题处于不确定状态，给人人车公司的融资带来消极影响。

针对好车无忧公司经应用平台发送的投诉，人人车公司采取的措施是，先通过向其发出侵权投诉的平台发送反通知，表明自身并未侵权，同时表示其将继续与投诉人协商，且不会放弃通过商标行政确权与诉讼的方式来解决相关商标的使用和归属争议的权利。接着，在好车无忧公司明确表示已经充分了解人人车公司、北京善义善美公司的申诉函、授权委托书等相关资料后，人人车公司抓准时机向北京知识产权法院提起了确认不侵权之诉。提起该确认不侵权之诉可以使人人车公司在遭受警告但未被起诉，权利因此处于不安稳状态的情形下拥有获得司法救济的可能。

作为一审原告及二审被上诉方的人人车公司，当时急切地期望法院能对其合法且正常的商业运营活动给予确认与支持。虽然一审法院支持人人车公司的诉讼请求，但案件进入二审程序，对于人人车公司而言，如果二审法院最终推翻了一审对其有利的判决，并认定其涉及商标侵权，那么其可能面临更为严峻和不利的局面，这样的结果不仅会使其商业信誉受损，还可能导致一系列不可预测的法律和经济后果。因此，在此关键时刻，人人车公司比任何时候都更需要法院对其商业行为的正当性和合法性作出公正裁决，以维护其合法权益，确保企业能够继续稳健发展。在此过程中，人人车公司律师团队沉着冷静，对诉讼进行充分的准备，这对最终取得案件一审、二审的双重胜利的重要性不言而喻。

在深入剖析本案二审中的争议时，律师团队聚焦案件的核心问题，即第14568556号"人人车"商标所核准注册的商品与服务，预判法院在审理过程中会关注的焦点问题：诉争商标与人人车公司通过其旗下"人人车二手车App"所实际开展的服务之间，是否存在足够的相似性，以至于在法律上构成类似商品与服务的认定。针对这一问题，人人车公司的律师团队展现出了高度的专业素养和扎实的论证能力，对案件争议点进行了全面而深入的分析，更通过收集大量证据和细致的法律推理，最终成功地影响了法官的自由心证，法庭认同两者并不构成类似服务的观点。

在论证过程中，律师团队紧密围绕《最高人民法院关于审理商标民事纠纷案件适用法律若干问题的解释》中的相关规定，特别是第11条第1款和第12条的内容，进行了深入细致的解读。类似商品与服务的认定，并非仅仅基于商品或服务的名称或表面的相似性，而应当从功能、用途、生产部门、销售渠道、消费对象以及服务的目的、内容、方式、对象等多个维度进行综合考量。更为重要的是，这种认定还需要充分考虑相关公众的一般认识，以及是否存在容易造成混淆的特定联系。

具体到该案，律师团队强调，人人车公司通过"人人车二手车App"所提供的服务，其核心是利用先进的计算机网络和通信技术，开发高效便捷的移动应用程序，进而整合丰富的二手车车源和需求信息，为二手车市场的买卖双方提供高效、可靠的经纪服务。这种服务的本质，是利用现代信息网络技术和应用软件，为车源主体和买家主体搭建一个高效、便捷的居间经纪平台。因此，在判断这种服务与其他注册商标核定使用的商品或服务是否构成类似时，必须结合应用软件的具体服务目的、内容、方式、对象等因素进行全面分析，而不能简单地将其归类为计算机软件或互联网服务。

进一步来看，诉争的第14568556号"人人车"商标所核定使用的第9类商品、第35类服务和第42类服务，其主要涉及的是计算机及其外部设备、商业经营管理以及计算机编程和相关服务等领域。这些商品和服务的功能、用途、消费对象以及服务的目的、内容、对象等，与"人人车二手车App"所提供的二手车经纪服务存在明显的差异。无论是在服务的目的、内容、方式还是对象上，两者都表现出了显著的不同。

人人车公司的律师团队以扎实的法律基础和严密的逻辑推理，成功论证了第14568556号"人人车"商标核准注册的商品和服务与人人车公司通过"人人车二手车App"开展的服务并不构成类似商品与服务。因此，人人车公司在二手车经纪服务上使用"人人车"标志的行为，并未侵害好车无忧公司在第9类商品和第35、第42类服务上享有的第14568556号"人人车"注册商标专用权。这一论证结果对本案的审理产生了深远的影响，不仅使人人车公司摆脱被控侵权的法律风险，也为其未来的商业布局扫清了障碍。

（四）迅速为被告受让商标

在律师团队的建议下，人人车公司一方面花重金受让第16069876号"人人车"商标，获得商标权权属，另一方面，申请注册第20915093号"人人车"商标，获得在第36类"经纪（二手车）、二手车经纪"等服务上"人人车"商标的权属。

2014年12月31日，案外人酷折科技（北京）有限公司（以下简称"酷折公司"）向商标局申请注册第16069876号"人人车"商标，该商标于2016年3月27日初审公告，2016年6月28日该商标被核准注册，核定使用在第36类以及第37类服务上。随后，酷折公司在其商业策略的调整中，决定将第16069876号"人人车"商标转让给智融时代公司。智融时代公司因此获得了该商标的独占许可使用权，这意味着智融时代公司不仅有权自行使用该商标，还可以授权其他合作伙伴使用，甚至在必要时有权将该商标进行再次转让。

在北京人人车公司律师团队的专业建议下，北京人人车公司与智融时代公司达成了合作。于是在 2016 年 12 月 6 日，北京人人车公司顺利获得了智融时代公司的许可，得以在第 36 类和第 37 类服务上合法使用第 16069876 号"人人车"商标，人人车公司争取到该商标的许可使用权。更重要的是，北京人人车公司还被赋予权利，有权许可其他第三方使用该商标，并有权以自己的名义进行诉讼或行政投诉。这样的安排不仅加强了北京人人车公司的品牌实力，也为其未来的商业拓展提供了法律保障。

为夯实自身的商标权权利基础，北京人人车公司进一步以高价买下第 16069876 号"人人车"商标，该注册商标最终完成了所有转让手续，正式归属北京人人车公司，这也成为北京人人车公司、人人车公司、天津人人车公司指控优舫公司、优估（上海）信息技术有限公司（以下简称"优估公司"）、天津亿瑞信商贸有限公司商标侵权以及不正当竞争的权利基础。

此外，为了进一步增强品牌保护力度，北京人人车公司在律师团队的策略指导下，于 2016 年 8 月 9 日再次向商标局提出了申请，请求注册第 20915093 号"人人车"商标。经过近一年的等待和严格审查，该商标在 2017 年 12 月 28 日成功获得了核准注册，并被核定用于第 36 类的服务上。这一举措无疑为人人车品牌增加了又一道坚实的法律保护屏障。

基于这些法律层面的准备和铺垫，北京人人车公司在面对潜在的商标侵权行为时，便具备了更加充足的底气。特别是当发现优舫公司、优估公司等竞争对手在各大应用平台上传、使用带有"人人车""人人车二手车""人人车官方版"等明显侵犯"人人车"商标的应用程序时，或是在其网页、网站中进行相关侵权宣传时，北京人人车公司便可以迅速采取法律行动，要求这些公司立即停止其侵权行为。这不仅保护了北京人人车公司的合法权益，也维护了市场的公平竞争秩序。

（五）强力反击

在律师团队的诉讼策略指引下，人人车公司对优舫公司等提起了商标侵权诉讼、不正当竞争诉讼，提起诉讼的过程中，律师团队对有关证据的收集与公证也发挥着重要作用。

在人人车公司作为原告向北京知识产权法院提起的不正当竞争案一审中，人人车公司律师团队围绕诉讼请求依法提交了证据，就人人车公司对"人人车""renrenche.com"标识的注册、使用及知名度情况，人人车公司与善义善美公司关联企业的关系情况进行了证明。

原告人人车公司在该案中提供了以下两份关键证据：

第一份证据是截至 2018 年 4 月 13 日，优舫公司开发的"人人车 App"仍在持续运营的证据。证据显示，当进入"努比亚"应用中心，下载"人人车 App"时，安装界面显示软件开发者为优舫公司，"人人车 App"标志上的标识为"人人车/高价卖车"。进入 App 加载界面，有"人人车/高价卖车/即时报价"的宣传语。进入 App 运行界面，部分页面顶端有"人人车"字样。页面底部栏目显示有"优信认证"字样，并载明"优信认证 30 天包退一年保修"。此外，安装、界面的评论部分有"这不是人人车""这里面都是优信的车源，不是人人车！努比亚你太令我失望了，为了钱什么都干？还是审核太差？"等评论帖。2018 年 4 月 13 日，人人车公司委托其诉讼代理人对"人人车 App"进行下载及浏览的过程申请北京市国信公证处进行了证据保全公证，公证书文号为（2018）京国信内经证字第 2615 号。

此外，还有关于优舫公司"人人车"网站的相关证据。证据显示，通过登录"www.renrencheshi.com"网站，可以浏览优舫公司"人人车"网站。首页显示"人人车 powered by 优信"字样，页面左上角有"人人车 powered by 优信"字样。其"服务保障"栏目显示有"优信认证"字样，并载明"30 天包退一年保修优信帮您挑选好车"。此外，截至 2018 年 4 月 12 日，优舫公司开发的"人人车"网站仍为有效的备案网站，具体过程如下：进入工业和信息化部 ICP/IP 地址/域名信息备案管理系统，通过网站名称"人人车"进行检索，显示人人车公司与优舫公司均作为主办单位备案有"人人车"网站，优舫公司的网站备案/许可证号为"京 ICP 备 17008824 号－1"，网站域名为"renrencheshi.com"，网站首页网址为"www.renrencheshi.com"。2018 年 4 月 12 日，人人车公司委托代理人对"人人车"网站进行备案查询，申请北京市国信公证处进行了证据保全公证，公证书文号为（2018）京国信内经证字第 2614 号。

第二份证据是对有关善义善美公司对"人人车""renrencheshi.com"的使用及知名度情况进行了证据收集，并将其进行了公证。

律师团队收集到的证据显示：2015 年，"人人车"先后获得"2015（首届）生活服务 O2O 评价榜行业领先品牌""2015 年度最佳二手车服务 App""2015 中国产业互联网峰会十佳 O2O 企业"等奖项；2016 年 2 月，人人车获得腾讯产业基金巨额投资，创建中国二手车交易的新模式被中关村社会组织联合会评为"2015 年中关村十大创投案例"；同年 11 月，"人人车"被中国汽车流通协会评为"2016 年度中国二手车行业驰名品牌"。2017 年 5 月 8 日，人人车公司委托代理人现场拍摄上述奖项实物，申请北京市国信公证处进行证据保全公证，公证书文号为（2017）京东方内民证字第 7136 号。此外，人人车公司提供的"七麦数据平台"查询结果显示，"人人车 App"的总下载量为 31363708 次，平台同时注明"下载数据来源于百度、360、应用宝、豌豆荚、魅族、华为等公开市场展示数据"。

人人车公司律师团队提供的专项审计报告显示，2014—2016 年，善义善美公司为进行产品宣传推广分别与上海全土豆文化传播有限公司、上海爱奇艺文化传媒有限公司北京分公司、北京腾讯文化传媒有限公司等多家单位签订网络广告发布合同等协议，协议通过 App 推广、地推、电视投放、电台广告、分众电梯广告、户外广告、网络视频投放、微信、线上流量投放、线上推广、新闻软文等宣传形式进行关于"人人车"品牌的广告发布。经查，善义善美公司 2014—2016 年二手车服务佣金收入累计为 335641615.68 元，2014—2016 年在各种媒体上发的广告宣传支出为 544039246.73 元。

上述证据都在法官对有关案件事实进行认定的过程中产生了重要作用。

七、"人人车"商标不正当竞争风云

（一）基本案情

2016 年 8 月，当第 14568556 号"人人车"注册商标的注册申请尚处于被异议阶段时，北京善义善美公司针对原国家工商行政管理总局商标局及其复审机构的行政决定，提起了诉讼，案件随后进入二审阶段。在等待二审审判结果期间，人人车公司在其律师团队的精心策划与部署下，针对诉争商标的注册问题，积极主动地提起了异议。不仅如此，为了进一步保护其合法权益，人人车公司还相继发起了确认不侵权诉讼和不正当竞争诉讼，分别于 2016 年 12 月 22 日和 2017 年 3 月 15 日成功立案。

这一系列行动不仅体现了人人车公司对法律程序的熟悉与运用，更展示了其在复杂商业环境中坚决维护自身权益的决心与智慧。案件原告人人车公司诉被告优舫公司侵害商标权及不正当竞争纠纷一案，北京知识产权法院于 2017 年 3 月 15 日受理后，依法组成合议庭，并于 2018 年 3 月 7 日、2018 年 3 月 29 日、2018 年 7 月 16 日先后三次依法公开开庭进行了审理。

原告人人车公司向法院提出了详尽且具体的诉讼请求，凸显了其在商业领域遭受的不正当竞争行为的影响以及对合法权益的坚决维护。其请求

主要围绕以下几个方面展开。

第一,人人车公司强烈主张将其所提供的"二手车经纪"服务中的"人人车"商标认定为未注册的驰名商标。这一请求背后蕴含了原告对该商标被业界广泛认可和具有显著性的高度自信。同时,原告亦请求将"人人车"及其对应的域名"renrenche.com"确认为知名服务的特有名称,这进一步体现了原告对其品牌在市场上的影响力和知名度的重视。

第二,针对被告的一系列侵权行为,原告提出了明确且具体的停止侵权请求。这不仅包括要求被告在各种商业活动中,尤其是线上应用商店中停止使用包含"人人车"字样的商标、名称,还涵盖了停止对原告网页、App 的摹仿等不正当竞争行为。原告还特别强调,被告应立即停止使用任何可能导致公众误认为"人人车"与"优信"存在关联的表述或内容。这些请求无疑体现了原告在维护自身品牌形象和市场份额方面的坚定决心。

第三,原告在诉讼中明确要求被告在各大手机应用平台及知名网站的首页显著位置,以及《法制日报》(已更名《法治日报》)等报纸上连续 6 个月发布声明,消除其侵权行为所造成的影响。这一请求的提出,不仅是为了纠正被告过去的不当行为所造成的误导,更是为了在未来的市场竞争中维护原告的合法权益和品牌形象。

第四,在经济损失及合理开支方面,原告向被告提出了高达 1000 万元的赔偿请求,其中明确包括了 30 万元的合理开支部分。这一数额巨大的赔偿请求不仅反映了原告因被告的侵权行为所遭受的严重损失,也体现了原告希望通过此次诉讼获得充分且合理的经济补偿。

第五,原告要求被告承担本案的全部诉讼费用。这一请求是对被告侵权行为的进一步追责,也体现了原告在维护自身权益方面的坚决态度。

值得注意的是,在诉讼过程中,原告主动申请变更诉讼请求,本案案由亦由"侵害商标权及不正当竞争纠纷"变更为"不正当竞争纠纷",这一变更突出了原告在本案中主张的核心权益。

原告人人车公司在其起诉状中详细陈述了被告优舫公司的不正当竞争行为,并提供了大量证据支持其主张。原告认为,被告通过摹仿原告的网页、应用程序,以及使用与原告相似的商标、名称等手段,试图混淆公众对原、被告服务的认知,从而不正当地占用了原告长期经营和广告宣传所形成的商誉。这种行为不仅破坏了"人人车"品牌与原告及其服务之间的联系,也对原告的正常经营造成了严重影响。

因此,从原告的诉讼请求和事实理由来看,本案是一起典型的不正当竞争纠纷案件。原告通过提起诉讼,意图维护自身的合法权益和品牌形象，同时，本案的审理结果也将对市场主体的竞争行为产生重要的示范和引导作用。

（二）法院说理

结合双方当事人的诉辩意见，本案审理法院北京知识产权法院经过深入分析，认为本案的争议焦点可总结为四个方面。这些焦点问题不仅关乎双方当事人的切身利益，也对《反不正当竞争法》的适用与解释具有重要的指导意义。

首先，关于《反不正当竞争法》的适用问题。本案中，原告人人车公司主张被告优舫公司在网络及应用商店上线"人人车 App"等行为构成不正当竞争，因此本案应适用《反不正当竞争法》进行审理。然而，由于本案涉及的法律事实发生在《反不正当竞争法》修订前后，这就引出了新旧法律的适用问题。1993年《反不正当竞争法》于2017年11月4日进行了修订，自2018年1月1日起施行。当被诉行为在法律修改前发生并持续到新法施行后的，可以适用行为终了时的法律规定。这一原则在2014年《最高人民法院关于商标法修改决定施行后商标案件管辖和法律适用问题的解释》第9条中得到了体现。具体到本案，受理时间为2017年3月15日，被诉不正当竞争行为虽然发生于《反不正当竞争法》修改前，但依据相关公证书所示内容，该行为至少持续至2018年4月，此时修订后的《反不正当竞争法》已施行。因此，根据前述法律的溯及力的基本理论以及相关司法解释的精神，北京知识产权法院确定本案适用2017年《反不正当竞争法》。

其次，关于人人车公司与优舫公司之间是否存在竞争关系问题。在本案中，人人车公司与优舫公司均是利用互联网、移动互联网技术，包括网页、应用程序等手段，整合二手车车源和二手车需求信息，为车源主体和买家主体提供服务的市场主体。由于二者在业务模式、服务对象等方面存在高度的相似性和重合性，因此它们之间存在明显的竞争利益冲突和交易机会争夺。这种竞争关系的存在是判断优舫公司的行为是否构成不正当竞争的前提和基础。

再次，人人车公司主张其在先使用的"人人车""renrenche.com"标识在"二手车经纪"服务上已具有了较高知名度，应作为知名服务的特有名称予以保护。而优舫公司未经许可，擅自在其运营的手机应用程序及官方网站中使用"人人车"及"renrencheshi.com"标识，这种行为构成不正当竞争。根据2017年《反不正当竞争法》第6条的规定，经营者不得实施混淆行为引人误认为是他人商品或者与他人存在特定联系，其中包括：擅自使用与他人有一定影响的商品名称、包装、装潢等相同或者近似的标识；擅自使用他人有一定影响的域名主体部分、网站名称、网页等。因此，优舫公司的行为构成不正当竞争需要同时满足三个条件：一是人人车公司主张权益的服务名称、域名主体部分等在市场竞争中具有一定影响；二是被诉服务的服务名称、域名主体部分等与人人车公司主张权益的服务名称、域名主体部分等在整体效果上构成相同或近似；三是被诉服务的服务名称、域名主体部分等足以导致相关公众误认为被诉服务为人人车公司主张权益的服务或者与人人车公司存在特定联系。

最后，关于优舫公司应如何承担法律责任的问题。如果优舫公司的行为被认定构成不正当竞争，那么它就应该承担相应的法律责任。根据《反不正当竞争法》的规定以及相关司法解释的精神，优舫公司可能需要承担停止侵害、消除影响、赔偿损失等民事责任。同时，如果其行为构成犯罪，还可能被依法追究刑事责任。在确定赔偿数额时，法院根据人人车公司因被侵权所受到的实际损失、优舫公司因侵权所获得的利益以及涉案行为的性质、情节、后果等因素进行综合考虑和判断。

关于人人车公司是否具备主张"人人车"及"renrenche.com"构成有一定影响的服务名称等的主体资格问题，根据已查明的事实，北京知识产权法院作出如下认定。

法院认为，首先，从事实层面来看，人人车公司作为"人人车"网站的主办单位，已经完成了相关的备案手续，并明确享有对"人人车""renrenche.com"服务名称等的相关权益。这一点，可以从网站的备案信息以及人人车公司对"人人车""renrenche.com"标识的实际使用情况中得到印证。同时，人人车公司与善义善美公司之间的关联关系，以及两公司共同出具的《声明》，进一步明确了人人车公司对涉案标识的权益。善义善美公司在《声明》中明确表示，其已支出的宣传推广费用系代人人车公司支出，且其使用涉案标识的行为均得到人人车公司的授权及认可。这些事实都充分表明，人人车公司是涉案标识的实际权益人。

其次，从法律规定层面来看，虽然《声明》是在事后追认的，但它是人人车公司与善义善美公司的真实意思表示，且并未违反法律、行政法规的强制性规定。在商业活动中，以商业标识作为许可使用的标的是常见的商业行为，法律并未对此作出禁止性规定。因此，该《声明》是合法有效的，人人车公司有权依据该《声明》主张涉案标识的相关权益。

最后，从证据层面来看，人人车公司提交的专项审计报告也进一步证实其对涉案标识的权益。报告显示，人人车公司与善义善美公司之间签订了独家业务合作协议，相关佣金收入实际由人人车公司享有，广告费支出也由人人车公司承担。这表明，人人车公司不仅是涉案标识的权益人，还是实际运营者和受益者。此外，善义善美公司在2018年12月20日出具的《关于"renrenche.com"网站归属的声明及确认书》中再次确认了人人车公司对涉案标识的权益。这些证据都为人人车公司主张涉案标识的权益提供了有力的支持。

综合事实、法律和证据三个方面，人人车公司作为"人人车""renrenche.com"标识的权利主体，有权以自身的名义主张涉案标识符合反不正当竞争法的相应保护条件。这一结论不仅符合已查明的事实和相关法律规定，也体现了对商业标识权益的充分尊重和保护。因此，在本案中，人人车公司完全具备主张"人人车"及"renrenche.com"构成有一定影响的服务名称等的主体资格。

关于人人车公司能否依据有一定影响的服务名称等对"人人车"及"renrenche.com"域名主张权利的问题，根据已查明的事实，北京知识产权法院作出如下认定。

从已查明的事实来看，案外第16069876号"人人车"商标在2014年12月31日提出了注册申请，并于2017年4月27日成功获得注册。在这个过程中，酷折公司同意将该商标转让给智融时代公司，并授权其再许可他人使用及转让。随后，智融时代公司又授权人人车公司使用该商标。最终，在2017年8月20日，该商标由智融时代公司转让至人人车公司。这一系列操作表明，"人人车"商标在相关的商业领域已经得到了一定的认可和保护。

然而，优舫公司主张，在"人人车"商标核准注册后，与其相同或近似的标识就不能再通过实际使用行为而产生未注册商标权或知名服务特有名称权。对此，我们需要明确一点：我国的商标法和反不正当竞争法并未对特定条件下注册商标专用权与有一定影响的服务名称等权利的共存作出禁止性规定。这意味着，注册商标专用权本身并不能绝对排斥不同主体基于相同或近似客体而在先产生的反不正当竞争法意义上的权利。

如果相关在先权利在形式上合法产生，在实质上亦有法定的根据，就必须承认其真实存在，并依法给予适当的保护。这是因为，注册商标专用权与有一定影响的服务名称等权利所保护的对象均为商业标识，它们都具有指示服务提供者、推销服务、保障质量的功能。当他人实施被诉侵权行为时，这些商业标识的指示功能都会受到损害。因此，允许上述权利的共存才能充分实现商标法与反不正当竞争法对权利人的救济。

此外，这些权利人行使相应的权利，其目的在于制止他人的不法侵害行为，这在目标上具有高度的一致性，符合所有商业标识权利人的利益。同时，这种权利的行使并不会对与其共存的商业标识的权益造成损害。在本案中，人人车公司主张的被诉不正当竞争行为的持续时间为2017年1月17日至2018年4月19日。如果结合在案证据可以认定人人车公司主张的"人人车"及"renrenche.com"在此前已构成有一定影响的服务名称、域名主体部分，那么这些标识所代表的反不正当竞争法意义上的权利并不为后来获准注册的"人人车"注册商标所吸收。因此，人人车公司可以在被诉不正当竞争行为的持续时间内以有一定影响的服务名称等主张权利。

针对优舫公司的另一项抗辩主张，即人人车公司在2016年12月6日经过授权已拥有对案外第16069876号"人人车"注册商标的专用权，并认为人人车公司对"人人车"的使用行为系对他人注册商标的使用，其提起本案诉讼属于恶意申请认定相关权益。我们需要明确的是，现行法律并未禁止同一主体基于不同的权利来源形成多项具体的知识产权权利，尽管这些权利在保护内容上可能是完全相同或互有重叠的。在本案中，人人车公司通过授权许可协议确实拥有对第16069876号"人人车"商标的专用权。但如果结合在案证据可以认定人人车公司主张的"人人车"及"renrenche.com"构成有一定影响的服务名称、域名主体部分，那么人人车公司完全可以通过不同的权利来源选择主张注册商标专用权或有一定影响的服务名称等权利。在法律规范的选择适用上，这两种权利并无先后顺序之分。

当然，注册商标专用权与有一定影响的服务名称等权利所保护的对象均是为商业标识指示服务提供者。在本案被诉侵权行为及侵权事实相同的情况下，人人车公司不能就优舫公司的被诉侵权行为在主张不正当竞争的同时又主张侵害注册商标专用权。这是因为，尽管人人车公司可能拥有多种权利来源，但在针对同一侵权行为进行维权时，应选择最为适当和有力的法律依据进行主张。

综上所述，法院认为人人车公司完全有资格依据有一定影响的服务名称等对"人人车"及"renrenche.com"域名主张权利。这种主张不仅符合相关法律规定，也有助于维护商业标识权利人的合法权益和市场竞争秩序。

关于人人车公司主张的"人人车"及"renrenche.com"标识是否构成有一定影响的服务名称、域名主体部分的问题，根据已查明的事实，北京知识产权法院作出如下认定。

首先，需要明确的是，根据人人车公司所提交的公证书等证据材料，优舫公司对"人人车"标识的使用最早可以追溯到 2017 年 1 月。因此，为了证明"人人车"及"renrenche.com"在 2017 年 1 月之前已经具有一定的影响力和知名度，人人车公司需要围绕这一时间点之前的相关证据进行举证。

根据人人车公司所提交的网站运营及域名使用材料、网络广告发布合同、荣誉和奖励资料，以及专项审计报告等证据，我们可以清晰地看到人人车公司自 2014 年开始，就已经通过"人人车"网站（http：//www.renrenche.com）和移动端"人人车 App"在二手车经纪服务领域对"人人车"及"renrenche.com"进行了持续的使用和推广。这种使用和推广是全方位的，包括但不限于线上线下的各种广告形式，如 App 推广、地推、电视投放、电台广告、分众电梯广告、户外广告、网络视频投放、微信、线上流量投放、线上推广以及新闻软文等。

在此期间，"人人车"品牌还先后获得了一系列奖项，如"2015（首届）生活服务 O2O 评价榜行业领先品牌""2016 年度中国二手车行业驰名品牌"等。这些奖项不仅是对人人车公司服务质量的认可，也在客观上反映了"人人车"品牌在线上二手车经纪服务领域的知名度和影响力。同时，人人车公司提供的专项审计报告数据进一步证明了人人车公司在市场推广方面的巨大投入以及其在相关市场中已经拥有一定的市场份额。

虽然人人车公司开始提供相关服务的时间并不长，但由于采取了高投入、高密度、大范围的广告宣传策略，其服务迅速为市场和消费者所知晓。因此，在 2017 年 1 月之前，"人人车"及"renrenche.com"已经在线上二手车经纪服务领域构成了有一定影响的服务名称和有一定影响的域名主体部分。

综上所述，根据人人车公司所提交的证据材料以及其在市场推广方面的巨大投入和取得的成果，"人人车"及"renrenche.com"在 2017 年 1 月之前已经在线上二手车经纪服务领域构成有一定影响的服务名称和有一定影响的域名主体部分。这一结论不仅符合相关法律法规的规定，也体现了对人人车公司合法权益的保护和对市场竞争秩序的维护。

关于优舫公司涉案行为是否构成不正当竞争行为，北京知识产权法院认为，在详细审视人人车公司与优舫公司之间的纠纷之前，首先需要明确双方之间的竞争关系以及所涉及的核心标识"人人车"和"renrenche.com"的显著性和影响力。经过仔细分析，可以确认在 2017 年 1 月之前，这两个标识已经在线上二手车经纪服务领域建立了相当的知名度和影响力，足以使消费者将其与人人车公司提供的服务紧密联系起来，起到了区分服务来源的重要作用。

作为同样利用互联网从事二手车经纪服务的市场参与者，优舫公司理应对此有所认识。然而，令人遗憾的是，优舫公司选择使用与"renrenche.com"高度相似的"renrencheshi.com"作为其公司域名，并在其后的时间里，开发并运营了与人人车公司网站名称完全相同的"人人车"网站，以及与之高度近似的移动应用程序。这种行为不仅表现在域名的相似性上，更体现在其网站和移动应用程序中大量使用的包含"人人车""人人车二手车"字样的宣传语上，无疑加剧了消费者对服务来源的混淆。

从上述事实来看，优舫公司的行为显然具有利用"人人车"标识和相似域名来误导公众的故意，旨在使人误认为其提供的服务与人人车公司存在某种关联或一致性，从而获取不正当的竞争优势。这种行为不仅违背了公平竞争的市场原则，也严重损害了人人车公司的合法权益。因此，可以明确地认定，优舫公司的行为已经构成了不正当竞争，且严重侵害了人人车公司对"人人车"及"renrenche.com"标识所享有的合法权益。

在此基础上，北京知识产权法院进一步注意到，优舫公司作为第14568556号"人人车"商标的注册人，对于其关联公司优信拍公司持续以该商标权利人的名义发起恶意投诉的行为，应当承担相应的责任。尽管优舫公司辩称其依法享有该商标的专用权，并在相关服务上使用"人人车"商标具有合法性，然而，这并不能成为其不构成不正当竞争的当然理由。

根据《最高人民法院关于审理注册商标、企业名称与在先权利冲突的民事纠纷案件若干问题的规定》的相关规定，即使注册商标已经获得核准注册，其在使用过程中是否因侵害他人在先权利而构成不正当竞争，仍然需要受到司法的审查。特别是在本案中，优舫公司是否在其注册商标核定使用的服务范围内规范使用其注册商标，是判断其行为是否正当的关键。

通过深入分析《类似商品和服务区分表》中关于商品及服务分类的原则，并结合本案的具体情况，我们可以清楚地看到，优舫公司所享有的第14568556号"人人车"商标核定使用的商品和服务类别，与本案中其实际提供的二手车经纪服务并不属于同一范畴。因此，优舫公司关于其依法使用"人人车"商标的抗辩主张显然不能成立。

综上所述，优舫公司的涉案行为已经构成了不正当竞争行为，严重侵害了人人车公司的合法权益，应当依法承担相应的法律责任。北京知识产权法院对此案的判决无疑是对公平竞争原则的坚定维护，也为类似案件的处理提供了有益的借鉴和参考。

关于优舫公司应承担的法律责任问题，北京知识产权法院认为，鉴于优舫公司的行为已被认定为构成不正当竞争，且已对人人车公司就"人人车"及"renrenche.com"标识所享有的权益造成侵害，必须依照相关法律法规，对优舫公司应承担的法律责任进行明确界定。根据2017年《反不正当竞争法》、《侵权责任法》（已废止），以及《最高人民法院关于审理涉及计算机网络域名民事纠纷案件适用法律若干问题的解释》的相关规定，结合人人车公司的诉讼请求和优舫公司侵权行为的具体情况，北京知识产权法院确定优舫公司依法应承担停止侵害、消除影响、赔偿损失的法律责任。

第一，关于停止侵害的法律责任。优舫公司必须立即停止使用"人人车""人人车二手车"等App名称，并停止摹仿人人车公司的App。这一要求的提出，是基于优舫公司的明显侵权行为，其通过使用与人人车公司高度相似的App名称和摹仿行为，误导消费者，造成市场的混乱。此外，优舫公司还应承担注销其"renrencheshi.com"域名的责任。尽管该域名的注册时间早于"renrenche.com"，被认定为有一定影响，但考虑到优舫公司作为线上二手车经纪服务的同业经营者，在明知"renrenche.com"已有一定知名度和影响力的情况下，仍选择注册并使用与之相近似的域名，且在其网站的开发和主办过程中大量使用包含"人人车"字样的宣传语，其主观上的故意显而易见。因此，优舫公司作为该网站的主办者和经营者，必须承担注销该域名、停止摹仿人人车公司网页的民事责任。

第二，关于消除影响的法律责任。优舫公司还应承担消除影响的法律责任。根据人人车公司提供的证据，人人车公司在多个手机应用平台上多次收到平台转发的注明权利人或权利来源为"优舫公司"的投诉邮件。尽管这些邮件的落款主体多为"优信拍公司"，但鉴于优信拍公司与优舫公司在法定代表人、工商登记注册地址以及经营业务上的紧密关联，法院认定优舫公司对优信拍公司的持续投诉行为是知情的，并应对此承担相应责任。因此，优舫公司应当在不正当竞争行为造成不良影响的范围内消除影响。考虑到本案属于在网络上实施的不正当竞争行为，法院判令优舫公司在其官网首页显著位置和涉案的五家主要手机应用平台首页刊登声明，以消除其不正当竞争行为对人人车公司商誉造成的不良影响。

第三，关于赔偿损失的法律责任。根据2017年《反不正当竞争法》的相关规定，因不正当竞争行为受到损害的赔偿数额，应按照侵权所受到的实际损失确定；实际损失难以计算的，按照侵权人因侵权所获得的利益确定。同时，赔偿数额还应包括为制止侵权行为所支付的合理开支。在本案中，由于人人车公司未提供优舫公司因侵权获利的直接证据，其主要以为消除优舫公司投诉及网站、App混淆所带来的负面影响而支出的广告费作为因不正当竞争所遭受的实际损失。然而，考虑到这些广告费用中绝大部分仍为人人车公司对于其常规产品和服务的宣传推广费用，若将全部或大部分广告费用认定为消除影响的费用将明显超过必要限度。因此，法院在综合考虑优舫公司涉案不正当竞争行为的性质、情节、主观恶意程度以及人人车公司所受影响程度、为消除影响支出的费用等因素后，认为人人车公司的损失明显超过法定赔偿额的最高限额300万元。故法院在法定赔偿额之上以广告费总额的1/10为基础酌情确定优舫公司的赔偿数额。此外，对于人人车公司主张的律师费、公证费等合理支出部分，虽然人人车公司未提供相关证据，但考虑到确有律师多次出庭并提交了大量公证证据的情况，法院综合考虑本案的复杂程度予以酌情支持。

最终，北京知识产权法院依照相关法律法规的规定，判决被告优舫公司停止使用包含"人人车"文字的网站名称、App名称、停止摹仿原告网页及App、注销其涉案域名，并在其官网首页显著位置和涉案的五家手机应用平台首页刊登声明消除影响。同时，被告优舫公司还需赔偿原告人人车公司相应的经济损失和合理支出费用。然而，对于原告人人车公司的其他诉讼请求，法院未予支持。这一判决结果充分体现了我国法律对于维护公平竞争市场秩序和保护企业合法权益的坚定立场和明确态度。

关于不正当竞争行为的判断，应从以下两个层面分析。

（1）注册商标专用权与有一定影响的服务名称等权利能否共存

人人车公司提起的不正当竞争一审案件中，存在一个争议问题，即被告优舫公司能否以其依法享有注册商标专用权，便认为其在相关服务上使用商标标识的行为不构成不正当竞争。

对于注册商标专用权与有一定影响的服务名称等权利能否共存的问题，一审法院北京知识产权法院认为，"我国的商标法与反不正当竞争法并未对特定条件下注册商标专用权与有一定影响的服务名称等权利的共存作出禁止性规定，注册商标专用权本身并不能绝对排斥不同主体基于相同或近似客体而在先产生的反不正当竞争法意义上的权利。如果相关在先权利在形式上合法产生，在实质上亦有法定的根据，就必须承认其真实存在，并依法给予适当的保护。"原因有两方面：一方面，注册商标专用权与有一定影响的服务名称等权利所保护的对象均为商业标识指示服务提供者、推销服务、保障质量的功能，而他人实施的被诉侵权行为对各权利人的商业标识的指示功能均有损害，允许上述权利的共存才能充分实现商标法与反不正当竞争法对于权利人的救济。另一方面，上述权利人行使相应的权利，其目的在于制止他人的不法侵害行为，在目标上具有高度的一致性，符合所有商业标识权利人的利益，不会对与其共存的商业标识的权益造成损害。

对该问题，也有相关规范性法律文件作出规定与说明，根据《最高人民法院关于审理注册商标、企业名称与在先权利冲突的民事纠纷案件若干问题的规定》（法释〔2008〕3号）第1条第1款，"原告以他人注册商标使用的文字、图形等侵犯其著作权、外观设计专利权、企业名称权等在先权利为由提起诉讼，符合民事诉讼法第一百零八条规定的，人民法院应当受理。"依此，法院指出，即使被告申请注册的商标已获核准注册，注册商标所使用的文字、图形是否因侵害在先权利而构成不正当竞争，法院仍应予以审查，故优舫公司享有注册商标权不能成为其不构成不正当竞争的当然理由。由此可以看出，法院认为，若案件中人人车公司所主张的"人人车"及"renrenche.com"在第16069876号"人人车"注册商标获准注册前已构成有一定影响的服务名称、域名主体部分，则"人人车"及"renrenche.com"所代表的反不正当竞争法意义上的权利为第16069876号"人人车"注册商标所吸收。一方面，由于第16069876号"人人车"注册商标于2017年4月27日获准注册，人人车公司主张的"人人车"及"renrenche.com"在此前已构成有一定影响的服务名称、域名主体部分，因此，人人车公司可以主张其知名服务名称权；另一方面，由于人人车公司主张的被诉不正当竞争行为的持续时间为2017年1月17日至2018年4月19日，在此期间，根据人人车公司提供的有关证据，可以充分证明"人人车"及"renrenche.com"能够被认定为是有一定影响的服务名称、域名主体部分，因此，人人车公司可以在被诉不正当竞争行为的持续时间内以有一定影响的服务名称等主张权利。

（2）关联公司问题

优舫公司辩称"原告不具备主张"人人车"标识构成知名服务特有名称的主体资格。原告所主张的"人人车"相关宣传媒介的运营主体为北京善义善美公司、北京人人车公司等，均非本案原告，鉴于原告与上述公司均为人格独立的法人，原告不具备主张"人人车"标识构成知名服务特有名称的主体资格。因此该问题在本案中具有重要意义，若两家公司不是关联公司，原告将失去主体资格。

八、"人人车"商标侵权鏖战

(一) 基本案情

北京人人车公司、人人车公司、天津人人车公司与被告优舫公司、优估公司、亿瑞信公司侵害商标权及不正当竞争纠纷一案,于 2019 年 6 月 5 日在天津市第三中级人民法院立案。

北京人人车公司系 36 类第 16069876 号"人人车"商标权利人,人人车公司、天津人人车公司系第 16069876 号"人人车"商标的普通被许可人,经北京人人车公司许可后在经营中实际使用"人人车"商标,依据相关法律规定,商标权人与普通被许可人有权共同提起维权诉讼。

原告发现,优舫公司在各大应用市场大量上传假冒的"人人车 App",优估公司通过优舫公司的假冒"人人车 App"进行线下交易行为,致使相关公众混淆,误以为该假冒"人人车 App"为原告正版 App。优舫公司、优估公司的上述行为致使原告遭受极大的用户流量损失,减少了在原告人人车平台的交易机会,给原告造成了较大的经济损失。亿瑞信公司作为侵权 App 储存手机的出售方,应属共同侵权。据此,原告认为三被告均侵犯了原告的商标权,应承担相应的法律责任。

对此,优舫公司认为其行为不构成对原告商标权的侵犯。优舫公司指出,原告在本案当中所主张的商标权核准使用的商品是归属《类似商品和服务区分表》的第 3605 类,而第 36 类所指向的全部商品只有两类,第一类是金融类,第二类是不动产事务。在该项下的所有的具体商品类别,不可能和原告所主张的二手车经纪服务构成相同或者类似。此外,优舫公司主张其在 App 上使用"人人车"三个字是基于对自己商标的合法使用,其合法享有"人人车"在第 9 类、第 35 类、第 42 类的注册商标的专用使用权,涉案被诉的 App 完全落入第 9 类和 35 类商标所核定的范围之内,被告在 App 上使用"人人车"三个字有合法的权利基础,不存在原告主张的侵权行为,亦不存在原告主张的侵权恶意或者故意。

优估公司同意优舫公司的答辩意见,并提出其不是涉案 App 的提供方,与涉案侵权行为无关,不应当承担侵权责任。亿瑞信公司在答辩中也指出,其控制不了涉案 App,涉案 App 是手机厂方提供的。

法院指出,被告优舫公司与优估公司是否实施了侵害原告商标权的行为与被控不正当竞争行为是该案双方当事人的争议焦点。优舫公司与优估公司使用"人人车"商标的服务类别与第 16069876 号、第 20915093 号

"人人车"商标的服务类别是否构成同一种服务是问题的关键。

法院依据《最高人民法院关于审理商标民事纠纷案件适用法律若干问题的解释》第12条规定，参考商标核准注册的类别，以及相关公众对服务的一般认识即服务内容、特征、目的以及消费对象，从整体上对第16069876号、第20915093号"人人车"商标的服务类别进行了判断。指出互联网二手车经纪服务是传统二手车经纪与互联网平台结合的新型服务模式，应属于第20915093"人人车"注册商标核准注册的二手车经纪，第16069876号、第20915093号"人人车"注册商标的具体服务项目包括互联网二手车经纪服务。优舫公司与优估公司在市场经营中通过线上与线下结合的方式提供的前端信息采集到后端车辆过户的二手机动车交易的服务，也应被认为是属于互联网二手车经纪服务。优舫公司与优估公司使用"人人车"商标的服务类别与第16069876号、第20915093号"人人车"注册商标的服务类别均属于第36类中的经纪，构成同一种服务。因此，被告优舫公司与优估公司对"人人车"商标的使用行为是有可能构成商标侵权的。

天津市第三中级人民法院最终判定被告优舫公司、优估公司停止在域名为"renrencheshi.com"网站以及开发的应用程序使用第16069876号"人人车"注册商标以及第20915093号"人人车"注册商标，在报纸、应用平台与网页显著位置就其商标侵权行为刊登消除影响的声明，三被告优舫公司、优估公司及亿瑞信公司共同赔偿人人车公司、北京人人车公司、天津人人车公司的经济损失。

（二）原告诉请

在指控优舫公司侵害商标权及不正当竞争的过程中，人人车公司首先主张将其所提供的"二手车经纪"服务中的"人人车"商标认定为未注册的驰名商标。这一请求蕴含了原告对该商标被业界认可和商标显著性的高度自信。同时，人人车公司亦请求将"人人车"及其对应的域名"renrenche.com"确认为知名服务的特有名称，这进一步体现了原告对其品牌在市场上的影响力和知名度的重视。

其次，针对被告的一系列侵权行为，原告提出了明确且具体的停止侵害请求。这不仅包括要求被告在各种商业活动中，尤其是线上应用商店中停止使用包含"人人车"字样的商标、名称，还涵盖停止对原告网页、App的摹仿等不正当竞争行为。原告强调被告应立即停止使用任何可能导致公众误认为"人人车"与"优信"存在关联的表述或内容。这些请求无疑体现了原告在维护自身品牌形象和市场份额方面的坚定决心。

最后，原告在诉讼中明确要求被告承担消除影响的责任后果，在各大手机应用平台及知名网站的首页显著位置，以及《法制日报》（已更名《法治日报》）等报纸上连续 6 个月发布声明，消除其侵权行为所造成的影响。这一请求的提出，不仅是为了纠正被告过去的不当行为所造成的误导，更是为了在未来的市场竞争中维护原告的合法权益和品牌形象。

（三）法院采纳

关于人人车公司从事的究竟是何种服务，在人人车公司提起的商标侵权与反不正当竞争案中，北京知识产权法院提到，"鉴于《类似商品和服务区分表》中商标核准注册的类别较大程度决定了注册商标的使用范围，应当考虑《类似商品和服务区分表》中关于商品及服务分类的原则来进行判断。"[1]

法院先对第 14568556 号"人人车"商标所申请核定使用的商品与服务进行了分析，指出第 14568556 号"人人车"商标核定使用在第 9 类上的商品主要指向计算机及其外部设备；核定使用在第 35 类上的服务主要目的在于对商业企业的经营或管理进行帮助，对工商企业的业务活动或商业职能的管理提供帮助；核定使用在第 42 类上的服务主要指向计算机编程及相关服务。随后，对本案中人人车公司实际提供的服务类型进行了判断，认为人人车公司与好车无忧公司均为利用互联网、移动互联网技术，包括网页、App 等，整合二手车车源和二手车需求信息，实现二手车流通服务的二手车经纪机构，人人车公司在此过程中提供的服务本质上是"以车源主体和买家主体为服务对象的居间经纪服务"，其与第 14568556 号"人人车"商标核定使用在第 35 类、第 42 类上的服务在目的、内容、方式、对象等方面并不相同，不属同一范畴。此外，由于好车无忧公司未就第 14568556 号"人人车"商标构成驰名商标提交证据予以证明，因此，好车无忧公司也无权禁止人人车公司在原使用范围内继续使用"人人车"商标。最终得出人人车公司在"二手车经纪"服务上使用"人人车"标识不侵犯好车无忧公司在第 9、第 35、第 42 类商品及服务上享有的第 14568556 号"人人车"商标专用权的结论。[2]

在对人人车公司所提供的服务进行认定时，法院认为，本案中，人人

---

[1] 北京知识产权法院（2016）京 73 民初 1219 号判决书。
[2] 北京知识产权法院（2016）京 73 民初 1219 号判决书。

车公司通过"人人车二手车 App"开展的服务是借助计算机网络和通信工具等开发的移动应用程序进行的，"人人车二手车 App"的作用主要是整合二手车车源和二手车需求信息。一方面，买家需要详细的二手车产品及车源信息作为购买商品时的信息参考；另一方面，卖家也需要买家联系方式等需求方的信息，作为出售的信息基础，这些信息通过计算机网络整合，用于促进实现二手车流通。也即 App 作为促进交易达成的平台，是二手车交易的辅助工具，其背后的人人车公司本质上提供的还是二手车经纪服务，该服务本质上是利用信息网络通过应用软件提供以车源主体和买家主体为服务对象的居间经纪服务。

对于该类利用信息网络通过应用软件提供的服务，与他人注册商标核定使用的商品或者服务是否构成相同或者类似，应结合应用软件具体提供服务的目的、内容、方式、对象等方面综合进行确定，不应当然认定其与计算机软件或者互联网服务构成类似商品或者服务。

在天津市第三中级人民法院审理的这起商标侵权案件中，法院认真听取并采纳了原告北京人人车公司、人人车公司以及天津人人车公司的有力说理。经深入审查，法院明确指出，第 16069876 号和第 20915093 号"人人车"注册商标涵盖的服务项目中，确实包含互联网二手车经纪服务。因此，被告优舫公司与优估公司在相关服务中使用"人人车"商标，与原告所注册的商标服务类别同属第 36 类中的经纪服务，构成服务类型的重叠。

九、人人车案之典型意义及社会影响

人人车案件对一些关键法律问题的讨论、"互联网＋"背景下企业商标利益的保护都具有非常典型的参考以及借鉴意义。

（一）请求确认不侵权案的意义

在人人车公司与好车无忧公司确认不侵权纠纷案中，法官对案件核心问题"案件是否符合提起确认不侵害商标权之诉的法定受理条件"进行了深入剖析。

对知识产权领域确认不侵权之诉制度的研究与运用，无疑是我国法律体系在保护创新、平衡权益方面迈出的重要一步。该制度的核心意义，在于为被指控侵权的一方提供主动澄清误会的法律途径，使法律关系得以迅速厘清。这不仅有助于及时解决纠纷，减少不必要的法律争议，还能有效提升司法效率。

这一制度实际上形成了一种隐性的制约力量，它鼓励知识产权权利人更加审慎、正当地行使其权利。在这种机制下，权利人会意识到，无端的侵权指控可能会引发对方的确认不侵权之诉，进而可能面临法律责任。这种制度设计，实际上是防止诉权的滥用，有助于维护法律的严肃性和公正性。

以人人车公司与好车无忧公司的案例为例，当侵权法律关系因撤诉而处于模糊状态时，人人车公司选择率先提起确认不侵权诉讼，这不仅是对自身商誉的积极维护，也是对合作企业信任的坚守。同时，这种做法也让人人车公司在纠纷中占据了一定的主动，呈现出一种积极的自卫态势。

确认不侵权之诉作为知识产权诉讼的一种特殊形式，对现有的知识产权保护体系起到了重要的补充和完善作用。这一制度的实施，标志着我国在知识产权保护的公平性和合理性上取得了显著的进步。它不仅有助于知识产权权利人正确行使权利、避免权利滥用，还在维护市场公平竞争、平衡知识产权权利人与被警告人或利害关系人的地位和权益方面发挥了不可或缺的作用。

本案中人人车公司提起确认不侵权之诉的选择，以及法院对人人车公司诉请的处理极具参考价值，具有典型意义。法院深入探讨了商标确认不侵权之诉的有关问题，在审理案件的过程中，北京知识产权法院参照《最高人民法院关于审理侵犯专利权纠纷案件应用法律若干问题的解释》，针对确认不侵权诉讼的启动条件及提起此类诉讼的限制条件进行了详尽的分析与阐释。此外，法院未局限于专利法的框架，巧妙地结合具体案件的实际情况，对商标法领域内的确认不侵权之诉问题进行了富有创见的探讨，在商标法的司法解释尚未就确认不侵害商标权之诉讼的受理条件作出具体而明确的规定时，本案所采取的参照专利法司法解释的做法，无疑为后续的司法实践开辟了新的思路。这不仅有助于弥补法律规定的不足，更为其他法院处理类似案件提供了宝贵的借鉴和参考。可以说，本案的判决在推动商标权保护的法律制度完善方面，迈出了重要的一步，其影响深远，值得各方高度关注和深入研究。法院在本案中的这一综合性的法律分析方法，不仅有助于提升司法实践的准确性，也为今后类似案件的审理提供了宝贵的参考经验。

（二）类似商品或服务的判断

正如（2019）京民终1654号民事判决所认定，"人人车二手车App"提供的服务本质上是利用信息网络通过应用软件提供以车源主体和买家主体为服务对象的居间经纪服务，对于该类利用信息网络通过应用软件提供的服务,与他人注册商标核定使用的商品或者服务是否构成相同或者类似,应结合应用软件具体提供服务的目的、内容、方式、对象等方面综合进行确定,不应当然认定其与计算机软件或者互联网服务构成类似商品或者服务。

在优舫公司与国家知识产权局关于商标无效一案中,北京知识产权法院即谈到了对"类似商品"进行认定的问题。北京知识产权法院指出,"类似商品"是指在功能、用途、生产部门、销售渠道、消费对象等方面存在相同之处,或者相关公众普遍认为它们之间存在特定联系,容易引发混淆的商品。同理,"类似服务"也是指在服务的目的、内容、方式、对象等方面存在相同之处,或公众普遍认为它们之间存在特定联系,容易造成混淆的服务。

在本案中,"人人车二手App"提供的二手车经纪服务正如(2019)京民终1654号民事判决所指出的那样,本质上是一种利用信息网络和应用软件提供的居间经纪服务,它主要服务于车源主体和买家主体。对于这类服务是否与他人的注册商标核定使用的商品或服务构成相同或类似,必须结合应用软件具体提供服务的目的、内容、方式、对象等多个方面进行综合判断,而不能简单地认为它利用计算机软件或互联网服务就构成类似商品或服务。

诉争第14568556号"人人车"商标核定使用的商品和服务主要涉及第9类的计算机及其外部设备、第35类的商业经营管理以及第42类的计算机编程及相关服务。这些商品和服务的功能、用途、消费对象以及服务的目的、内容、对象等,均与人人车公司通过"人人车App"提供的二手车经纪服务存在明显的差异,因此并不构成类似商品或服务。

在由天津市第三中级人民法院审理的商标侵权案中,法院指出应当依据《最高人民法院关于审理商标民事纠纷案件适用法律若干问题的解释》第12条规定,认定商品或者服务是否类似,应当以相关公众对商品或者服务的一般认识综合判断;《商标注册商品和服务国际分类表》《类似商品和服务区分表》可以作为判断类似商品或者服务的参考。在判定使用商标的服务类别时,既要参考商标核准注册的类别,更要参考相关公众对服务的一般认识即服务内容、特征、目的以及消费对象,从整体上判断服务类别。

在认定第16069876号、第20915093号"人人车"注册商标的具体服务类别时,法院指出,虽然互联网二手车经纪服务依赖网站和App,但是目的并非向消费者推销计算机程序、软件或者相关服务,认定互联网二手车经纪服务的类别不应以服务中使用了网站和 App 就将其归为计算机程序、软件或者相关服务，而应以其服务的内容、目的以及消费对象进行整体综合判定。

在认定优舫公司与优估公司使用"人人车"商标的具体服务类别时，法院指出，优舫公司与优估公司的网站和 App 内展示有大量二手机动车图片、品牌、型号、排量、出场时间、里程数、价格等信息，还可以具体查询二手机动车的过户次数、销售城市、使用性质、年检到期时间、保险到期时间、保养情况、颜色、车身结构、整备质量、轴距、发动机、变速器、燃料类型、驱动方式、综合油耗等具体信息，还提供了咨询电话、现场看车、提车、检车、质保、30 天包退、一年保修等服务内容。消费者拨打网站和 App 提供的客服电话可以联系到优估公司工作人员，优估公司工作人员带领消费者在二手机动车市场选车、验车，并协助买卖双方商定价格；消费者购买二手机动车后与优估公司签订售后服务协议，向优估公司支付服务费。故优舫公司与优估公司在市场经营中通过线上与线下结合的方式提供的前端信息采集到后端车辆过户的二手机动车交易的服务，应属于互联网二手车经纪服务。

（三）"互联网＋"商业模式对商标保护的影响

在深入探讨第 16069876 号和第 20915093 号"人人车"注册商标的具体服务类别时，我们关注到互联网平台商业模式的崛起与其对传统行业的深刻改造。在此背景下，以网站和 App 为媒介，对传统二手车经纪服务行业资源进行全面重整的互联网二手车经纪服务，已经迅速成为该领域内的一种主流商业模式。"瓜子二手车 App"、"人人车二手车 App"以及"优信二手车 App"等，均是该模式的典型代表。

值得注意的是，尽管这些互联网二手车经纪服务高度依赖网站和 App 进行运营，但其核心目的并非向消费者推销计算机程序、软件或相关服务。这一点至关重要，因为它直接关系到我们如何准确认定这类服务的性质。简而言之，我们不能仅仅因为服务过程中使用了网站和 App，就将其归类为计算机程序、软件或相关服务。相反，我们应该从服务的整体内容、目的以及消费对象出发，进行综合考量。

天津市第三中级人民法院审理的商标侵权案为我们提供了一个绝佳的观察窗口。北京善义善美公司通过其开发的"人人车 App"为北京人人车旧机动车公司提供了强大的技术支持，使其能够更为高效地从事二手机动车经纪服务。而北京人人车公司则通过人人车网站和 App，为消费者和二手机动车卖家提供了一站式的二手车经纪服务。从这些服务内容中，我们可以看出，互联网二手车经纪服务的消费对象主要是购买二手机动车的消费者以及售卖二手机动车的经营者。服务内容则涵盖了线上线下的全方位服务，旨在为消费者和经营者提供一个高效、便捷的交易平台。

在服务目的方面，互联网二手车经纪服务的性质非常明确，它是一种经纪服务提供者的商业活动，主要目的是从二手机动车交易中赚取服务费。这一点与第16069876号"人人车"注册商标核准注册的第36类服务项目中的经纪服务高度契合。该项目中的经纪服务是指在交易中居间撮合从而赚取佣金的商业活动。而互联网二手车经纪服务正是这样一种线上与线下相结合的新型商业模式，为二手机动车经营者和消费者提供居间撮合服务，并从中赚取佣金。

综上所述，我们可以清晰地看到，互联网二手车经纪服务在服务内容、目的以及消费对象等方面，均与第16069876号和第20915093号"人人车"注册商标核准注册的服务类别高度一致。据此，我们可以确信，这两个注册商标的具体服务项目确实包括了互联网二手车经纪服务。这一结论不仅对于本案的审理具有重要意义，同时也为今后类似案件的审理提供了有益的参考。

（四）人人车案之胜诉影响及典型意义

经过一系列的法律程序，人人车公司最终在商标侵权案件中胜诉。这一胜利不仅彻底消除了人人车公司被指控商标侵权的负担，更使公司成功摆脱了潜在的商标侵权风险，为双方围绕"人人车"商标的激烈争议画上了句号。

1. 有力打击了恶意商标战

人人车公司分别采取了提起确认不侵权之诉、不正当竞争之诉、商标侵权之诉等方式，对优舫公司进行了有力反击，终止了优舫公司恶意掀起商标战的阴谋。

（1）反诉优舫公司不正当竞争成功

当人人车公司依据有一定影响的服务名称等对"人人车"及"renrenche.com"域名主张权利时，法院认为，优舫公司显然具有利用"人人车"标识和相似域名来误导公众的故意，旨在使人误认为其提供的服务与人人车公司存在某种关联或一致性，从而获取不正当的竞争优势。这种行为严重损害了人人车公司的合法权益，构成不正当竞争，应当依法承担相应的法律责任。

（2）反诉优舫公司商标侵权成功

人人车公司依据其对第 16069876 号"人人车"注册商标、第 20915093 号"人人车"注册商标所享有的商标权，对优舫公司发起了进攻，主张其实施了商标侵权行为，"以其人之道还治其人之身"。

天津市第三中级人民法院也最终判定被告优舫公司、优估公司停止在域名为"renrencheshi.com"网站以及开发的应用程序使用第 16069876 号"人人车"注册商标以及第 20915093 号"人人车"注册商标，赔礼道歉、消除影响，并判令两被告共同赔偿人人车公司的经济损失。

对于企业经营者而言，商标战略的重要性不言而喻。为了避免因商标注册不成功而带来的商标风险和他人"搭便车"的危机，企业应尽早确定商标战略，做好商标规划布局。对于普通商标，企业应及时进行商标注册，将自己的核心业务及关联业务均纳入注册范围。而对于有雄心壮志的企业家来说，全类注册无疑是一个值得考虑的选择。早日确定企业商标的布局战略，对于企业的发展来说至关重要，这不仅有助于提升企业的品牌形象和市场竞争力，还能为企业的长远发展提供有力的法律保障。

2. 为维护合法权利树立典范

在案件的审理过程中，法院对"互联网＋"背景下的企业商品与服务类型判断进行了深入的探讨和梳理。对于商品或服务类型的判断，必须建立在深刻理解互联网商业运作模式的基础之上。随着互联网经济的迅猛发展，传统行业与移动互联网和通信工具的融合已成为不可逆转的趋势。这种融合不仅推动了技术的进步，更催生了商业模式的创新与变革。我们已经看到，越来越多的传统行业通过移动应用的整合，正在逐步转型为与传统截然不同的新型产业模式。

在这一大背景下，如何准确界定"互联网＋"新型商业模式中所使用的与商标对应的商品和服务类别，就显得尤为重要。我们不能仅仅因为某项服务在形式上使用了基于互联网或移动通信技术的应用程序，就轻易地将其归类为第 38 类电信服务。相反，我们应该采取更为全面和深入的视角，从服务的整体特性出发，进行综合、全面的考量。只有这样，我们才能确保商标分类的准确性和公正性，从而维护市场的公平竞争和消费者的合法权益。

第四章 ofo 小黄车案

如果说滴滴打车案开启了"互联网+"商标侵权授权案件的先河，而人人车案进一步巩固了"互联网+"商品或服务类别认定规则，那么 ofo 小黄车案作为影响力不亚于前两案的又一"互联网+"商标侵权案件，标志着"互联网+"业态下商品或服务类别的认定规则已得到稳固确立。本章将首先从共享单车以及 ofo 小黄车的诞生与发展着笔，使读者身临其境，回到那个街头巷尾遍布共享单车、各厂家开启补贴大战的时代。在此基础上，结合 ofo 小黄车的发展阶段，本章着眼于小黄车商标侵权案的胜诉对于 ofo 小黄车的重要意义，彰显本案代理律师的敏锐思维与风采。

一、案件缘起

在正式开始对 ofo 小黄车商标侵权案的介绍之前，我们不妨先着眼于本案的主角——ofo 小黄车。我们从国内外共享单车的发展历程出发，介绍 ofo 小黄车诞生的背景及其创始人的创业故事，呈现 ofo 小黄车的商业性质与品牌特性。同时，关注 ofo 小黄车在资本市场中从备受青睐到因受行业环境影响而步入危险期的资金情势变化，向读者呈现"小黄车"商标侵权案对 ofo 小黄车的重大意义。最后，我们将对 ofo 小黄车的商业模式与原理进行简要介绍，结合"互联网+"商品或服务类别的认定原理，向读者展现 ofo 小黄车提供服务的性质。

（一）ofo 小黄车的诞生

共享单车的诞生并非一蹴而就，而是一个循序渐进、积累与发展的过程。在世界范围内，作为共享单车雏形的公共自行车早在 20 世纪 60 年代就渐成规模，并随着技术的进步而不断迭代升级。在"互联网+"大潮到来后，共享单车行业瞄准"通勤最后一公里"的现实需求，终于在 2015 年前后迎来了爆发期，很多共享单车品牌诞生并获得巨额融资，ofo 小黄车正是其中的佼佼者。

1. 世界范围内共享单车的迭代升级

第一代共享单车可以追溯到 1965 年荷兰阿姆斯特丹推出的政府主导的"白色自行车"计划。这是一个政府主导的纯公益项目,一经推出即广受好评——因为其不仅可以随用随还,还不收取任何费用。但由于技术不成熟再加上监管不力,车辆很快就出现损坏和丢失,高昂的成本使得该项目难以为继。

20 世纪 90 年代,第二代共享单车于 1995 年在丹麦哥本哈根推出,其使用的车辆为定制车辆,但为了便于监管,采取定点车桩停靠的模式:设有固定的桩式站点,使用时需投入一枚硬币解锁,免费使用,车辆可归还到任意站点,归还后退回硬币。这种模式曾被引进我国,采用政府主导 + 企业实施的模式,但很快缺陷暴露,由于停车桩规划不合理,车辆调配不均等原因,共享单车并没有引起人们的重视。

1998 年,法国雷恩就出现了第三代共享单车。该类型的单车仍然采用定制化设计的车辆,设有固定的桩式站点,使用智能卡(需提供个人信息注册)取车,前 30 分钟免费使用,超出时间收取少量费用。

今天在大街小巷随处可见、为我们所熟悉的共享单车,已属于第四代共享单车的范畴。其最初于 2005 年在匈牙利布达佩斯投入运营,采用定制车辆,内置 GPS、智能锁等电子设备,无固定车桩,用户在手机端安装 App 可以搜索到附近的车辆,随用随还,收取少量的使用费。分享推广 App 的用户,还可以获得少许现金奖励。到 2015 年,世界各地有超过 650 个城市提供了不同形式的共享单车服务。很多城市政府都制订宏伟浩大的自行车计划,然而不少城市最终还是选择放弃,例如比利时的根特、德国的慕尼黑以及荷兰的大部分城市。原因很简单,政府开发共享单车的成本十分高昂。2007 年,德高集团旗下共享单车提供的数字显示,每辆车每年的平均成本是 2500 欧元,而运营共享单车的工作人员几乎一致认为实际成本甚至高达 4000 欧元。[1]

从四代共享单车的演化历程看,一个显著的变化是共享单车由政府主导的纯公益市政项目,转变为带有一定公益性质的商业项目。最初引入商业公司的考虑是,共享单车投放后,后续的维护成本对政府财政而言,是一笔不小的负担,完全免费的运营模式,无法支撑项目的持续运营。因此,第二代共享单车就引入了车身广告以获取收入。车辆的使用依然偏重

---

[1] 董牧孜:《"共享单车"神话濒临破灭?其实自行车的续命史向来坎坷》,载新京报书评周刊微信公众号 2018 年 9 月 5 日,https://mp.weixin.qq.com/s/L9pOTybOw8UEZzO9Xgze7A。

公益性，采用免费使用的方式。第三代和第四代共享单车开始将身份验证和付费使用引入其商业模式之中。身份验证需要用户提供身份信息或缴纳较高额度的押金，这较为有效地应对了用户的道德风险。第四代共享单车系统采用 App 进行身份验证，还可以与征信系统相连接，为高信用客户提供免押金服务，带来差异化的用户体验。智能卡和 App 投入使用，可以对共享单车的使用时间、运行里程进行精确记录，收费难的问题得到了有效解决。

共享单车的迭代，反映了技术升级的特征。除第一代单车采用普通的家用单车外，其后每一代单车都是定制开发的车辆。到第四代共享单车，GPS 系统、电子围栏、太阳能发电装置、智能车锁已是标准配置，单车脱离固定车桩，回归到随用随还的形式。

2. 中国市场的共享单车发展

在城市道路日益拥堵的背景下，为减轻交通压力，为市民提供多样的出行工具，我国引入了公共自行车运营系统。在我国，公共自行车的发展大约经历了四个阶段。

第一阶段：小型私营企业初探。2007 年，公共自行车进入中国并先后在北京、武汉、杭州等城市开展试点。率先尝试的城市是北京。"绿色奥运""健康奥运"理念的提出，催生了公共自行车市场。北京的公共自行车系统于 2007 年 8 月开始规划，于 2008 年奥运会期间为市民和游客服务，由以方舟公司为代表的私营企业对自行车系统进行规划和建设，在 2008 年分批投放，公共自行车规模达到了 5 万辆。但由于该项目发展偏离提供公共服务的初衷，骑行定价太高，并且未得到政府的政策支持，运营企业亏损严重，后续建设和维护缺乏资金支持，该系统停止服务。

第二阶段：由政府主导建设与管理。在这一阶段，公共自行车可归为城市公共交通系统的一部分，以准公共产品的形式出现，由政府主导，设立企业进行管理，并对其进行投资、建设、运营。这一阶段共享单车的发展以杭州市为代表。杭州市政府提出向巴黎学习，2008 年，在杭州市政府引导下，由杭州公交集团和杭州公交广告公司共同出资，组建国有公共自行车公司对自行车进行运营和管理。杭州市自行车运营取得了一定的成果，公共自行车的使用率逐渐提高，基本走出亏损状态。2015 年，杭州市公共自行车的累计租用量达到 1.5 亿次，平均日用率每辆车为 3.75 次，车辆使用最高频率达到 37 次/日。

第三阶段：政府招标，私人企业重新介入。在这一阶段，政府通过竞争性招标的方式，将公共自行车系统运营和维护承包给企业，意图使企业发挥市场主体作用，弥补政府在运营过程中的不足。2010年，永安行公司成立，开始承接苏州、上海等城市的公共自行车系统的建设，并成功运营，覆盖29个省市的210个城市，在线运营80万辆有桩自行车。但由于铺设有桩自行车的网点投资成本较大，在每个城市实际的自行车投放量仅达到3000辆。除此之外，政企合作中因沟通管理出现了很多问题，如出现企业集资后未用于自行车行业建设，转而投资其他行业。

第四阶段：公共自行车进入共享时代，企业领先市场。这一阶段，以为市民提供共享单车为主业的民营企业雨后春笋般出现，如摩拜、ofo等。2015年ofo公司创立，创造了更加灵活的无车桩自行车，手动上锁、随停随骑的共享单车。ofo由此成为全球创立最早、规模最大的无桩共享单车公司。也正是2015年之后，以ofo、摩拜为代表的网约自行车才真正改变了自行车在中国作为个人私有财产的情况，激发了人们骑共享单车出行的热情。2014—2015年，ofo和摩拜占有市场主要份额，其他品牌的单车还没有出现。这个阶段也是共享单车发展方向最模糊的时期，因为共享单车作为共享经济和互联网经济的新事物，其发展方向上具有不确定性。2016年，ofo和摩拜相继完成了几轮的融资之后，共享单车的发展逐步进入正轨，两家公司不断扩张、抢占市场。《2016年度中国"共享经济"发展报告》显示，2016年共享单车以近10倍的规模迅速发展，截至2016年年底，中国的共享单车用户已经达1886万人。

在欧洲，共享单车作为公共交通建设项目出现，依靠政府大量补贴运营。与之不同的是，中国共享单车市场投资过热，大量资金涌入共享单车赛道，成本不再是困扰市场的最大问题，扩张与占据市场份额成为共享单车企业的首要目标。2016—2017年是共享单车企业混战的高峰时期，共享单车行业融资总额达到近50亿美元。此外，其他共享单车品牌纷纷出现，超20多家单车企业互相竞争。一时之间，道路上掀起一股"颜色风暴"，市场出现了大量不同品牌的共享单车，多路资本比较集中地流向共享单车领域。在各个单车品牌分别完成了多轮融资之后，单车投放量也在不断增加，开始出现单车扎堆、影响交通、管理混乱的现象。根据艾媒咨询数据，2017年共享单车用户规模为2.09亿人，市场规模为102.8亿元，而在一年前市场规模只有12.3亿元。这意味着庞大的资本进入之后，这个行业迅速扩张，顶峰时期全国有超过2300万辆共享单车，运营商77家。可以说，2017年是第一轮共享单车发展的顶峰。

2018年是国内共享单车企业竞争异常激烈的一年，依靠强大的资金支撑，大企业不断扩张，以优惠力度换取客户资源，而财力相对不足的小鸣单车、酷奇单车等相继停止运营。仅2018年2月，全国70余家共享单车企业就有20余家停止运营；4月，美团全资收购摩拜；当年年底，ofo也淡然落幕，只有哈啰单车、青桔单车等有着强大资金支持的企业走到了最后。

2019年起，哈啰、青桔、美团形成三足鼎立的局面，国内共享单车行业逐步过渡到健康成长的阶段，资本投资也回归平稳，共享单车市场逐步回归理性。

3. ofo的诞生：五个年轻人的共享单车梦

ofo成立于2014年，由戴威与四名合伙人共同发起，起初是一个以骑行旅游为核心产品的创业项目，在从唯猎资本获得融资后，团队重新规划了项目，将方向调整为共享经济。

戴威与他的四名合伙人创立ofo共享单车，提出"以共享经济+智能硬件，解决最后一公里出行问题"的理念。共享单车的想法来源于戴威，他四年的本科生活中丢了五辆自行车，还都是价格不低的山地车。赶上毕业季，学校有很多毕业生不要的自行车，创业团队就想着把这些自行车共享。2015年5月，戴威第二次找到了唯猎资本的投资人肖常兴，获得唯猎资本100万元人民币投资。

2015年6月，戴威自掏腰包采购200辆小黄车投放北大校园。同时，他写了一篇极具号召力的文章《我们有一个梦想，让北大人随时随地有车骑》，一经发布立刻圈粉3万。团队再接再厉，又发布一篇文章《这2000名北大人要干一票大的》，在该文末尾，戴威呼吁道："100多年来，有很多北大人改变了北大也改变了世界，这次轮到你了。"戴威在校园推出共享计划，向校内的学生回收单车作为共享单车。用户共享一辆车，就能获得所有小黄车的使用权，其他同学可以付费使用这些车。当时戴威宣称要在北大内推出10000辆共享单车，并面向北大师生招募2000位共享车主。戴威极具理想主义色彩的行动与言语，吸引了北大学子，几个月后，ofo成功在北大校园里收集了1000多辆自行车。

2015年9月，ofo第一天试运营，便斩获200多个订单。共享单车模式很快得到认可，上线一个半月后，ofo累计已有10万次使用，到当年10月，在北大校园内日均订单已经突破4000单。但ofo订单量增长的另一面即是资金的迅速消耗。2015年10月底，ofo已"弹尽粮绝"，戴威从唯猎资本拿到的100万元启动资金本身便算不上多，再加上ofo线下重资产的属性，项目上线不久便已经消耗殆尽。于是，戴威又陷入了拉投资的苦恼中。他再次找到了肖常兴，或许是被这位学弟惊人的理想主义气质所打动，抑或是看到了ofo作为"互联网+"经济以及共享经济先行者的潜力，肖常兴毅然决定向戴威第三次注资。值得一提的是，此次参与投资的还有弘道资本，融资总额达到了 900 万元人民币，相当于完成了 ofo 的 Pre-A 轮融资。到 2015 年 12 月，ofo 的日订单达到 2 万多单，拥有了至少 10 万名忠实用户，累计使用量高达 70 万次，累计骑行达 70 万公里，并宣布将扩张商业版图，在北京航空航天大学等 5 所高校投放共享单车。

理想主义者戴威所拥有的终于不再仅仅是理想，他证明了自己有市场博弈的资格。

（二）ofo 被诉前的高光时刻

年轻人戴威在北大校园内创立的 ofo 是一个富有生命力的企业，但或许它的创始人们也不曾预料到，几个初出茅庐的年轻人打造的青年创业项目，竟能在短短几年内将市场拓展到全国，成为了资本市场的宠儿，在巨额资金的加持下成为一个市值达百亿的行业的领军者。

1. 资本的宠儿

作为一个校园创业项目，ofo 闯出了一片名堂，短短几个月的时间，亮黄色的单车遍布燕园每一个角落，并向北京一个又一个高校校园迅速扩张。"小黄车"一跃成为兼具青春气息与"互联网+"先进科技的代名词。新颖的商业模式与快速的扩张速度让 ofo 迅速获得大量关注，也为 ofo 成为资本的宠儿奠定了基础。

2016 年 1 月，经过几次谈判和协商，ofo 获得金沙江创投的投资。这笔投资对于 ofo 而言至关重要：不同于以前的"天使投资"，金沙江创投作为真正的风投机构，其投资意愿象征着资本对 ofo 的认可。ofo 这个品牌经过数年的试错与经验积累，亦开始"野蛮生长"。

2016 年 2 月 1 日，ofo 完成 A 轮融资，融资金额高达 1500 万元人民币，此轮融资由金沙江创投领投，东方弘道跟投。金沙江创投与朱啸虎的加入带来了意想不到的资源，在 A 轮融资之后，朱啸虎撮合戴威与天使投资人王刚、真格基金徐小平的相识。两个月后，2016 年 4 月 2 日，ofo 再度完成 A+轮融资，融资金额高达 1000 万元人民币，投资方正是朱啸虎引荐的真格基金和天使投资人王刚。

刚刚获得融资的 ofo 的扩张速度并不是太快，主要还是集中在大学校园。戴威是一个有抱负的创业者，他想要 ofo 扩张更快，前提是拿到更多的投资。于是，戴威再次找到投资人。这次，资方爽快地作出承诺，只要 ofo 能证明自己有日均 10 万单的能力，即可再度投资。但是，北京的高校不过几十所，就算在这些高校内的推广都畅通无阻，也最多只能达到 5 万的日单量。因此，ofo 不能止步于北京，其必须走向更多的城市。

走出北京的第一步定位在上海与武汉。负责上海地区开发的是 ofo 联合创始人之一薛鼎，负责武汉地区的是 ofo 最早的三名员工之一的纪拓。上海的雨季来得太早，绵绵阴雨阻碍了 ofo 在上海的扩张：共享单车的日单量与天气休戚相关，坏天气将直接影响用户选择共享单车的出行意愿。天气只是影响 ofo 在上海扩张的因素之一，相较于北京的高校，ofo 进驻上海的高校并不容易。ofo 进入上海的计划最终折戟。而武汉则不同，位居江汉平原的武汉雨季来得更迟一些，没有了坏天气的困扰，纪拓在武汉的工作进行得更为顺利。在一次火热营销结束后，2016 年 5 月 17 日，武汉的日客单量达到了 4 万单。随即，在武汉客单量惊人突破的加持下，北京的 ofo 总部目睹了公司创业史上的一个里程碑：全国日客单量达到了 10 万！

目标达成，ofo 证明自己达到 10 万日客单量的能力，资方亦信守承诺，如约注资。2016 年 9 月 2 日，ofo 完成 B 轮融资，融资金额高达数千万美元，此轮融资由经纬中国领投、金沙江创投、唯猎资本跟投。这次投资或许是 ofo 创业史上的一个转折点，在此之前，ofo 之所以能一路挺过，全靠戴威等一众年轻人创业精神与理想信念的支撑，在此次投资后，共享单车这一新颖的商业模式彻底点燃了资本圈，几乎所有投资机构都开始关注这种先进的共享经济理念与稳健的盈利规划，纷纷向 ofo 抛出橄榄枝，生怕自己错过了时代前进的快车。

从此，ofo 仿佛被按下了快进键，开始疯狂的融资之路。2016 年 9 月 26 日，ofo 完成 C1 轮融资，投资方为滴滴出行。仅仅半个月后，2016 年 10 月 10 日，ofo 再度完成 C2 轮融资，此次融资金额高达 1.3 亿美元，参与者包括美国对冲基金 Coatue（曾参与滴滴出行的融资）、顺为（小米）、中信产业基金领投（曾投资滴滴出行、饿了么）、元璟资本以及著名风险投资家尤里·米尔纳（Yuri Milner），ofo 的早期投资方经纬中国、金沙江创投等机构继续跟投。可以说，2016 年是 ofo 急速上升的一年。这一年，ofo 逐渐向全国 20 多个城市的 200 多所高校推广，在校园里积累了 80 万用户，日均订单达到 20 万单。2016 年 10 月，ofo 正式走出校园进军城市市场。而戴威也在他 26 岁那年，被美国知名商业杂志《福布斯》评为"三十岁以下亚洲杰出人物"之一，成为具有世界影响力的青年商业领袖。[1]

完成 C 轮融资后，ofo 决定将办公室搬到互联网金融中心。但员工数量随

---

[1] *Forbes 30 Under 30 Asia 2017*, Forbes, Apr. 7. 2017, https://www.forbes.com/profile/dai-wei/?list=30under30-asia-consumer-technology&sh=7e108bb97b9f.

着公司规模的扩张迅速增加，两个月之后，ofo 再度搬家。这一次，戴威将 ofo 总部搬到了中关村的理想国际大厦。这是中关村核心区租金最贵的写字楼之一，一度盘踞着多家互联网上市公司，就连楼下不起眼的咖啡厅也有扎克伯格的足迹。

2. 残酷商战的优胜者

戴威是一个有远见的青年，但他之所以能把 ofo 做起来，并不仅仅是因为他比别人看得长远，发现了共享单车这一商业模式的前景。相反，注意到共享单车的人有很多，而戴威是其中最有行动力的一个，在其他创业者还在谨慎评估共享单车的商业前景并踯躅不前时，戴威和他的小伙伴们已经率先在北京的大学校园内开始了共享单车试点。这不仅为 ofo 争取到了市场空白期间的宝贵成长时间，也让 ofo 迅速成为投资人眼中的香饽饽，用饱和式的融资换来了一个羽翼丰满的 ofo。

竞争者可能会迟到，但是从来不会缺席，残酷的商战正在路上。当 ofo 在全国高校校园内"攻城略地"之时，同样专攻共享单车赛道的另一个互联网独角兽——摩拜单车也开始成长。胡玮炜，一位曾经的汽车记者，打破了共享单车赛道上 ofo 独霸的局面，毅然决然加入了竞争。据媒体报道，胡玮炜于 2014 年辞职后创立了极客（GeekCar）汽车新媒体，但并未掀起波澜。幸运的是，她遇到了一位贵人，李斌，也即易车网、蔚来汽车的创始人。2014 年 11 月，在一次会面中，李斌提出了共享单车的灵感，胡玮炜联想到自身出行不便的经历，对其深感赞同。在其他与谈人并不赞同的情况下，两人一拍即合，走上了共享单车的创业道路。

与创业初期的戴威不同，在以易车网为代表的资本的支持下，胡玮炜在创业过程中几乎没有被缺钱困扰过。创业伊始，李斌便向摩拜提供了 146 万元人民币的天使投资，随即又携手愉悦资本，助力摩拜完成了 A 轮融资。此外，和在初期执着于高校校园的 ofo 不同，摩拜在一开始就坚持走向城市的理念，也即用户群体为城市居民而非仅限于学生。当然，这也意味着更高的运营成本、更频繁的维修次数以及对单车质量更高的要求。摩拜克服了这些难题，其在一开始就提出四年免维护的造车理念，单辆车成本高达 3000 元，用高生产成本来降低维护成本，并致力于提高用户体验。很快，一排排有着实心轮胎，配备 GPS 模块且采用轴传动技术作为动力来源的橙红色单车出现在了上海街头。2016 年 4 月才上线的摩拜单车在短短的一年内拿到了 B、B+、C、C+共 4 轮融资。2017 年的 4 月，摩拜已捷足先登，宣布日订单稳定在 2000 万单，远超先于摩拜踏入共享单车赛道的 ofo。曾经作为资本绝对宠儿的 ofo，日订单量仅有摩拜的 1/3。

在被摩拜领先了半年后，ofo 终于回过神来，其不再执着于校园，而是迅速融资造车，力图一改被摩拜压一头的颓势。小黄车的优势在于，相比于摩拜昂贵的造车成本，早期小黄车单辆成本仅为 200 元，是摩拜单辆车价款的 1/15，低廉的造车成本可以使 ofo 以数量优势抢占市场，并且以更低的价格补贴用户，提升用户黏性，在与摩拜的竞争中占据先机。当然，造车需要成本，这也意味着更多的投资。2017 年 3 月 1 日，ofo 完成 D 轮融资，融资金额高达 4.5 亿美元，投资方为唯猎资本和东方弘道。一个多月后，2017 年 4 月 22 日，ofo 赢得了阿里巴巴的青睐，再度完成 D+轮融资，获得了来自蚂蚁金服高达数亿元的投资。2017 年 7 月，ofo 完成了 E 轮融资，融资金额超 7 亿美元，此次融资由阿里巴巴、弘毅投资和中信产业基金联合领投，滴滴出行和 DST 跟投。短短四个月内，从 D 轮到 E 轮，ofo 共完成了三轮融资，融资总额高达 10 余亿美元。而其投资方更是明星云集，阿里、滴滴、小米、金沙江等占据风投界半壁江山的投资机构赫然在列。在五个月的时间里，ofo 累计完成了对 1200 万辆共享单车的采购，单是购车费用就已达到 72 亿元人民币，更不用提后期的运维以及人员开销等成本。

事实证明，海量资金的投入成效显著，ofo 一转颓势。2016 年 12 月，在落后摩拜整整半年后，ofo 开始发力。当时 ofo 的用户量仅为 182 万人，难以与摩拜高达 621 万人的用户量相匹敌。但很快，ofo 获得的大量投资开始显现威力，ofo 用户数量增速高达 52%，总量达到 283 万人。与胡玮炜对摩拜"物联网企业"的定位不同，戴威起初把 ofo 定位成一个互联网企业，因此在创业初期，ofo 在营销上开销甚巨：创始人与苹果公司 CEO 蒂姆·库克骑车畅聊，宣布冠名一颗卫星；与小黄人合作；斥巨资签下当红明星鹿晗作为代言人，使得粉丝几乎包围了整栋大厦；甚至试图成为环法车队的赞助商。但在与摩拜竞争的过程中，戴威终于意识到，ofo 的竞争力并非来自花里胡哨的宣传，而是来自街边一排排的亮黄色单车；即便是互联网企业，ofo 也属于互联网企业中"重资产"的那一部分，也即"互联网+"企业。于是，为了在共享单车赛道拔得头筹，戴威选择了重资产企业的发展模式——拼命拉投资。事实证明，戴威的选择没错，2017 年 5 月，ofo 用户增速环比增长 42%，用户人数达到 3770 万人。与此同时，摩拜环比增长仅 10%，用户总数 3454 万人。

2017 年，在共享单车赛道上，ofo 成为了最后的玩家，站到了行业金字塔的顶端。

(三) ofo 的商业模式

共享经济，就是将自己闲置的资源共享给别人，提高资源利用率，并从中获得收益（图 4-1）。伴随着共享经济的热潮，各行业开始了共享经济的尝试，比如共享经济商业模式鼻祖 Uber 和 Airbnb，以及共享单车、共享充电宝、共享雨伞等。

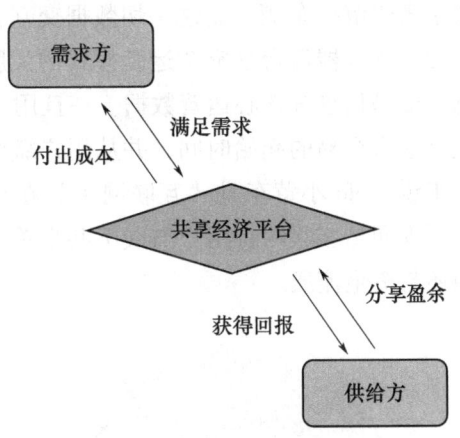

图 4-1　共享经济模式

本着解决人们出行"最后一公里"的短途出行的难题，乘着共享经济发展的东风，ofo 顺势而起。不同于仅仅扮演平台角色的共享经济鼻祖 Uber 和 Airbnb，ofo 不仅承担连接供需双方的工作，还额外承担了提供单车的工作，其模式实质是自有单车分时租赁，是将物联网技术与共享经济概念嫁接到传统单车行业而产生的新兴出行方式（图 4-2）。

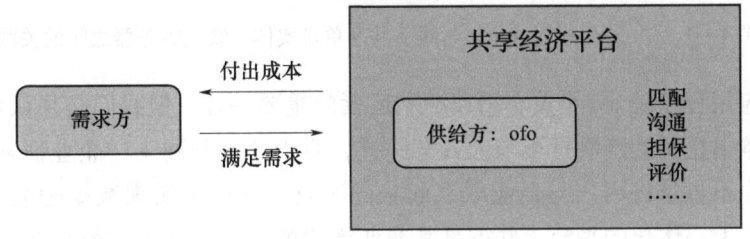

图 4-2　ofo 与共享经济平台及用户的关系

ofo 通过募集资金，自主研发，大规模标准化生产自行车，并按照企业战略布局，以重资产的方式投放在高校和城市区域中，开展按时收费的单车租赁服务。ofo 自主研发的智能锁创造性地解决异地还车的难题，尝试用收取的押金和租金维持企业运营，以及组织本地后勤团队维护单车。

就 ofo 的技术模式而言，其通过线上应用程序与线下实体自行车及线上服务器之间的紧密联系，构建了一个高效的共享经济模式（图 4-3）。用户体验始于线上应用程序，用户通过智能手机上的 App，注册账号并进行实名认证，通过支付保证金及后续的使用费，即可加入共享单车的用户行列。当用户需要使用共享单车时，只需打开 App，系统会利用手机的 GPS 定位功能，显示附近可用的单车位置。在选择一辆车后，用户可通过 App 上的二维码或者数字密码解锁车辆。而这一切数据交互，需要依赖强大的服务器后台实时处理。服务器后台是整个运营模式的大脑，它负责处理用户数据、车辆状态、交易信息等核心运营数据。一旦用户通过 App 解锁车辆，后台系统会记录这次交易的起始时间，并从用户缴纳的押金中扣除相应费用。从本质上来说，ofo 小黄车是"互联网+"在交通运输领域的贯彻与体现，其技术原理即是互联网将用户与线下共享单车实体相连接，以实现用户的随取随还与资金流通。

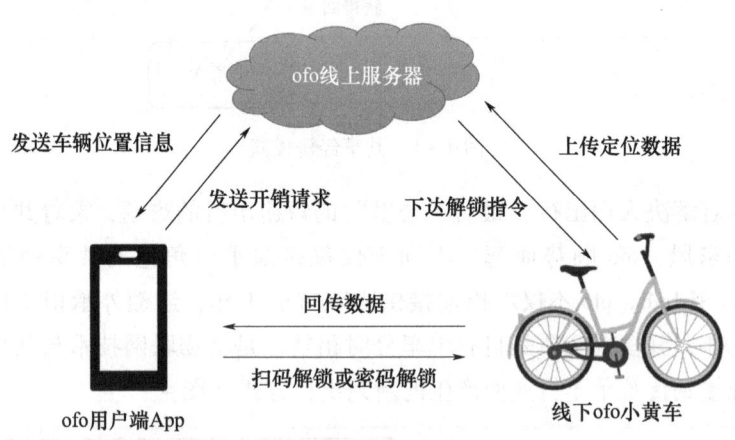

图 4-3 "ofo 用户端 App"与线下共享单车实体、线上服务器之间的关联

应用程序是 ofo 小黄车得以顺利运营的重要一环，但我们必须认识到，正如本书提到的滴滴打车与人人车一样，对于"互联网+"企业而言，应用程序不过是将用户与企业联系起来的工具，只充当实现数据融会贯通、线下线上一体化的平台，并不是其商业模式的核心。除了大街小巷随处可见的一排排亮黄色共享单车，还有客服、运营维护人员等共同组成了 ofo 小黄车的线下实体（图 4-4）。就客服而言，在发现共享单车损坏、扣费异常等情况时，用户可以通过应用程序内对话、电话咨询等方式同客服沟通，将其所遇到的问题向客服反馈。接收用户的意见后，ofo 小黄车的客服将及时对其进行回应，如果是费用问题，则对扣费情况进行核实，对错误

扣费予以返还,或对用户的退还押金申请及时予以处理;如果是车辆损坏问题,则将损坏车辆的损坏部件、位置等信息进行记录,向运营维护人员进行反馈。就运营维护人员而言,其负责线下单车实体的调配与维护。一方面,其通过客服传递的报损信息,或在检查过程中自行发现车辆损坏情况,将损坏车辆予以回收,送达工厂进行维修与保养。另一方面,由于地区间人员密度及流动情况不同,共享单车在运营一段时间后时常出现地区间数量分布差异过大的情形。比如,早晚高峰时期商业区、地铁口等人员密集区域的共享单车需求量巨大,如果不加以人为管控,将产生大量共享单车囤积、堵塞交通的情况;而在一天内的其他时间,城市的其他区域又将出现无车可用的情形。因此,需要由运营维护人员对共享单车进行调配,以实现不同地区共享单车数量的平衡,满足各时间、各区域内共享单车的使用需求。

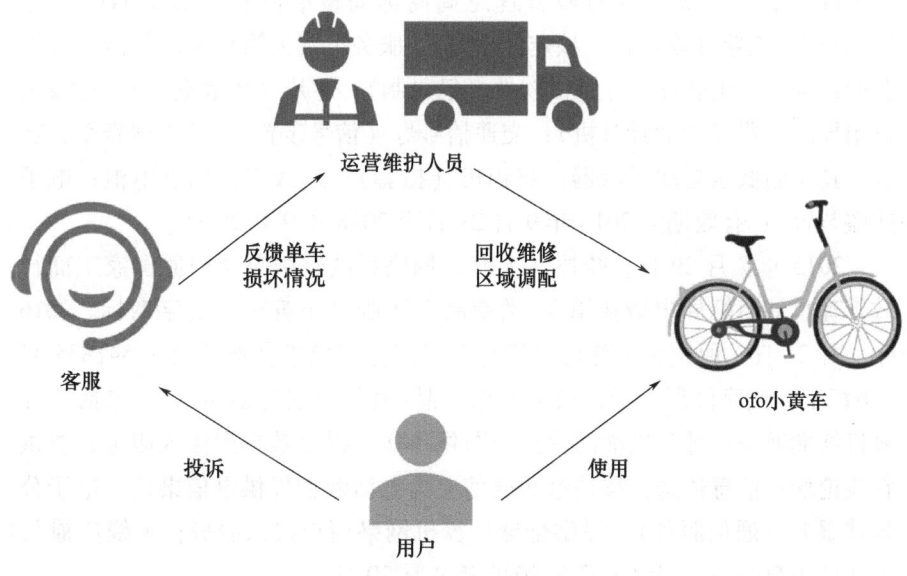

图 4-4　ofo 小黄车的运营模式

综上所述,ofo 小黄车作为典型的互联网+企业,虽然以互联网以及应用软件为其经营的重要组成部分,但其仍具有"重资产"的属性,所提供的实际上是以自行车租赁为核心、兼具客服咨询以及线下维护运营的交通运输服务,而互联网与用户端 App 不过是以工具的形式呈现的交通运输服务中的一环。如果将小黄车提供的服务理解为可下载计算机软件,则未免太过狭隘,并不能准确解释其"互联网+"时代的商业模式。

二、基本案情

数人智科公司于 2013 年 5 月 22 日成立，公司类型为有限责任公司（台港澳法人独资），法定代表人 WANGZHENG，注册资本港币 350 万元。2017 年 2 月 22 日，咔扑（上海）网络科技有限公司经上海市浦东新区市场监督管理局批准，更名为数人智科公司；经营范围中的"计算机网络领域内的技术开发、自有研发产品的技术转让、技术咨询、技术支持及技术服务"变更为"计算机网络、智能科技领域内的技术开发、自有研发产品的技术转让、技术咨询、技术支持及技术服务"等，其他事项未变更。

2015 年 7 月 29 日，咔扑（上海）网络科技有限公司向原国家工商行政管理总局商标局申请在第 9 类商品上注册"小黄车"文字商标。2016 年 9 月 21 日，原国家工商行政管理总局商标局核准注册了第 17541750 号"小黄车"文字注册商标，核定使用商品/服务类别为第 9 类，包括"可下载的计算机应用软件；计算机软件（已录制）；芯片（集成电路）；运载工具用导航仪器（随载计算机）；交通信号灯（信号装置）；扬声器音箱；运载工具轮胎低压自动指示器；照相机（摄影）；运载工具用蓄电池；电子防盗装置"；有效期为 2016 年 9 月 21 日至 2026 年 9 月 20 日。

2015 年 7 月 29 日，咔扑（上海）网络科技有限公司向原国家工商行政管理总局商标局申请在第 38 类商品上注册"小黄车"文字商标。2016 年 9 月 21 日，原国家工商行政管理总局商标局核准注册了第 17541835 号"小黄车"文字注册商标，核定使用商品/服务类别为第 38 类，包括"计算机终端通信；计算机辅助信息和图像传送；提供数据库接入服务；提供在线论坛；信息传送；移动电话通信；为电话购物提供电信渠道；电子公告牌服务（通信服务）；提供全球计算机网络用户接入服务；无线广播"；有效期为 2016 年 9 月 21 日至 2026 年 9 月 20 日。

2016 年 11 月 4 日，拜克洛克公司向原国家工商行政管理总局商标局申请在第 9 类"已录制的计算机程序（程序）；计算机软件（已录制），信号灯；车辆故障警告三角牌；雷达设备；定向罗盘；以及 0901、0906、0907、0910 类似群上注册"ofo 小黄车"商标。2017 年 8 月 16 日，原国家工商行政管理总局商标局驳回了拜克洛克公司的上述商标注册申请。

2017 年 7 月，因认为"ofo 小黄车"侵犯了"小黄车"的注册商标，"小黄车"的商标所有人数人智科公司将 ofo 小黄车的运营商北京拜克洛克科技有限公司诉至北京市海淀区人民法院。

三、原告诉请

ofo 小黄车的成功使得不少人想从中分一杯羹,而受到 IPAD 案的启发,成本低、收益高的商标"碰瓷"则成为其不二之选。本案中,原告正是基于此种动机,在注册案涉商标后进行象征性的商标使用,并对 ofo 小黄车提起商标侵权之诉,以期牟取巨额利益。

(一)诉讼请求及理由

在本案中,基于被告拜克洛克公司侵犯了其持有的"小黄车"注册商标的主张,原告数人智科公司向法院提出了如下诉讼请求:

一、请求法院判定被告擅自在相同的商品和服务上使用与原告商标近似的商标的行为侵犯了原告的注册商标专用权,并判决被告立即停止侵权行为,停止使用"小黄车"商标;

二、请求法院判决被告在相关媒体、网站上刊登声明(所刊发声明内容需经原告事先审核),消除其侵犯原告注册商标专用权造成的影响;

三、请求法院判决被告:1. 赔偿原告经济损失,共计人民币 300 万元;2. 支付原告为本案诉讼支出的公证费及律师费等合理费用,暂计人民币 55000 元(原告保留请求进一步追加为维权支出的合理费用之权利);

四、请求法院判决被告承担本案诉讼费。

为支撑其诉讼请求,原告数人智科公司向法院提出若干事实与理由。

首先,在本案中,原告在第 9 类(涵盖计算机软件等)和第 38 类(包括信息传送服务等)对"小黄车"文字商标进行了注册,享有该商标的专用权,且这些商标均处于有效期内。

其次,原告认为,被告的行为侵犯了原告的注册商标专用权。未经原告许可,被告在相同类别的商品上使用了与原告注册商标近似的商标。被告的"ofo 小黄车"在多个与服务相关的方面被使用,包括 App 名称、详情介绍、启动界面等,此外还在广告宣传和活动中被多次使用,构成对原告商标的侵权使用。

更进一步,原告认为,被告申请注册的"ofo 小黄车""小黄车"等商标与原告的"小黄车"商标在视觉、读音和含义上相似,导致两者构成近似商标。这不仅违反了《商标法》的规定,而且根据最高人民法院的司法解释，这种行为容易造成公众对商品来源的混淆。

此外，原告认为，被告使用的商标所属的商品和服务类别与原告注册的相同，增加了混淆和误认的可能性。被告的一系列行为，如在 App、广告和促销活动中使用"ofo 小黄车"商标，不仅削弱了"小黄车"作为原告注册商标的识别功能，也损害了原告的市场声誉和品牌价值。

原告认为，被告作为一家大型企业，应当知晓并尊重"小黄车"为原告已核准注册的商标，但其未经许可，执意使用与原告商标近似的商标，导致公众对商品与服务来源产生混淆和误认。基于《商标法》《商标法实施条例》及相关司法解释，被告的行为构成了对原告注册商标专用权的侵犯。

（二）原告的动机

本案中，原告提起商标侵权诉讼，实际上是观察到被告拜克洛克公司推出的"ofo 小黄车"服务受到广泛关注，对"小黄车"商标加以抢注，意图混淆是非，使法院判决被告拜克洛克公司承担损害赔偿责任，或与其达成和解，使拜克洛克公司花费高价收购案涉"小黄车"商标。

首先，被告使用"ofo 小黄车"标识的时间早于原告注册案涉"小黄车"商标的时间。

2014 年年初，ofo 创始人戴维联合张巳丁、薛鼎等在北京大学创立 ofo 共享单车。2014 年 4 月 3 日，登记注册小黄车（北京）数据服务有限公司，经营范围包括技术开发、数据处理、自行车租赁等，股东包括戴维、张巳丁、薛鼎、王新光等，张巳丁任法定代表人。2015 年 5 月 19 日，《北京青年报》报道了戴维、张巳丁、薛鼎创立 ofo 的故事：由于 ofo 共享单车为醒目的黄色，同学们称呼其为"小黄车"。由此可见，早在 2014 年，被告已经开始在市场上推广以"黄色自行车"为特色的互联网自行车租赁服务，并使用"ofo"及"小黄车"标识，媒体亦进行了宣传报道，得到了社会公众的广泛认同与接受。而原告在 2015 年 7 月 29 日才申请注册案涉"小黄车"商标，在时间上晚于被告对"ofo"及"小黄车"标识的使用时间。

其次，原告还申请注册他人多件高知名度商标，却没有明显的使用意图。

原告从 2013 年 10 月 30 日起，除抢注小黄车商标外，还先后申请注册了多个他人知名商标或与他人知名商标高度近似的商标，包括：世界知名商标 KURENT（卡伦图）、MAXIN 及啦啦拼车等。在申请注册前述世界著名品牌的商标后，原告均未进行真实的商业性使用。因此，原告注册与其生产经营无关的商标并非出于实际使用的目的,而是旨在以商标交易、商标"碰瓷"的方式获得利益。

由此可见,被告并没有侵犯原告商标之故意,恰恰相反,原告注册案涉"小黄车"商标系基于攀附被告之商誉及市场影响力的故意,通过抢注案涉商标达到其牟利目的。

(三)原告的策略

本案中,原告采取的诉讼策略可以分为两方面:其一,防守型策略。原告为证明其对案涉"小黄车"商标进行了实际使用,开发"小黄车修车App",避免案涉商标因连续三年不使用而被撤销;其二,进攻型策略。原告在诉讼过程中,从被告的公司注册经营范围、App 在被告提供商业模式中的作用等角度竭力说明被告所提供的系计算机软件商品,进而论证被告构成商标侵权。

首先,就案涉"小黄车"商标的使用情况而言,原告为避免案涉商标因连续三年未使用而被撤销,开发了名称为"小黄车 App 师傅版"的应用软件。

根据原告提供的公证书,2015 年 12 月 14 日,数人智科公司开发上线"小黄车"修车服务 App1.0 版本,软件名称为"小黄车 App 师傅版"。2015 年 12 月 25 日,该应用软件发布 1.1 版本,对商家资质服务端、消息气泡、微信付款,以及黑屏 bug 等问题进行了修复。2017 年 5 月 31 日,该应用软件发布 1.2 版本,对于服务端 API 地址以及通知功能进行了更改;7 月 28 日,该应用软件上线了 1.21 版本,修复了部分逻辑代码并更新了短信校验接口。该手机应用软件内容提要介绍:"小黄车,您的修车神器。客源滚滚,找到身边急需修车的客户;车主信任,快速诊断车辆问题;无忧服务,装上应用维修付款都不愁。此为检测维修师傅端,车主客户端,请关注小黄车微信公众号。"尽管存在对案涉商标一定程度的使用,但原告所开发的该应用软件在应用市场中下载量极少,并没有实际投入运营,在本质上只是为了维护商标存续的象征性使用。

其次,就对被告所提供的商品或服务类别的论证而言,原告竭力将被告所提供的商品或服务限缩在第 9 类"可下载计算机软件"商品上,以证明被告对"ofo 小黄车"标识的使用构成商标侵权。

第一,原告以被告的经营范围中包含"应用软件服务"为由,主张被告所提供的实际上是可下载计算机软件商品。一方面,原告认为,企业实际从事的生产经营活动应当以企业注册时登记的经营范围为限。在此基础上，原告进一步主张，由于被告的经营范围中不包括"自行车租赁服务"，因此否定了被告从事自行车租赁服务的可能性。另一方面，原告认为被告的经营范围中包含"应用软件服务"，并在经营中存在计算机软件的开发与推广，因此认为被告所提供的实际上是第9类"可下载计算机软件"商品，落入原告在第9类"可下载计算机软件"商品上持有的"小黄车"注册商标，因此构成商标侵权。

第二，原告坚持认为，App具有独立性，无论其是否与被告所提供的自行车租赁服务相关联，都不应否认手机App的商品属性，也即被告的行为构成在第9类"可下载计算机软件"商品上的商标性使用。一方面，就手机App的商品属性而言，原告主张，应用软件具有工具属性并不妨碍其作为商品的事实，即便应用软件因作为自行车租赁服务的工具而免费向公众提供，亦不能排除被告通过降低价格以提升应用软件下载量、最终通过广告等方式谋取利润的目的，也即无法否认手机App的商品属性。另一方面，在前述论述的基础上，原告进一步主张，被告向消费者提供了可下载计算机软件商品，并在该商品中使用了与原告相同或类似的商标，进而构成商标侵权。

可以说，原告在诉讼策略方面攻守兼备，既守住商标、通过象征性使用避免商标被撤销，又通过诡辩将被告提供的工具性质的手机App与其所从事的自行车租赁服务相分离，论证被告构成商标侵权，确实给被告带来不小的应诉挑战。

四、被告风险

面对原告的起诉，本案被告ofo小黄车也并非有十足的把握能够胜诉。恰恰相反，被告在本案中面临着诸如商标注册时间晚、原告对案涉商标确有商标性使用行为以及先例不能完全适用等诉讼风险，并且在诉讼程序之外，被告本身正面临着严峻的融资压力，如果本案败诉将使其处境雪上加霜，获得融资将更为困难。

（一）诉讼中风险

作为"互联网+"商标侵权案件中最具代表性的案例之一，滴滴打车案为后续此类案件的司法裁判与律师代理树立了表率。但是，司法裁判的过程是实践论证，尽管有先例可循，我们仍必须说明出于什么价值或理由的考虑，使过去已经判决的一个或者多个案件对现在和将来的案件形成了某种"规范性"层面上的约束。[1] 这种从"是"到"应当"的跨越，使先例的存在能够产生一定的示范与参考价值，但个案的特殊案情仍不容忽视，任何细微的差异都可能导致法官在事实认定或法律适用上作出截然不同的判断。

1. 本案涉及先案中未出现的第 9 类商品类别

滴滴打车案中，原告在第 38 类商品或服务类别上注册了"滴滴"与"嘀嘀"商标，核定服务项目包括"信息传送；计算机辅助信息和图像传送；电子邮件；电信信息；电子公告牌服务（通信服务）；提供与全球计算机网络的电信连接服务；提供全球计算机网络用户接入服务；提供互联网聊天室；提供数据库接入服务；数字文件传送"；在第 35 类上注册了"嘀嘀"商标，核定服务项目包括"商业管理和组织咨询；组织商业或广告展览；商业信息；民意测验；替他人推销；职业介绍所；商业企业迁移；在计算机档案中进行数据检索（替他人）；审计；寻找赞助。"该案原告认为，该案被告提供的服务包含了第 35 类商标中的替他人推销、商业管理和组织咨询、组织商业或广告展览、商业信息、在计算机档案中进行数据检索（替他人），以及第 38 类商标中的信息传送、计算机辅助信息和图像传送、电信信息、电子公告牌服务、提供与全球计算机网络的电信连接服务、提供全球计算机网络用户接入服务、提供互联网聊天室、提供数据库接入服务、数字文件传送等性质的内容。具体为整合司机和乘客的供需商务信息，通过软件管理，利用互联网图像传送和电话等通信方式，进行信息的传递和发布，并通过支付平台完成交易。原告认为以上过程均符合商业管理模式和电信类服务的特征，系其商标核定使用的服务项目，侵犯其商标专用权。

而在小黄车案中，除了滴滴打车案中已经出现的在第 38 类商品或服务类别上注册的商标，原告在第 9 类商品或服务类别上对"小黄车"商标进行了注册，核定商品项目包括："可下载的计算机应用软件；计算机软件（已录制）；芯片（集成电路）；运载工具用导航仪器（随载计算机）；交通信号灯（信号装置）；扬声器音箱；运载工具轮胎低压自动指示器；照相机（摄影）；运载工具用蓄电池；电子防盗装置。"因此，纵使滴滴打车案中司法裁判已经确立了"互联网＋"商标侵权案件中将通信技术、线上支付以及数据服务等技术手段作为整体进行商品和服务认定的原则，手机应用软件（App）作为本案被告所提供的互联网自行车租赁服务中直接面

[1] 王凌皞：《"同案同判"蕴含着"遵循先例"么？——一对易于混淆的概念及其澄清》，载《浙江社会科学》2022 年第 4 期。

向用户，也是在运营中最为重要的一环，其能否被滴滴打车案中所确定的认定原则所覆盖，仍是一个未知数。

因此，原告在诉讼中几乎没有提及其在第 38 类服务上注册的商标，而是聚焦于第 9 类商品类别，试图论证被告在手机应用软件中对案涉商标的使用构成在第 9 类商品类别上的使用。正如原告所主张的，"被告推出的一款用于自行车租赁的手机 App 正是被告的创新之根本所在，如果脱离了该手机 App，那么被告从事的业务就与传统的公交公司等推出的自行车租赁没有实质区别。正是因为有了手机 App 应用软件的出现与创新，被告在其领域才具备了核心竞争力；没有手机 App，被告的正常经营活动完全无法进行。"被告代理律师因此肩负重任，其必须说明手机应用软件尽管是互联网自行车租赁服务的核心，但其与通信技术、数据服务等技术手段相同，只是作为"互联网＋"时代的一种工具，并不影响滴滴打车案中所确立的"互联网＋"时代商品或服务类别的认定原则在本案中的应用。

2. 被告对案涉标识的使用时间晚于案涉商标注册时间

原告的商标注册时间与被告对该标识的使用时间的先后顺序亦是可能影响案件司法裁判的重要因素。

在曹操专车案中，被告软件上线时间大大早于原告商标核准注册时间。在滴滴打车案中，原告于 2012 年 6 月 26 日注册"嘀嘀"商标，被告虽然在同年 6 月 10 日即上线"嘀嘀打车 App"，但是该案中被告营业执照的生效时间为 7 月 10 日，晚于该案中原告注册商标的时间。因此总体来说，滴滴打车案中原告注册案涉商标与被告对该案涉标识加以使用基本处在同一时段。可以说，在与小黄车案相类似的案件中，原告的商标注册时间都不早于被告对该标识开始使用的时间。基于这一点，审理法院可能更倾向于认定被告并无侵犯商标权的恶意，甚至基于原告注册案涉商标时间点明显晚于被告实际使用该标识的时间点的事实，对原告产生恶意注册与商标"碰瓷"的怀疑。使用案涉标识的时间早于商标注册时间的事实，是类似案例中被告的抗辩事由之一，亦是其优势所在。

而在小黄车案中，被告对案涉标识的使用时间明显晚于原告注册案涉商标的时间。被告于 2017 年 4 月 26 日将官方微信公众号名称改为"ofo 小黄车"，而在此前其微信公众号的名称一直为"ofo 共享单车"。同年 5 月 17 日，被告在微博、微信公众号等平台发布文章，宣布"ofo 共享单车"正式更名为"ofo 小黄车"，并引起较大反响。而原告第 17541750 号商标申请注册时间为 2015 年 7 月 29 日，核准注册时间为 2016 年 9 月 21 日，均早于被告将涉案商标用于其手机应用程序及微信公众号上的时间。由于对"小黄车"标识启用时间较晚,被告已经没有可能基于在先使用作出抗辩。这也削弱了法院认定原告存在恶意进行商标"碰瓷"的可能。

3. 原告确有使用商标的行为

不同于滴滴打车案与人人车案,本案原告为维持案涉商标的存续,确实对案涉商标进行了专门性的使用。

滴滴打车案中,原告并未对案涉商标进行实际使用,其主张提供的车主通项目并未实施,甚至该项目的立项时间都远迟于被告对案涉标识的实际使用时间。因此在该案中,原告提供的证据不能证明其在注册商标核定使用的范围内对注册商标进行了商标性使用,被告的图文标识则在短期内显著使用且获得了较高知名度和影响力,市场占有率高,拥有大量用户,故从两者使用的实际情形出发,被告可以就其使用的标识与原告持有的商标难以构成混淆作出抗辩。

而在小黄车案中,虽然原告对案涉商标的使用只是象征性的,但确实存在原告对该标识进行商标性使用的事实:原告开发了名为"小黄车 App 师傅版"的手机应用软件,主要提供线上自行车维修服务,并在手机应用市场上开放下载、投入运营。在此种情况下,考虑到原告对于案涉"小黄车"商标的实际使用情况,如果无法使合议庭对原告的商标抢注以及恶意诉讼行径产生心证,合议庭可能出于尊重原告为达成商标使用目的而投入资金这一事实的尊重,认定被告所提供的部分商品和服务中的应用软件部分构成第 9 类"可下载计算机软件"商品,进而使被告承担一定的败诉风险。

(二)诉讼外风险:败诉对 ofo 小黄车融资极为不利

小黄车是本案被告 ofo 的立身之本,街头一抹标志性的亮黄色已经与其紧密相关,成为其最醒目的特征。如果本案败诉,无论是在手机 App 上,还是在共享单车的车身上,ofo 都将失去对"小黄车"标识的使用权,ofo 数年来艰苦创业所积攒下的良好商誉可能白白流失。可以说,小黄车代表着用户群体对 ofo 最本质的认同,ofo 绝对不能失去对"小黄车"这一标识的使用权。倘若本案败诉,ofo 无法再使用"小黄车"这一标识,这将对其企业形象造成极大的负面影响。ofo 将不得不花费天价从本案原告手中收购案涉"小黄车"商标。

2017 年下半年,本案被诉至法院,ofo 已经走到了企业发展的最高点,日订单量突破共享单车历史的最高纪录——3200 万单。但同时,为了与摩拜竞争,ofo 急切地拉动投资,疯狂增加单车数量,每个月的单车采购量至少有 300 万辆，成本高达 15 亿元人民币。除了采购成本，ofo 总部 3700 名员工以及各个城市中的维护人员每月的人力成本也高达 1.2 亿元人民币。在 ofo 迅速扩张的这段时间，要想维持住这种高速扩张，一个月至少要支出 20 亿元。在本案审理期间，2018 年，ofo 已面临着严峻的资金链断裂危机，此时获得融资是维系企业生存的核心要务。

事实上，2018 年以来，共享单车行业已是四面楚歌。由于融资速度跟不上支出的速度，不少共享单车开始打起了押金的主意，挪用押金来造车。小蓝单车和酷骑单车等都一度身陷押金挤兑风波。共享单车的两大龙头 ofo 和摩拜也不例外。2018 年年初，ofo 被爆出大规模裁员，该消息通过互联网短时间内传遍全国，一夜间"ofo 没钱退押金了"的消息不胫而走，大量用户选择退还押金，ofo 曾经引以为傲的用户数量最终成了刺向 ofo 的"尖刀"，公司资金链再度紧张。2018 年 3 月 13 日，ofo 完成了 E2 – 1 轮融资，融资金额高达 8.66 亿美元，此轮融资由阿里巴巴领投，灏峰集团、天合资本、蚂蚁金服与君理资本共同跟投，采取股权与债权并行的融资方式。这是 ofo 在资本市场的最后一搏，解了燃眉之急。

本案所涉及的"小黄车"代表着 ofo 最后的体面，如果丢掉这场官司，则相当于输掉了自己的立身之本。若真如此，再乐观的投资人，都会丧失信心。因此，对此时的 ofo 而言，这起商标侵权诉讼不能输，也输不起。

五、被告的诉讼策略

有了滴滴打车案以及人人车案两例"互联网+"商标侵权与确权案例的指引，本案被告代理律师在应诉时有了更为明晰的诉讼策略，从被告的行为不构成商标性使用、被告提供的服务与案涉商标核准注册的商品或服务类别不相同、不类似，以及不会造成公众混淆三个方面展开抗辩，对原告的起诉以及商标"碰瓷"行径进行了有力回击。

（一）被告的行为不构成对案涉标识的商标性使用

商标性使用是商标侵权的前提条件，要判断在相同商品上使用相同的商标，或者判断在相同商品上使用近似的商标，或者判断在类似商品上使用相同或者近似的商标是否容易导致混淆，要以被告对案涉标识的使用已经发挥或者可能发挥识别功能为前提。也就是说，是否破坏商标的识别功能，是判断是否构成侵害商标权的基础。因此，如果本案被告能证明其未在商标意义上对案涉标识加以使用，则可以证明其行为不构成商标侵权，免于承担侵权责任。但要证明自身对案涉标识的使用不属于商标性使用，本案被告首先需要解决以下问题。

一方面，被告需要对其直接使用"小黄车"标识的行为作出合理的解释。尽管被告提供的 App 中所使用的称谓为"ofo 小黄车"，但是在 App 的运行过程中，确有简化该称谓、使用"小黄车"名称的现象，如在 App 的特定页面中出现"小黄车将为您做路径规划"的文字。对此，被告需要证明这种使用仅属于描述性使用，而非商标意义上的使用。

另一方面，对于被告所使用的"ofo 小黄车"标识是否与原告注册的案涉商标构成商标侵权意义上的相同或近似商标这一问题，被告需要作出足以使人信服的解释。本案中，被告所使用的"ofo 小黄车"标识同时包括"ofo"与"小黄车"两部分，后者与原告持有的案涉商标相一致，但被告可以主张前者"ofo"才是该标识的核心，显著性更强且知名度更高，进而证明被告的行为对案涉标识不构成商标性使用。

（二）被告提供的服务与案涉商标核准注册的商品或服务类别不相同、不类似

在"互联网＋"时代，新旧产业呈现出愈发明显的融合趋势，计算机软件正在与几乎所有传统产业建立起密不可分的关联，在功能上使传统产业中的商品与服务通过网络空间沟通互联。"互联网＋"对传统产业的全产业链进行了全方位改造，所影响的不是某个或某几个环节，而是贯穿商品生产、运输、销售以及服务提供的全流程。由于传统产业对信息技术的全面拥抱，在商标侵权案件中，基于商品的商品与服务类似，将拓宽到传统商品或服务与信息服务或计算机程序的类似。[1] 因此，不应仅因传统商品或服务在形式上使用了互联网、移动通信信息服务与应用程序，就机械地将其归为计算机程序商品或者通信服务。此即是言，不能仅以使用了计算机软件，便将所提供的商品或服务认定属于计算机程序这一类商品；同样地，也不应仅因传统商品与应用程序的表现形态存在区别，就径直否认两者的相似性，而应从商品或服务的整体进行综合判断。

本案中，被告所提供的"共享单车—互联网租赁自行车"是一个服务整体，其在形式上采用了互联网、通信技术以及应用软件等技术，但其实质上提供的仍然是自行车租赁服务。原告人为割裂被告"共享单车—互联网租赁自行车"这一服务整体，以被告服务存在"ofo 共享单车 App"，该

---

[1] 李顺德：《"互联网＋"背景下商品与服务类似的认定》，载知识产权司法保护网 2017 年 4 月 1 日，https：//www.chinaiprlaw.cn/index.php? id = 4711。

App 需要下载并具有开锁、导航等功能为由，机械错误地认为被告服务落入涉案商标核定商品服务中，构成相同或类似商品。因此，被告可以阐明其提供的系自行车租赁服务整体而非孤立的计算机软件商品，未落入原告持有的商标所核准注册的商品或服务类别，不构成商标侵权。

（三）被告的行为不会造成混淆

商标的基本功能在于区分商品或服务的来源，在商品或服务与其提供者之间建立联系，避免相关公众的混淆与误认，使相关公众能够识别并区分商品或服务的来源。因此，混淆可能性是区分不同经营者提供的商品或服务，判断构成商标侵权与否的核心。本案中，被告如果能证明其对案涉标识的使用行为不会造成相关公众混淆，即能表明该行为不构成对原告持有的案涉商标的侵犯，进而免于承担侵权责任。

一方面，被告可以从消费者感知着手，围绕其提供的服务的特殊性展开论证。被告在论证时应着力区分商品与服务的界限，表明服务不同于商品。同时，服务通常具有持续性，且存在消费者与服务提供者的有机互动，而非如商品一样交易过程比较短暂。此外，服务亦具有场景性，需要消费者前往服务者的规定场所接受服务，这也将使消费者产生更高的识别注意力。通过对服务作为"活劳动"的说明，被告可以证明其所提供的系服务而非商品。考虑到消费者识别服务时的一般注意力水平普遍高于对商品的识别水平，本案中被告提供的服务更难造成相关公众混淆。

另一方面，被告可以基于其就"ofo 共享单车"标识在先使用并已形成稳定对应关系的事实，证明对"小黄车"标识的使用不会改变这种对应关系，亦不会造成相关公众对被告所从事的共享单车业务与原告所提供的互联网自行车修理服务产生混淆。同时，对于原告所提出的被告的行为构成反向混淆的主张，被告亦需要结合学理以及本案事实作出综合性驳斥。

六、被告律师代理策略

基于滴滴打车案与人人车案所确立的"互联网+"商标侵权确权案件的共有特点，结合小黄车案的案情，本案被告代理律师在确定了诉讼策略以及抗辩要点后，在代理本案的过程中集中展现了高超的诉讼技巧与专业风采。

（一）整合既有商标资源

本案中，被告并未在相关商品或服务类别上持有"小黄车"商标，其在第 9 类商品类别上提交的"小黄车"商标申请处于驳回复审状态。截至原告起诉时，被告名下共计申请注册商标 599 件，类别涵盖全部 45 类，具体商标包括"ofo""ofo 共享单车""小黄车""ofo 小黄车"等。显然，被告申请注册商标的类别已经覆盖其主营业务，申请的商标也能满足使用需求。但遗憾的是，被告没有践行市场未动、商标先行的商标战略，上述商标申请注册的时间普遍较晚，599 件商标基本处于申请待审或者驳回状态中，只有在第 9 类注册的第 18325214 号"ofo"商标、在第 12 类注册的第 18325213 号"ofo"商标已经被核准。

曹操专车案中，在案件进入庭审环节前，被告申请注册的"曹操专车"商标已经核准注册。滴滴打车案中，在案件进入庭审环节前，被告在第 9 类商品类别上申请注册的"嘀嘀"商标已核准注册，在第 9 类商品类别上申请注册的"嘀嘀打车"商标处于初审公告阶段。在上述案例中，原告与被告分别在不同的商品或服务类别上持有商标，因此对于原告提出的被告侵犯商标权的主张，被告可以作出抗辩，主张其对案涉标识的使用行为是在其持有的商标所核准注册的商品或服务类别上的使用，因此不构成对原告持有的商标的侵犯。滴滴打车案与曹操专车案审理时，"互联网 +"商品或服务类别认定规则尚不明确，被告此种抗辩策略有助于获得法院的支持，认定其使用案涉标识的行为是对已核准注册标识的正当使用。但在本案中，最为关键的"小黄车"商标未核准注册，面对原告的起诉，本案被告无法同滴滴打车案与曹操专车案一样，通过主张其使用行为系对已核准注册商标的使用来进行抗辩，存在一定的诉讼风险。

为此，2017 年 12 月，拜克洛克公司在第 39 类服务上申请注册了"小黄车"文字商标，具体的服务类别为："3901（3）导航系统出租；（3）导航；3902（1）运载工具故障牵引服务；（1）船只出租；390313904 运载工具故障牵引服务；3905（1）车辆共享服务；（1）通过手机应用软件提供出租车预订服务；（1）运载工具（车辆）出租；（1）自行车出租；3906 货物贮存；3911 为旅行提供行车路线指引。"该商标的注册，可以保证被告在其提供的第 39 类自行车租赁服务类别上持有商标，避免该商标再度被抢注，使被告落入腹背受敌的局面。但该商标也因连续三年不使用而被撤销。

（二）本案被告所提供的商品或服务类型

1. "互联网+"时代的商品和服务分类特点

正如《类似商品和服务区分表》的编者说明中指出的，《类似商品和服务区分表》中类似商品和服务，是商标主管部门为了商标检索、审查、管理工作的需要编制而成，《类似商品和服务区分表》中的商品分类并不能与商品类似或不类似画等号。《最高人民法院关于审理商标授权确权行政案件若干问题的意见》第15条规定："人民法院审查判断相关商品或者服务是否类似，应当考虑商品的功能、用途、生产部门、销售渠道、消费群体等是否相同，或者具有较大的关联性；服务的目的、内容、方式、对象等是否相同或者具有较大的关联性；商品和服务之间是否具有较大的关联性，是否容易使相关公众认为商品或者服务是同一主体提供的，或者其提供者之间存在特定联系。《商标注册用商品和服务国际分类表》《类似商品和服务区分表》可以作为判断类似商品或者服务的参考。"因此，在对"互联网+"时代的商品与服务类别进行认定时，我们不能局限于《类似商品和服务区分表》，而应以《类似商品和服务区分表》为参考，结合商品和服务的本质特征作出综合认定。

现实中，在类似商品判断时往往会混淆"商品分类"与"商品类似"的关系，将《类似商品和服务区分表》作为类似商品判断的唯一依据，以《类似商品和服务区分表》分类简单推定商品类似与否。显然，这是犯了本本主义的错误，惟《区分表》是从，以狭隘的眼光对商品与服务的类别进行机械的判断。在"互联网+"新业态中，如果坚持这种僵化的做法，将导致"互联网+"的新商业模式与《类似商品和服务区分表》第9类"软件"、第35类"商业管理"、第38类"互联网通信"等多个类别商品或服务判定为类似。此外，鉴于"互联网+"商品或服务是《类似商品和服务区分表》中所列举的不同商品或服务类别的组合，根据现有的《类似商品和服务区分表》难以对其实现精准划分。如果要求"互联网+"商品或服务的提供者按照《类似商品和服务区分表》中的项目申请注册商标，其商标注册与管理成本将大大增加。并且，"互联网+"业态的发展将受限于第9类"可下载计算机软件"商品与第38类"互联网通信"两类基础商品与服务类别，这就给商标抢注者留下可乘之机。[1] 因此，对于互联

---

[1] 刘云开：《"互联网+"环境下商品或服务类似性之判断——以手机App类软件商标侵权纠纷为例》，载《西部法学评论》2021年第2期。

网环境中商品和服务类别的认定，必须突破《类似商品和服务区分表》的桎梏，采取不同于传统商品与服务类别认定的思路，否则将难以适应"互联网+"时代的发展要求。

本案中，原告即紧密围绕《类似商品和服务区分表》展开论述，以客观存在"ofo小黄车"应用软件为由，极力主张被告所提供的系《类似商品和服务区分表》第9类"可下载计算机软件"商品。如前所述，这是一种机械化的思维模式，难以适应"互联网+"新业态的经营模式。因此，被告的委托诉讼代理人在应诉过程中的一大策略，即是使本案跳脱出原告所主张的僵化逻辑，结合对被告所从事的"互联网+"新业态的商业模式与运营原理的深入剖析，向合议庭说明本案中商品与服务类别的认定不应局限于《类似商品和服务区分表》，而是应从相关消费者（用户）、商品或服务、商品或服务的提供者、商品或服务的提供渠道等多方面进行分析。

2. 坚持综合、整体、实质的主客观认定标准

ofo小黄车这类"互联网+"新业态，融合了"互联网通信""在线支付金融""LBS""App软件"等多行业，引发大众对其物理属性及其与其他商品或服务类似的判断产生争议。本案中，对于ofo小黄车这一线上手机App与线下自行车租赁服务相结合的"互联网+"新业态，不能因其包含计算机软件的成分就笼统认定其属于第9类"可下载计算机软件"商品，还要从销售渠道、消费群体、服务目的与内容等方面是否存在关联的客观因素，辅以公众认识等主观因素，在整体上进行实质且综合性的判断。

首先，应从整体上把握"互联网+"新业态，在整体上深入剖析ofo小黄车的经营模式及其真正向用户提供的服务类型，避免割裂整体服务与商品，对单一工具进行孤立的判断。

本案中，被告所从事的服务实质上为"自行车出租"，更具体是互联网租赁自行车，也即共享单车服务，物理上整体由"App""人工及服务器形成的后台运输信息处理中心""人工和服务器组成的自行车调度中心""大量客服人员构成的客服中心""交易保障、信用管理中心""线下投放的大量自行车"等共同构成，是移动互联网和租赁自行车融合发展的新型服务模式，是共享经济的典型业态。其中，用户端的手机App的主要功能系接收区域内共享单车的位置、获取特定单车的解锁信息，该信息不沉淀在其用户端的移动设备中，而是传送到人工及服务器形成的后台运输信息处理中心。信息处理中心通过大量人工和服务器汇集用户端传送

回来的信息，再根据不同需求分门别类地整理。自行车运输调度中心根据信息处理中心整理的"需求"匹配距离用户位置最近的车辆，并向用户发送共享单车的实时位置，与乘客达成交易。交易保障、信用管理中心主要负责通过第三方支付平台代收车辆租赁费用及押金，优化了传统自行车租赁通过定桩刷卡才能完成付费的复杂过程，缩短了交易时间，为用户提供便利。客服中心和自行车调度中心主要通过人力负责接收用户反馈的车辆损坏及异常收费信息，对损坏的车辆进行回收维修，并在共享单车数量分布不均衡的区域进行车辆的运输与调度，确保各区域内用户皆有车可用。

　　ofo小黄车创新性地将传统自行车租赁服务与移动互联网相结合，通过互联网收集、匹配运输信息，将共享单车实体与骑行者联系起来，进行信息撮合，高效且方便地达成自行车租赁交易。其整体得以运行，建立在发达的互联网通信、地图软件、在线支付等基础设施及服务上。ofo小黄车所提供的是自行车租赁服务，具体而言，系通过手机应用软件提供自行车位置信息、自行车租赁的计费服务，以及通过互联网提供线上支付的融合。

　　可以说，ofo小黄车融合了互联网通信、地图软件，以及在线支付等多种商品和服务类型，这些商品和服务是ofo小黄车的有机组成部分，绝不能将其中特定的商品和服务类型孤立看待。从事互联网通信服务需要得到国家行政部门颁发的行政许可，并投入大量资金完成通信基站建设，技术门槛极高；地理信息涉及国家安全，从事地图软件商品的开发亦需要企业取得相应资质；在线支付则涉及国家金融秩序，取得从业资质更是需要经过严格审批。如果将ofo小黄车所从事的业务分拆成如上三种类型，显然是荒谬的。此外，"ofo小黄车App"内容简单，无法脱离线上客服、线下运营调度人员以及共享单车实体单独运行，不作为商品向公众提供。"ofo小黄车App"与其他部分是一个不可分割的整体，任何一个组成部分如果脱离整体，对于消费者而言将失去使用价值。因此，"ofo小黄车App"与传统意义上能够单独运行发挥功能，并可以售卖的"计算机程序（可下载软件）"商品有着本质区别，尽管"ofo小黄车"在用户端移动设备上被称为"软件"或"App"，但这不能改变其前述属性。

　　其次，应当从商品功能、用途、生产部门、销售渠道、消费对象、服务的目的、内容、方式、对象等方面，对ofo小黄车所提供的商品和服务类别进行主客观相结合的综合性的判断。

　　从服务对象、内容、目的、方式等来看，ofo小黄车的服务对象非常特定，就是骑行者。就其服务内容、本质与功能而言，ofo小黄车出租自行车给骑行者，方便公众短距离出行和公共交通接驳换乘，是互联网环境下的一种交通服务方式。其服务流程非常简单：第一步，注册、缴纳押金或免押金认证；第二步，寻找单车；第三步，打开车锁；第四步，使用单车；第五步，停放单车；第六步，单车上锁；第七步，费用结算；还可以通过微信进行互动分享行程等。就 ofo 小黄车提供的服务所具备的效果而言，其充分发挥了移动智能终端、移动互联网信息化优势，更好地满足公众出行需求，有效解决城市交通出行"最后一公里"问题，在缓解城市交通拥堵、构建绿色出行体系等方面发挥了积极作用，有力推动了共享经济发展，具有重大社会价值。

从行业认知来看，中国交通运输协会在出具的说明中明确，共享单车是移动互联网和租赁自行车融合发展的新型服务模式，是共享经济的典型业态。该业态虽然形式上使用了基于互联网和移动通信业务产生的应用程序，但其目的、内容、对象等与运输行业一致，受我国运输行业法律法规规制。

因此，从主客观方面实质、综合性地判断 ofo 小黄车，其属于"活劳动形式"的自行车租赁服务，虽然在服务过程中借助移动互联网等基础工具，但这也正是"互联网+"新业态的普遍形式及创新点。

（三）全面举证

诉讼活动最重要的就是证据，好的律师必定会帮助委托人全面深入收集与案件有关的所有证据，越是复杂的案件越需要律师的细心周全，对相关的材料进行全面收集与梳理，使微小的证据组合在一起由量变产生质变。可以说，证据是案件的灵魂，证据问题是诉讼的核心问题，对于一名诉讼律师来说，证据、组织与运用收集的能力是基本功，也是能否胜诉的关键。

本案中，被告拜克洛克公司的委托诉讼代理人在应诉过程中，通过与委托人进行细致的沟通以及主动调查取证，围绕原告持有的商标不具有显著性、被告所提供的服务类别、案涉标识与被告的紧密联系等方面全面收集证据，充分还原案件事实，为本案中被告反败为胜打下坚实的证据基础。

首先，就被告持有的案涉商标的显著性而言，被告委托诉讼代理人结合案涉商标的注册档案，证明由于原告所持有的商标系普通字体，加之该文字本身具有称谓上的普遍性，因此其作为商标直接表述了商品特点，不具有显著性或显著性极弱。在对案涉商标的显著性作出否认后，被告委托诉讼代理人进一步举证证明被告对案涉标识系正当使用。通过提供被告从事共享单车业务各阶段的单车照片，证明被告租赁的单车自始至终都是黄色，因此案涉标识"小黄车"是对其颜色特点的描述，被告对该标识的使用是正当且合理的描述性使用。

其次，就被告所提供的服务类别的认定而言，由于此系本次诉讼的核心问题，被告的委托诉讼代理人亦对此进行了充分举证与说明。一方面，通过对官方政策文件的列举，如援引国家发展改革委、中宣部等印发的《十部门印发关于促进绿色消费的指导意见》以及交通运输部印发的《交通运输部等十部门关于鼓励和规范互联网租赁自行车发展的指导意见》，对被告所从事的共享单车业务进行界定，说明被告提供的是移动互联网和租赁自行车融合发展的新型服务模式。另一方面，通过与委托人的深入沟通，挖掘具有证明价值的材料，如被告曾与数个城市的地方人民政府签订合作协议，以及被告与通信及短信服务供应商订立合同，佐证被告提供的是车辆共享服务或自行车出租服务，与原告商标核定使用的商品或服务不相同、不类似。

最后，就案涉标识与被告的紧密联系而言，被告的委托诉讼代理人亦通过提供有关被告及其所从事的共享单车业务的知名度的相关证据，证明不存在使相关公众产生混淆的可能性。被告所从事的共享单车业务具有相当程度的先进性，作为共享经济的代表，在短时间内得到各大媒体以及研究者的关注，并受到政府部门以及各类著名组织的嘉奖。考虑到这一点，被告的委托诉讼代理人认为，可以通过对被告知名度的证明，结合被告对该标识的使用系合理的描述性使用的事实，说明案涉标识已经与被告及其提供的共享单车服务产生紧密联系，不会造成相关公众混淆误认。在具体举证内容上，被告的委托诉讼代理人一方面积极从公开领域搜集相关新闻报道，并出具由国家图书馆科技查新中心制作的检索报告，证明被告已为各大媒体广泛宣传并曾获得大量奖项，享有较高的知名度；另一方面充分援引研究机构发布的行业研究报告，证明被告在共享单车行业具有领先地位与较高的影响力。

此外，本案被告代理律师也不忘旁征博引，通过筑牢理论根基来提高胜诉概率。"互联网＋"作为新兴事物，人们对其接触不足，认知难免不够全面，甚至有所偏颇。在"互联网＋"相关企业商标侵权案件中，商品和服务类别的认定规则即是这种情形。传统行业极为稳定，人们亦对其形成了非常充分的认知，如果能严格依据《类似商品和服务区分表》，便不会在判断上存在较大困难。但"互联网＋"的概念诞生不过数年，技术与商业模式日新月异，商品和服务类别也随之变化迅速，人们来不及充分认知，商品和服务的分类变得愈发困难。

在本案中，ofo小黄车以及共享单车作为2015年才出现的新兴事物，其运作模式在当时并未被社会公众充分认知。因此，为了阐明被告所提供的服务的类别，被告委托诉讼代理人旁征博引，以既有判决和研究成果加以论证。一方面，通过援引同为"互联网+"行业商标侵权案的滴滴打车案、曹操专车案等在先案例，向法院阐明此类案件中应采取的商品和服务类别认证规则。另一方面，被告委托诉讼代理人参考援引了大量实务界人士的经验总结以及学者的研究论文，进一步说明本案中商品与服务类别的认定不应局限于《类似商品和服务区分表》，而是应从相关消费者（用户）、商品或服务、商品或服务的提供者、商品或服务的提供渠道等多方面进行分析。

（四）谨慎质证

随着社会经济活动的发展，经济纠纷引起的诉讼和非诉讼事件也日益增多，公证作为民事诉讼和非诉讼案件中的证据保全措施，也被当事人广泛采用。《中华人民共和国民事诉讼法》第69条规定："经过法定程序公证证明的法律事实和文书，人民法院应当作为认定事实的根据，但有相反证据足以推翻公证证明的除外。"虽然公证书具有法定的优势地位，但是其证明力也不是万无一失的。科技不断进步，精通计算机和网络技术的高手已经越来越多，在需要使用计算机、手机等电子设备对证据进行公证保全时，排除证据被恶意伪造或篡改的可能，保证公证环境的清洁性，这对公证书是否能被采信具有极其重要的意义。

所谓清洁性检查，是指公证人员在对电子数据进行证据保全时，所使用设备是否是公证处的设备，并对使用设备采取格式化处理、清洁化处理或其他加密措施。清洁性检查是为了使公证行为在一个清洁、不受其他人为因素干扰的环境下进行，从而确保公证的网络信息来源于互联网。[1] 根据中国公证协会关于《办理保全互联网电子证据公证的指导意见》第7条和第8条的规定，公证机构办理保全互联网电子证据公证，应当在公证机构的办公场所使用公证机构的计算机和公证机构的网络接口接入互联网，使用本单位的移动存储介质，否则，就应当对所使用的计算机、移动存储介质、接入的网络进行清洁性检查。

---

[1] 曲秉正：《网络保全证据公证清洁性检查的重要性及方法》，载《中国公证》2019年第4期。

本案庭审过程中，在质证环节，对于原告提交的证据中的若干公证文书，被告的委托诉讼代理人并没有照单全收、完全认可，而是仔细研读公证文书的每一个角落、不放过任何一处可能带来胜诉希望的细节。对于原告提交的证据14，被告委托诉讼代理人慧眼如炬，十分敏锐地注意到了一处细节：此份公证书的页面显示手机相册尚有八百余张照片，而这显然不是完成清洁性检查后所应显示的数目。因此可以推定，原告提供的证据14——31130号公证书中，公证人员在进行公证前并没有对设备进行清洁性检查。被告律师抓住这一点，对原告提交的其他公证文书的清洁性进行检查，发现原告提交的编号分别为证据13、证据24及证据25的公证文书中，均没有清洁页面。尽管原告对该瑕疵矢口否认，称是由于公证之时其他设备被占用、迫不得已才使用自己的手机。但即使原告所主张的事实成立，公证员使用私人手机进行公证操作，毫无清洁性检查可言，公证的可靠性也荡然无存。

在被告委托诉讼代理人指出原告提交的公证文书的清洁性问题后，原告也意识到前述证据所存在的瑕疵之大、对其证明力的减损之巨。面对两位资深律师对于证据精细无比的把握，原告的委托诉讼代理人无以复言，只能反驳道："被告的公证也没有满足上述要件。"对此，被告委托诉讼代理人回复道："我方公证的不是手机而是网站，且我方公证的是一个公知的事实，是商标局的网站，实质上根本不需要公证。"只此一言，被告在气势上便已占据上风。

这样一个细节，在原告多达数百页的证据目录里显得微不足道。但被告的两位委托诉讼代理人出于严谨与审慎的执业态度，不放过任何一处有价值的信息，有力保障了被代理人的合法权益，彰显出其专业、谨慎、负责的风采。

（五）做好背调，知己知彼

在接到拜克洛克的委托后，被告委托诉讼代理人基于敏锐的法律直觉与丰富的执业经验，判定本案较大可能是商标抢注"碰瓷"案件。所谓"知己知彼、百战不殆"，为了尽快掌握原告的诉讼动机，被告委托诉讼代理人对原告的商标注册持有情况、案涉商标使用情况等迅速开展细致的摸底调查。

调查发现，从2013年10月30日起，除抢注"小黄车"商标外，原告还先后申请注册了多个他人知名商标或与他人知名商标高度近似的商标。这些商标包括：世界知名商标KURENT（卡伦图）、MAXIN及啦啦拼车商标等。对于前述商标，原告申请注册后均无真实商业性使用，可以判定，其注册前述商标及本案所涉的"小黄车"商标的目的，根本不是用于生产经营活动，而是通过商标"碰瓷"牟利。

为了证明这种推测，被告委托诉讼代理人进行了时间线梳理，进一步说明原告系商标抢注，提起诉讼动机不纯。经过调查发现，在原告 2015 年 7 月 29 日申请注册"小黄车"前，被告事实上已经在市场上推出黄色自行车，并使用"ofo"及"小黄车"，媒体也进行了大量宣传报道，且均以"小黄车"称呼被告"ofo 共享单车"。原告申请注册了多件与车相关的商标，高度关注互联网出行，应当知晓"ofo 小黄车"，其在后申请注册"小黄车"商标，不应当属于巧合。

此外，对于原告所提供的证明案涉"小黄车"商标已实际使用的证据，被告委托诉讼代理人亦进行了回应与反驳。原告提出其使用了"小黄车修车 App"相关页面，通过该证据可以看出其分为"司机端""师傅端"，宣传为"修车神器，修车就找小黄车，专门提供上门汽车检测及维修"，但该 App 下载量极少。即便该证据真实，其上线该 App 也仅是为了维护商标注册、诉讼牟利的象征性使用，且这种使用并非在其注册商标核定使用商品"可下载计算机应用软件"及"通信服务"上。

七、精彩庭审

诉前诉讼策略的制定、证据的收集以及书状的撰写等工作固然重要，但诉讼律师的闪光点与风采恰恰在于庭审过程中在辩论环节所展现出的有条不紊、思路清晰的气势与即时反应。本案审理过程中，被告委托诉讼代理人展现出了可圈可点的庭审表现。

（一）就案涉标识的商标注册与使用时间顺序展开激烈辩论

商标侵权案件中的"在先使用抗辩"是 2013 年《商标法》修改时引入的内容，2013 年《商标法》修改时在第 59 条增加了第 3 款，"商标注册人申请商标注册前，他人已经在同一种商品或者类似商品上先于商标注册人使用与注册商标相同或者近似并有一定影响的商标的，注册商标专用权人无权禁止该使用人在原使用范围内继续使用该商标，但可以要求其附加适当区别标识"。在先使用抗辩是商标侵权案件中被控侵权人常用的抗辩理由之一，亦是有效遏制商标"碰瓷"的制胜法宝。被控侵权人对案涉标识的在先使用应满足两个方面的要求：一方面，就使用时间而言，应当满足"双在先"，即早于商标注册人申请和使用案涉商标的时间；另一方面，就对案涉标识的使用方式而言，应对案涉标识进行商标性使用，且使用效果应达到具有一定影响的程度。如果符合前述条件，即视为被控侵权人抗辩成功，可以在原使用范围内继续使用案涉标识。

本案中，原被告双方对案涉标识予以商标注册或使用的先后顺序关涉被告是否能以在先使用为由成功抗辩，因此成为法庭辩论环节的重要争点，双方委托诉讼代理人亦围绕此争点展开激烈交锋。

原告委托诉讼代理人提出，原告提出商标申请时间是2015年7月29日，而同年8月6日被告公司才成立。2016年9月21日，原告申请注册的商标被核准注册，同年11月4日被告才针对ofo小黄车提出在第9类商品和第38类服务上提出商标注册申请，但被驳回申请。基于此，原告进一步主张，被告于2017年5月17日在媒体上介绍被告品牌从"ofo共享单车"更名为"ofo小黄车"，从这一天开始被告才主动使用"小黄车"标识。此外，原告亦援引了较有影响力的伟哥案和索爱案：伟哥案中，辉瑞公司因为客观原因无法使用该商标，法院认为之前的使用并非主动使用，没有对其在先使用抗辩予以认可；索爱案中，索尼爱立信也是因为没有主动使用，之前的使用行为未被法庭认可。因此原告认为，对标识加以主动使用的时间是正式开始侵权时间，被告正式侵权的时间是2017年5月17日。

在对案涉标识的注册和使用时间的问题上，原告的委托诉讼代理人可谓"穷追猛打"，不仅对案涉标识的商标注册与使用时间进行罗列，还援引在先案例对其观点加以佐证，被告稍有不慎即有可能掉进陷阱，陷入极其不利的境地。对于原告发起的进攻，被告委托诉讼代理人从容淡定，对案涉标识的注册和使用时间的先后顺序展开细致分析。

被告委托诉讼代理人强调，不认可原告关于被告主动使用"小黄车"的时间的表述。在2017年5月17日前，被告就已经开始主动使用案涉标识。被告公司于2015年8月6日成立，但被告公司并不是最早开展"ofo小黄车"业务的，其关联公司西宁转动惯量商贸有限公司于2014年3月26日成立，是最早使用小黄车提供共享单车服务的公司，且其法定代表人张巳丁亦是被告公司的联合创始人之一，在推广运营ofo小黄车业务上有相当程度的参与。可以说，两家公司存在密不可分的关联。此外，2014年4月3日，张巳丁又在北京成立一家公司，被告公司是该两家公司的实际控制人，该两家公司与被告公司的股东都是同一人。被告委托诉讼代理人的一番发言，将被告与其实际控制的两家公司作为一个整体看待，将其对案涉标识的使用时间大大提前。若不是被告委托诉讼代理人对其有关情况了如指掌，被告对案涉标识的使用时间则不可能早于其公司注册时间，也即2015年8月6日，而这晚于原告申请注册案涉商标的时间2015年7月29日。可以说，被告委托诉讼代理人在法庭辩论环节的即时反应，为被告提供了一条重要的抗辩路径，同样提升了其反败为胜的可能。

在此基础上，被告委托诉讼代理人进一步主张，被告提供的证据24及证据25，可以证明最晚在2015年5月19日，小黄车已经作为被告的服务名称广为流传，《北京青年报》亦对此进行了广泛的报道。此外，2015年5月19日，被告运营的微信公众号中已经突出使用了"ofo小黄车"标识。可见，在原告提交案涉商标申请前，无论是在被动使用层面上，还是在主动使用层面上，被告均已经使用"ofo小黄车"标识。截至2016年9月21日案涉商标核准注册时，"ofo"已经成为未注册驰名商标，作为公认的事实，"小黄车"更是与"ofo共享单车"在互联网租车服务上形成了唯一的对应关系。至于原告主张的被告于2017年5月17日宣布更名，继续宣传推广小黄车的事实，被告是对互联网服务的使用而不是对软件的使用。此外，小黄车是对自行车的颜色的客观描述，而被告更名的是"ofo小黄车"，不是"小黄车"，"ofo"才是实际发挥识别作用的部分，该标识整体不构成与原告商标的近似。

概言之，通过对被告与其两个实际控制企业之间的关联，以及三企业注册时间的详细梳理，被告委托诉讼代理人将被告对案涉商标加以主动使用的时间大幅提前，使被告以对案涉标识的在先使用为由作出抗辩成为可能，大大提高了被告反败为胜的可能性。

（二）"互联网+"商品或服务类别认定的观点交锋

在法庭辩论的最后，双方就被告所提供的商品和服务类别的认定展开了激烈的讨论。被告委托诉讼代理人结合"互联网+"时代商业模式的特点，进行精彩的论述。

原告认为，被告对涉案标识使用构成0901类上的使用。北京市高级人民法院和北京知识产权法院的判决认定同时构成0901和3703的类别的使用。对此，被告的委托诉讼代理人反驳道："App能开锁，就说是软件的功能，这是机械地将服务的一部分单独作为全部的功能进行认定。我方App仅能开我方自行车的锁，因此这不是软件能单独发挥的功能，不是可以单独售卖的软件，因此不能认定为单独的软件服务。原告做的就是修车服务，原告实际也不是在软件商品上进行的使用。如果支持了原告的请求,那么就会导致第 9 类商标变成万能商标,必然会阻碍'互联网+'的国家战略。软件和服务需要相区别,万能商标的出现是非常可笑的。原告将小黄车使用在修车服务上,描述性强,但原告的商标的显著性是极弱的。"

原告主张,新版的《类似商品和服务区分表》中新增了"可下载的手机应用软件"类别,可见这种类别的重要性。不能以提供服务作为借口来逃避 0901 类别的规制。如果任何软件都能够在服务类找到对应,0901 类别就没有意义。被告的商标使用明显落入 0901 的类别。对此,被告委托代理人结合互联网商标商品和服务认定的原则,对原告的主张进行反驳:"新版的《类似商品和服务区分表》中新增了"可下载的手机应用软件"类别,但从本质上必须是商品。恶意注册不能够阻止他人的正当使用行为。不能对我方的行为进行拆分。"

被告委托诉讼代理人基于"互联网+"业态下商品和服务分类的认定原则指出,在互联网时代,应当结合"互联网+"业态的特点,从产业实质考虑商品服务是否类似。在互联网时代,网络与应用软件是新型产业的基础设施,任何产业进行"互联网+"模式的经营活动,均需要使用计算机辅助设备,包括软硬件。在这种背景下,划分商品和服务类别,不应仅因其形式上使用了基于互联网和移动通信业务产生的应用程序,就机械地将其归为计算机程序(可下载软件)商品或者通信服务,而应从服务的整体进行实质性判断,而且不能将计算机程序商品、互联网通信服务的使用者与提供者混为一谈,也不能以是否使用计算机软件、互联网通信作为确定是否属于计算机程序(可下载软件)这一类商品和互联网通信服务的标准。

八、法院采纳

经过细致的分析与梳理,被告委托诉讼代理人在答辩环节与法庭辩论环节给合议庭留下了深刻的印象,也使得合议庭在判决中全面采纳了被告委托诉讼代理人的观点,判决驳回原告的全部诉讼请求。

经过 2017—2019 年的审理,法院将双方的争议焦点概括为:第一,被告使用行为是否是具有标识商品或服务来源的商标性使用;如果具有标识商品来源的作用,则所标识区分的是商品还是服务,进一步是"自行车出租服务、互联网租赁自行车",还是原告主张的"可下载的计算机应用软件"商品、"信息传送"等服务;第二,被告使用标识的商品或服务与原告注册商标核定使用的商品、服务是否构成相同或类似;第三,被告使用的标识与原告商标是否容易造成相关公众混淆误认。

（一）被告对案涉"小黄车"标识的使用方式

法院认定，在原告 2015 年 7 月 29 日申请注册"小黄车"前，被告事实上已经在市场上推出黄色自行车，并使用"ofo"及"小黄车"，媒体也进行了大量宣传报道，且均以"小黄车"称呼被告"ofo 共享单车"。本案中"小黄车"属于常用词汇，并非原告臆造，文字的第一含义即为"黄色的小车"，将其使用在与车相关的商品和服务领域，则不具有显著性或显著性极弱。被告经营的出租自行车的外观颜色是"黄色"，"小黄车"作为其车辆、服务的描述性称谓具有合理性，被告使用"小黄车"的目的及结果是对特点的描述。ofo 小黄车作为互联网租赁自行车开创者、行业典型代表之一，其从 2014 年开始发展，已在国内外众多城市提供大量互联网租赁自行车服务，ofo 小黄车通过拜克洛克公司使用及媒体的大量宣传报道，具有较高的市场知名度，已广为公众知晓。其使用小黄车的目的开始是尊重消费者对 ofo 共享单车的认知，描述特点，其后拜克洛克公司单独使用"ofo""小黄车"，或将"小黄车"与"ofo"同时使用，均具有单独区别商品或服务来源的商标性使用。

虽然被告使用"ofo 小黄车""小黄车"系商标性使用，其在文字"小黄车"部分相同，但"ofo"是被告使用标识中最显著的部分，"小黄车"文字标识是从"ofo 共享单车"演进至"ofo 小黄车"，再进一步简称为"小黄车"，这种紧密使用及简化使用，已经取得一定市场影响，给相关公众形成了稳定联系的商业印象。况且，被告使用"ofo 小黄车""小黄车"区分的是"自行车出租—互联网租赁自行车"服务，而非"可下载计算机应用软件"商品。判断商标究竟识别的是商品还是服务，应当从商品或服务的物理属性并结合商标的具体使用方式，根据相关公众一般注意力予以认定。从物理属性上讲，商品与服务区分的重要标志为是否以"活劳动"来满足他人需要。服务是不以实物形式而以提供"活劳动"的形式满足他人某种需要的活动；商品是为交换而生产的劳动产品。第 9 类的"可下载计算机应用软件"是商品，其核心特征应当是交换的内容最终以商品形态存在，也就是说，交换的内容是"软件"本身，而不是以"活劳动"即服务形式存在。被告提供服务的主要内容是自行车出租，确切地说是互联网租赁自行车（共享单车），在法律定义上为"分时租赁运营非机动车"，是移动互联网和租赁自行车融合发展的新型服务模式。在互联网时代，共享单车为实现自行车出租的产业目的，需要开发构成自身服务组成部分的计算机应用软件，即 App。该 App 与信息处理中心、自行车调度中心、客服中心、交易保障、信用管理中心，以及线下投放的大量自行车等构成一个不可分割的提供服务的整体，共同完成互联网租赁自行车服务。

从该 App 在整个服务架构中的功能定位看，其仅是提供共享单车服务的前端环节，系互联网环境中的服务界面部分，脱离了前述其他组成部分，则不能独立发挥服务的核心功能。从本质上讲，App 并非被告售卖的能够独立运行的商品。因为消费者并不是为了将其作为实现独立功能的软件进行下载，而是为了获得租赁自行车服务，所以，App 不属于独立的商品。

本案中，被告在使用"小黄车"时通常将其与"ofo""ofo 共享单车"等该公司共享单车服务商标和行业通用名词一同使用，向相关公众表明该商标识别的是自行车租赁服务来源。即便其单独作为名称、界面，该应用程序也并非单独提供用于销售的商品，而是作为服务的环节或工具，需要和线下的自行车及后台服务中心等相结合才能完成整个服务过程。现实中，消费者在下载时必定看到此标志带有"共享单车"字样或出租自行车功能介绍，会知晓此应用程序是用于租赁自行车服务的工具，此标志识别的是服务来源，而不是识别第 9 类"可下载的计算机应用软件"商品的来源。

（二）被告提供的服务是否与案涉商标核定的商品类似

法院认为，被告使用"ofo 小黄车"标识的商品服务与原告涉案注册商标核定使用商品或服务不相同或类似。

《最高人民法院关于审理商标民事纠纷案件适用法律若干问题的解释》第 11 条规定："类似商品，是指在功能、用途、生产部门、销售渠道、消费对象等方面相同，或者相关公众一般认为其存在特定联系、容易造成混淆的商品。类似服务，是指在服务的目的、内容、方式、对象等方面相同，或者相关公众一般认为存在特定联系、容易造成混淆的服务。商品与服务类似，是指商品和服务之间存在特定联系，容易使相关公众混淆。"第 12 条规定："认定商品或者服务是否类似，应当以相关公众对商品或者服务的一般认识综合判断；《商标注册用商品和服务国际分类表》《类似商品和服务区分表》可以作为判断类似商品或者服务的参考。"判断利用信息网络通过应用软件提供的商品或者服务，与他人注册商标核定使用的商品或者服务是否构成相同或者类似，应结合应用软件具体提供服务的目的、内容、方式、对象等方面综合确定，不应当然认定其与计算机软件商品或者互联网服务构成类似商品或者服务。

在互联网时代，传统行业开始借助通信工具等新技术开发移动应用程序，在此基础上对传统行业进行整合，真正实现产业升级。在这种背景下，划分商品和服务类别，不应仅因其形式上使用了基于互联网和移动通信业务产生的应用程序，就机械地将其归为计算机程序（可下载软件）商品或者通信服务，而应从服务的整体进行实质性判断，而且不能将计算机程序商品、互联网通信服务的使用者与提供者混为一谈，也不能以是否使用计算机软件、互联网通信作为确定是否属于计算机程序（可下载软件）这一类商品和互联网通信服务的标准。

从服务架构的物理属性上判断，被告所从事的为自行车出租服务，与原告注册商标核定使用的商品服务在服务对象、内容、目的、方式等方面区别明显，不具有特定的联系，不构成相同或类似。被告所从事的实质为互联网租赁自行车或共享单车，该服务在整体上由不可分割的几个部分共同构成，是移动互联网和租赁自行车融合发展的新型服务模式，是共享经济的典型业态。

从服务对象、内容、目的、方式等上判断，被告使用"ofo小黄车"或"小黄车"服务的对象是特定的，即骑行者；其服务内容与目的是出租自行车给骑行者，方便公众短距离出行和公共交通接驳换乘，是互联网环境下的一种交通服务方式。

本案中，原告第9类涉案注册商标核定使用的"可下载的计算机应用软件"等商品，能够作为商品独立存在、交换，其功能和目的是处理、存储和管理信息数据等，针对的是使用该程序和软件进行信息化处理的相关公众。其与被告服务在目的、内容、方式、消费对象等方面不相同，亦不存在容易使相关公众混淆的可能。虽然本案中ofo小黄车出租服务中确实包含以"ofo共享单车"命名的App，"ofo小黄车"标识的程序本身为计算机应用程序，相关公众为了租赁ofo小黄车自行车也需要下载App。但是，App是ofo小黄车自行车出租服务不可分割的组成部分，不能单独运行，不能作为单独的商品售卖，不具有商品属性，与传统意义上能够单独运行可以售卖的"计算机程序（软件）"有着本质区别，与其他能够自主实现特定功能的"移动应用程序（App）"亦有明显区别；而且被告向消费者提供该应用程序下载系供其作为获得自行车租赁服务的工具使用，相关公众知晓该应用程序是用于租赁自行车的工具，此标识指向的是共享单车租赁服务来源，而非单独提供的软件商品的来源。所以"ofo小黄车"并不是第9类"计算机程序（可下载软件）、可下载的计算机应用软件"

商品的来源。

原告在第 38 类上注册的涉案商标核定使用的"信息传送"等服务属于"通信服务",其服务目的是使二人之间直接通过感觉方式进行通信;其服务内容和服务方式就是提供"电话线路、宽带",并保证其畅通,其不对通信进行任何干预。服务提供者在我国需要取得通信经营许可证或互联网增值服务许可证,甚至还需要基站等大量基础设施,通信服务的使用者与提供者是不同的概念,不能将两者混为一谈。拜克洛克公司与深圳市梦网科技发展有限公司、北京安信捷科技有限公司签订通信、短信服务协议并实际履行的事实,说明其是"互联网、通信服务"的使用者,而非"通信服务"提供者,拜克洛克公司提供的服务与原告第 38 类商标核定使用服务不类似。

我国交通运输部等十部门出台的《关于鼓励和规范互联网租赁自行车发展的指导意见》明确将共享单车服务确定为"交通运输服务的一种方式",共享单车是移动互联网和租赁自行车融合发展的新型服务模式。虽然该业态在形式上使用了基于互联网和移动通信业务产生的应用程序,但其目的、内容、对象等与运输行业一致,受我国运输行业法律法规规制,应当认定被告所从事的服务实质上属于第 39 类"自行车出租—互联网租赁自行车"服务,与原告注册商标核定使用的商品服务区别明显,不构成相同或类似。

(三)被告的行为是否构成商标侵权

法院认为,被告使用行为不会造成相关公众混淆误认。根据《最高人民法院关于审理商标民事纠纷案件适用法律若干问题的解释》第 9 条的规定,混淆可能性包含两种情形,即相关公众的来源混淆可能性与关联关系混淆可能性。判断商标的混淆可能性需要从有关消费者与经营者的认知出发,综合考虑商标本身的显著性、商标的相同或近似程度、商品或者服务的相同或类似程度、实际混淆情形、相关公众判断时所施加的注意力等。本案中,原告并未提交证据证明其亦提供共享单车租赁服务,而拜克洛克公司提供的证据并结合消费者普遍知晓的事实,可以证明其自 2014 年开始持续使用"ofo""ofo 小黄车"标识,通过期刊报纸、网络广告和众多媒体的大量宣传报道,获得了较高知名度,具有相对稳定的 ofo 共享单车消费群体,消费者不可能仅看 App 名称就与原告产生混淆误认,也不可能将拜克洛克公司使用的 ofo 小黄车从事的自行车租赁服务误认为系原告提供或与其产生联系。

综上，法院认为被告对"小黄车"文字标识的使用，未侵犯原告对第 9 类商品上注册的第 17541750 号"小黄车"文字商标和第 38 类服务上注册的第 17541835 号"小黄车"文字商标享有的专用权，原告的诉讼主张不能成立，故其依据商标侵权的诉讼请求不能得到支持，法院依法予以驳回。

九、典型意义

作为"三车案"的收官之战，ofo 小黄车案的胜诉，意味着"互联网＋"商标侵权类案件"三车案"已三战告终。同时，在更为宏观的层面上，"三车案"中三家"互联网＋"企业的接连胜诉，标志着"互联网＋"业态下商品或服务类别的认定规则已得到稳固确立。

在"互联网＋"经济下，传统产业开始借助移动互联网和通信工具等开发移动应用程序，在此基础上对传统行业进行整合与优化，对传统行业的产业模式进行创新。由此，"互联网＋"新型商业模式中商标的服务类别划分，不能仅因形式上使用了基于互联网和移动通信业务产生的应用程序，就机械地将该服务归为第 38 类电信类服务，而应从服务的整体性特征进行判断。同样，判断被控侵权标识所标注的商品或服务的类别，不应以被控企业利用 App 软件或微信公众号等互联网技术进行交易，就机械地认定被控侵权标识所标注的商品或服务属于计算机程序等类别，而应根据被控企业所提供的具体经营业务的性质，来判断被控侵权标识所标注的商品或服务的类别。

在 ofo 小黄车案中，"互联网＋"时代商品或服务类别的认定规则体现得更为深入。本案中，原告持有在第 9 类"可下载计算机软件商品"下核准注册的商标，"可下载计算机软件商品"包含了目前已经与人们的生活中不可分割的手机应用软件（App）。无论是外卖送餐、汽车租赁，还是酒店住宿、货物运输，几乎所有传统服务行业都需要借助手机应用软件实现与用户的互动。同时，人们在日常生活中越来越多地与 App 打交道，如果脱离了"互联网＋"时代商品或服务类别的认定规则，那么几乎所有的商品或服务都构成在第 9 类"可下载计算机软件"类别上的使用，这将会使第 9 类商品成为"帝王商品类别"，一方面这将提高商标权利人的注册成本，其不得不额外在第 9 类商品上注册商标，另一方面这也为恶意注册提供可乘之机，提升商标权利人的维权成本，导致商标"碰瓷"现象进一步恶化。

而经由"三车案"，"互联网＋"时代商品或服务类别的认定规则已得到稳固确立。这对"互联网＋"时代商标侵权类案件的司法实践具有积极意义，为"互联网＋"企业的稳步发展提供商标保障。同时，ofo小黄车案以及滴滴打车案、人人车案中"互联网＋"企业的胜诉也对商标"碰瓷"行为产生了有效震慑。

诚实信用原则作为《民法典》规定的基本原则之一，是民事活动的参与者都应当遵循的基本原则。民事主体从事民事活动时，应当诚实守信，正当行使自己的民事权利，不能滥用自己的民事权利，应合法追求自己的利益，不能损害他人的合法利益。商标"傍名牌""搭便车"的行为，不仅扰乱了商标注册管理秩序，助长了不良的社会风气，还导致部分企业不再把产品质量的提高作为在市场竞争中取胜的重点，而是费尽心机摹仿他人的知名商标，妄图通过攀附商誉欺骗消费者，或对未注册商标加以抢注，借助注册商标直接进行敲诈勒索。这种商标"碰瓷"的行径，应当得到遏制。

十、案件影响

对于被告拜克洛克公司而言，获得本案胜诉的意义更是重大且珍贵的。作为彼时的"互联网独角兽"，经营ofo小黄车业务的拜克洛克公司是当时最受关注的互联网企业之一，无数风投机构竞相抛出橄榄枝，纷纷为其发展壮大添砖加瓦。拜克洛克公司被诉时，投资机构的撤出与资金链的断裂使得ofo小黄车等共享单车品牌步入低谷，在泥潭中挣扎前行。在这个时期，对于企业而言最重要的是勇气与信念，因此，相较于拜克洛克公司曾经账户内高达数十亿元的资金，本案中300万元人民币诉讼标的或许并不重要，但对彼时的ofo小黄车乃至整个共享单车行业而言，是绝对不可失去的希望。因此，ofo小黄车没有选择和解，而是选择与天驰君泰律师事务所携手，守护共享单车行业最纯粹的理想。

此外，本案的胜诉也具有极强的普法功能，向公众展现法律制度对"互联网＋"企业知识产权的有效保护。在本案原告提起诉讼不久，2017年10月，ofo小黄车的日客单量已达到3000万单，用户总数也已将近4000万人。此时的ofo小黄车已不仅是一个企业的名称，而是一种社会现象的代名词，融入了彼时千万人的生活。ofo的影响力是巨大的，在本案原告提起诉讼时，在社会上也掀起过一阵对"小黄车"商标归属的讨论。可以说，本案中ofo的胜诉，提高了社会公众的知识产权保护意识，具有极强的社会示范意义与普法价值。

《国务院关于积极推进"互联网＋"行动的指导意见》指出，"应增强全社会对网络知识产权的保护意识,推动建立'互联网+'知识产权保护联盟,加大对新业态、新模式等创新成果的保护力度。""互联网+"促进互联网的创新成果与经济社会各领域深度融合,推动技术进步、效率提升和组织变革,提升实体经济创新力和生产力,形成更广泛的以互联网为基础设施和创新要素的经济社会发展新形态,对于经济结构的转型升级以及新时期国家竞争力的提升具有至关重要的意义。因此,对于"互联网+"企业积累了商誉的商标,应当结合"互联网+"时期的特点,对其给予全方位保护。最高人民法院《关于当前经济形势下知识产权审判服务大局若干问题的意见》指出:"妥善处理注册商标实际使用与民事责任承担的关系,使民事责任的承担有利于鼓励商标使用,激活商标资源,防止利用注册商标不正当地投机取巧。"ofo小黄车案中"互联网+"企业的胜诉,有助于遏制以恶意诉讼从事不正当竞争的行为,发挥司法指引作用,着力培育科技创新能力和拓展创新空间,积极推进自主创新,为创新和发展提供良好的法律环境。

第五章　服务商标保护的特殊性

　　根据使用对象的不同，商标可被划分为商品商标与服务商标。商品商标用以区别由生产者、经营者提供的商品，服务商标用以区别由不同服务提供者经营的服务项目。服务商标是商品经济发展和第三产业勃兴的产物，是商品商标的延伸和扩展，服务商标与商品商标具有相同的标志属性。我国《商标法》及其实施条例有关商品商标的规定，适用于服务商标[1]。

　　纵观商标法律的发展历史，不难发现，法律对服务商标的保护相对于商品商标而言，起步较晚。这一现象并非偶然，而是与服务业的兴起和发展密切相关。以美国为例，其于1870年就制定了第一部《商标法》，为商品商标提供了明确的法律保护。然而，当涉及服务商标时，情况就有所不同了。直到1946年7月5日，美国才通过了具有里程碑意义的《兰哈姆法》（Lanham Act），该法不仅整合了以往的司法实践，更在诸多方面实现了突破，其中最为重要的一点就是正式引入了服务商标的注册制度。

　　在我国，商标法律的发展也经历了类似的阶段。1982年8月23日，我国通过了第一部《商标法》，并于1983年3月1日施行。然而，在这部法律中，我们并未看到服务商标的身影。这反映了当时我国服务业相对落后的状况，以及立法者对于服务商标保护认识的不足。随着时间的推移，我国服务业快速发展，服务商标保护的重要性也日益凸显。因此，在1993年2月22日，我国通过了《关于修改〈中华人民共和国商标法〉的决定》，正式将服务商标纳入法律保护的范围。

　　由此可见，与商品商标相比，服务商标是较晚出现的"新事物"。这一新事物的出现，不仅给商标法律带来了新的挑战，也为法学研究提供了新的课题。服务的复杂性使我们对服务商标的性质及保护方式的认识处在不断发展与探索之中。这种探索不仅是理论层面的，更是实践层面的。我们需要不断地总结经验，完善法律，以适应服务业发展的需要，为服务商标提供更为全面、有效的法律保护。

---

[1] 吴汉东：《知识产权法》，法律出版社2021年版，第484页。

一、国际上服务商标保护迟于商品商标

自1804年的法国《拿破仑法典》首次肯定商标权受法律保护起，直到1946年，美国的《兰哈姆法》才第一次肯定了服务商标也受法律保护。

（一）美国《兰哈姆法》与服务商标的产生

1946年，美国在全球范围内率先迈出了重要一步，其在商标法中明确了对服务商标的注册保护。这一创举不仅体现了美国对知识产权保护的前瞻性和决心，更为后续各国服务商标法律制度建立提供了参考。自此之后，众多国家纷纷效仿，将服务商标纳入法律保护范畴，这无疑是对服务产业发展和品牌价值的认可。

《兰哈姆法》在美国商标法历史上的地位可谓举足轻重。该法曾一度被视为商标实践的"革命性"时刻，引领了现代服务商标的保护。在《兰哈姆法》的时代背景下，银行、公共汽车、大学、餐馆和零售商等行业将其品牌作为商标注册的权利逐渐得到认可，这几乎成为一种无可辩驳的共识。

值得注意的是，服务商标的地位并非一蹴而就。由于附加规则的严格限制，那些用于指示无形服务的商标一直未能获得应有的商标地位。然而，这一状况在20世纪20年代迎来了转机。在这一阶段，美国律师协会的成员，特别是爱德华·S.罗杰斯（Edward S. Rogers）等，开始将目光投向服务商标。作为一位著名的商标律师和评论员，罗杰斯对商标权的扩展充满了热情，他尤其关注那些象征着新出现的商誉概念的服务标志。他与弗兰克·谢克特（Frank Schechter）等商标研究者共同努力，提出一系列关于服务商标的法案。这些法案经过不断完善和发展，最终促成了《兰哈姆法》的诞生。[1]

在《兰哈姆法》第3条第5款中，立法者明确提出了"相同的总体原则"，即要求将服务商标与在商品上使用的商品商标等同视之。这一原则的确立，不仅为服务商标的保护提供了法律基础，而且体现了对服务产业价值的认可和尊重。从此，服务商标与商品商标同受法律保护，共同为品牌价值的提升和市场公平竞争贡献力量。

---

[1] Peter J. Karol, "Affixing the Service Mark: Reconsidering the Rise of an Oxymoron", *Cardozo Arts and Entertainment Law Journal*, pp. 1-2, March 8, 2024.

（二）《保护工业产权巴黎公约》与服务商标保护的国际化趋势

1958年，在里斯本会议上，《保护工业产权巴黎公约》经历了一次重要的修改。这次修改中，一个具有里程碑意义的条款被增列其中，即各缔约国应保护服务商标。这一条款的加入，不仅标志着服务商标保护开始国际化，更预示着全球范围内对服务商标价值的广泛认可和保护意识的提升。《保护工业产权巴黎公约》作为知识产权保护领域的重要国际条约，其第6条之六明确规定，"本同盟各成员国应保护服务商标。不应要求本同盟各成员国对这种商标进行注册。"这一灵活的规定方式，既体现了对各国不同法律制度的尊重，也为服务商标的多样化保护留下了空间。

谈及服务商标的分类与注册，我们不得不提尼斯分类。这一分类系统在国际商标注册领域具有通用性。在1935年以前，该分类中仅有商品商标，服务商标并未被纳入其中。然而，随着服务业的蓬勃发展和商标保护需求的日益增长，服务商标的地位逐渐得到了提升。在世界知识产权组织（WIPO）管理的尼斯分类中，服务商标的类别开始逐步扩张。1957年版的《尼斯协定》中，服务商标已经赫然在列，这无疑是服务商标保护历程中的重要一步。2000年，服务商标的分类进一步细化，第43类到第45类被明确为服务商标，这一变化不仅体现了服务商标保护的精细化趋势，也彰显了国际社会对服务商标价值的进一步认可。

时至今日，尼斯分类中的第35类到第45类，这11个类别均被认定为服务商标，且这一分类标准已为包括中国在内的世界知识产权组织各成员国所广泛采纳。这一标准的普及和应用，极大地促进了服务商标的国际保护与交流，也为全球服务业的健康发展提供了有力保障。

全世界已有100多个国家和地区建立了服务商标保护制度。《尼斯协定》规定，服务商标所适用的对象广泛而多样，涵盖了广告与实业、保险与金融、建筑与修理、交通与运输、贮藏与材料处理、教育与娱乐以及杂务等多个领域。这些领域作为现代服务业的重要组成部分，其商标保护的重要性不言而喻。通过服务商标的注册与保护，各国不仅维护了市场公平竞争的秩序，还促进了服务业的创新与发展，进而推动全球经济的繁荣与进步。

二、国内对服务商标的保护更晚

我国对服务商商标的保护则起步更晚。1904年，清政府颁布了我国近代第一部商标法——《商标注册试办章程》。1993年，第一次商标法修正时，才将服务商标也纳入保护范围，近几年，最高人民法院正在调研、起草服务商标侵权认定的专门司法解释。

1993年在中国商标事业的发展历程中具有里程碑式的意义。这一年，《商标法》实施十周年，其见证了中国商标事业的蓬勃发展。更重要的是，第七届全国人民代表大会常务委员会第三十次会议经过深入讨论和审慎决策，通过了修改《商标法》的重要决定。其中，最令人瞩目的修改内容之一，就是将服务商标正式纳入商标法的保护范围。

1993年6月29日，原国家工商行政管理局召开了一场盛大的新闻发布会。会议发布了一个重磅消息：自1993年7月1日起，商标局将开始受理服务商标的注册申请。这一消息的发布，无疑为中国的服务行业注入了新的活力，也预示着服务商标即将在中国的商业舞台上扮演更加重要的角色。1993年7月1日，商标局开始受理服务商标的注册申请。这一天，可以说是我国服务商标发展史上的一个崭新起点，它拉开了我国服务商标注册的序幕，也标志着我国商标事业进入了一个全新的发展阶段。

为了方便市场主体申请注册服务商标，商标局按照当时的《类似商品和服务区分表》，将服务商标细分为从第35类至42类，这八大类别涵盖了广告、保险、建筑、运输、电信、材料处理、教育、餐饮等多个服务项目。这样的分类不仅使服务商标的注册更加规范化，也为各类服务提供者指明了商标的申请方向。

回首1993年，服务商标工作在中国可以说是经历了从无到有、从少到多的发展历程。这一年，服务商标工作可以概括为"三步走"的发展阶段。

首先是筹备阶段，这个阶段从1993年2月1日持续到6月30日。虽然国际上有许多服务商标的经验和做法可以借鉴，但各国的国情和制度存在差异，我们不能照搬或照抄。因此，商标局服务商标处积极展开国内外调研和考察工作，通过收集大量第一手资料，探索出一条符合中国国情的服务商标注册和保护之路。这一阶段的工作为后续的服务商标注册和保护奠定了坚实的基础。

其次是过渡期阶段，从1993年7月1日持续至9月30日。为了保证服务商标授权工作的合法性、合理性和公正性，商标局特意设定了这样一个过渡期。在此期间收到的所有服务商标申请，都被视为在同一天提交。统计数据显示，商标局在这个过渡期内受理的服务商标申请中，排名前十的企业包括广州白天鹅宾馆、中国石化扬子石油化工公司、中国石化金陵石油化工公司等知名企业，也有如天津狗不理包子饮食（集团）公司这样具有鲜明地方特色的企业。

最后是实质审查阶段,从 1993 年 10 月 1 日持续到 12 月 31 日。在这个阶段,商标局严格按照《商标法》及其实施细则的相关规定,对每一件服务商标申请进行细致的审查。审查的主要内容是服务商标是否具有显著性特征,是否违反了商标法规定的禁用条款,以及是否与先前在相同或类似服务上已经注册的商标存在冲突或相似之处。在过渡期内提交的大部分服务商标申请,都在 1994 年年底完成了审查工作,并陆续在商标公告上发布。

新修改的《商标法》为服务商标的注册和保护提供了法律依据,这标志着服务商标从此正式登上了时代的舞台。这不仅为市场主体寻求服务商标法律保护敞开了大门,更为商标工作向更深层次的发展奠定了良好的基础。同时,它也成为促进中国第三产业健康发展的重要力量。此后,服务商标在中国的商业环境中发挥更加重要的作用,为各类服务提供者带来更多的商业机会和价值。

三、服务的特点决定服务不易被混淆误认

(一) 服务自身的特点

相对于商品,服务具有其自身的特殊性,服务的特点使其区别于商品。

第一,服务具有过程性,消费者在体验的过程中有更高的注意力,不易对服务产生混淆误认。

第二,服务具有互动性,消费者与服务提供者之间并非"一锤子买卖",而是有持续互动环节,这使消费者不易对服务产生混淆误认。

第三,服务具有场所性,服务提供者需在特定场域完成服务。同样是餐厅,不同的场域带给消费者的感受是不同的,在此情况下,消费者有更高的注意力,不易发生混淆误认。

第四,服务具有不可储存性,消费者只能反复消费,并因此逐渐提高识别能力,从而不易发生混淆误认。

第五,服务具有非流动性,难以在有限的空间集中展示供消费者选择,消费者因此不易对服务产生混淆误认。

第六,服务具有非标准性,消费者不只依据商标识别服务,商标的识别作用有限,因此认定服务商标侵权应审慎。

服务的诸多特点决定了公众不易对服务商标产生混淆、误认。服务商标侵权认定的标准应高于商品商标侵权的认定标准。

（二）服务商标使用上的特点

服务商标的使用不同于商品商标的使用，服务商标的使用人将商标使用在商品载体上，以求达到指向服务提供者的目的，但这一行为在消费者感知中可能会出现偏差。消费者有可能会产生其是该商品的提供者的错误认知。

商标局在1999年出台的《关于保护服务商标若干问题的意见》第7条中规定，在以下情形中使用服务商标，视为服务商标的使用：（1）服务场所；（2）服务招牌；（3）服务工具；（4）带有服务商标的名片、明信片、赠品等服务用品；（5）带有服务商标的账册、发票合同等商业交易文书；（6）广告及其他宣传用品；（7）为提供服务所使用的其他物品。即使法律已列举7种行为，使用在这些载体上并非就一定是对服务商标的使用，也并非除此以外的商品载体上的使用就一定不是对服务商标的使用。其认定具有一定的模糊性。

商标的使用行为究竟属于哪一类服务也经常存在争议，大多要具体案件具体分析，不能单独看一个使用行为，而要整体看其使用行为有哪些，分析其提供的具体服务是什么，以及这些使用是否关联具体服务提供者。

《与贸易有关的知识产权协议》（以下简称"TRIPs"）第16条第1款规定："注册商标的所有权人享有专有权，以阻止所有第三方未经该所有权人同意在贸易过程中对与已注册商标的货物或服务的相同或类似货物或服务使用相同或类似标记，如此类使用会导致混淆的可能性。在对相同货物或服务使用相同标记的情况下，应推定存在混淆的可能性。"根据该规定，混淆的可能性是判断商标侵权的要件。

2013年我国在《商标法》修法过程中与Trips保持了一致。在商标侵权判定上增加了"容易导致混淆"的规定，将第57条第1项与第2项规定的商标侵权行为区别规定，对于在同一种商品或者同一种服务上使用与其注册商标相同商标的情形，未规定混淆要求；而对于在同一种商品上或者同一种服务上使用与其注册商标近似的商标，或者在类似商品或者类似服务上使用与其注册商标相同或者近似商标的情形，规定容易导致混淆是构成商标侵权的要件。

较商品商标而言，服务商标的特点决定了其更不易产生混淆。商品商标一般都直接显示在商品或其包装上，消费者在购买某一商品时，首先注意到的是商品的包装，包装差别很大的商品之间造成混淆的可能性较小。

而当两个商品的包装十分近似时，由于忽略查看商品商标而购买成其他商品是很常见的现象。依照一般经验，只有当消费者带着购买特定品牌商品的目的进行商品选择时，才会有意查看商品商标。在商品包装相近的情况下，倘若标识本身也近似，消费者非常容易产生混淆误认。服务则有所不同，由于服务是集合产品、服务者、服务环境、服务体验等一系列元素的综合体，消费者对服务的评价是多维的，对服务的印象也是多元的。此时，消费者往往不易因为一两个元素的近似，就对服务整体产生混淆。以餐饮服务为例，当人们提及某餐饮服务时，评价维度往往是综合性的，餐厅菜品的食材、口感，餐厅的装修，餐厅的服务，餐厅的用餐氛围，这些全部都是餐饮服务的组成部分。

假设甲、乙、丙三家火锅店都试图对海底捞火锅进行摹仿，甲火锅店仅仅摹仿了海底捞火锅的店面招牌，乙火锅店仅仅摹仿了海底捞火锅的菜品，丙火锅店仅仅摹仿了海底捞火锅的美甲、给顾客唱生日歌的服务。当消费者路过甲餐厅时，看到类似的红色招牌和店面装修，但走进时发现这是一家老北京铜锅涮肉店，消费者不大可能将该餐厅误认为是海底捞火锅店。当消费者在乙火锅店用餐时，发现其菜品和海底捞火锅十分类似，大概率会猜测这家火锅店是否抄袭了海底捞火锅的菜品，但由于店名不同、店面装潢存在差异等因素，消费者也不太可能误认为其消费的是海底捞火锅提供的餐饮服务。当消费者在丙餐厅用餐，发现丙餐厅提供美甲、在店内给顾客唱生日歌时，也会倾向于认为该火锅店提供的两项服务摹仿海底捞火锅的服务模式。现实生活中，只有两种服务在服务标识、服务模式、所提供的服务产品、服务场所、服务环境等元素在方方面面都十分近似时，才会导致消费者对服务的混淆和误认。

2020年，国家知识产权局发布《商标侵权判断标准》以及《〈商标侵权判断标准〉理解与适用》，为执法人员提供了判断指引。《商标侵权判断标准》对商标的使用、同一种商品、类似商品、相同商标、近似商标、容易混淆等内容进行细化规定。《〈商标侵权判断标准〉理解与适用》第20条也对容易导致混淆的情形进行列举，其指出商标法规定的容易导致混淆情形：第一种是足以使相关公众认为涉案商品或者服务是由注册商标权利人生产或者提供的，第二种是足以使相关公众认为涉案商品或者服务的提供者与注册商标权利人存在投资、许可、加盟或者合作等关系。其中，第一种容易导致混淆的情形在实践中比较常见和较易判断，即相关公众对商品或者服务提供者产生错误认识。第二种容易导致混淆的情形中，相关公众对商品或者服务的提供者没有产生错误认识，但是错误地认为该商品或者服务的提供者与商标权利人有投资、许可、加盟或者合作等其他关系，这反而是服务类似中更为常见的"易造成混淆"的情形。也正是由于相较于商品商标，服务商标的识别力高，更加不易混淆，服务商标的使用不易构成侵权，实际生活中也更少出现服务商标侵权的情形。因此，立法保护服务商标的动力不足，从而关于服务商标立法则相对较晚。

四、服务商标侵权认定标准应高于商品商标

正是基于服务商标区别于商品商标的特点，公众并不容易混淆、误认服务商标，故服务商标的侵权认定标准应当高于商品商标。

商标侵权的判定主要基于"混淆可能性"这一核心标准。在确定是否存在混淆可能性时，商品或服务的"类似性"是一个关键因素，但并非唯一考量因素。商标的显著性、市场知名度以及商标使用人的主观意图等，在判定混淆可能性时同样占据重要地位。特别是服务商标具有特殊性，在判断服务是否类似时，可能需要采用与商品商标不同的方法和路径。这种特殊性主要体现在服务商标的无形性、使用方式的多样性以及与服务提供者紧密关联等方面，这些都增加了"类似"判断的复杂性和灵活性。

以滴滴打车案为例，广州睿驰公司作为"嘀嘀""滴滴"注册商标的权利人，与小桔公司即滴滴打车服务的运营方，对服务是否类似存在争议。广州睿驰公司列举了滴滴打车在提供服务过程中的一系列相关商业行为，这些行为或是小桔公司针对行业特点所采取的经营手段，或是该公司自身经营所采取的正常管理行为。这些行为与广州睿驰公司注册商标所针对的由服务企业对商业企业提供经营管理的帮助等内容并不属于同一类别。在这一案例中，法院明确指出，不能仅仅因为滴滴打车服务在形式上使用了基于互联网和移动通信业务产生的应用程序，就机械地将其归类为与广州睿驰公司注册商标相同或类似的服务。这种判定方式忽视了服务的实质内容和目的，混淆了网络和通信服务的使用者与提供者之间的区别。因此，在判定商标侵权时，必须综合考虑各种因素，确保判定的准确性和公正性。

在探讨商标法保护的范围时，我们不可避免地要触及商标的核心功能——识别作用。这种识别作用不局限于商标标识本身，更延伸至商标所建立的品牌形象和消费者认知。随着现代科技的飞速发展，特别是互联网技术的广泛应用，诸如O2O、P2P等新兴业态层出不穷，它们借助互联网的高效便捷，打破了传统行业的界限，使各类服务之间的融合与交叉成为常态。这种变革对于商标法的适用提出了新的挑战，尤其是在

判断服务是否相同或类似时，我们必须具备更加敏锐的洞察力和精准的分析能力。

滴滴打车案涉及的服务分类问题颇具代表性。原告主张滴滴打车公司提供的服务应归入其核准注册商标的第 35 类（替他人推销、商业管理、组织咨询等）和第 38 类（信息传送、计算机辅助信息、图像传送、电信信息等）。然而，法院在审理此案时，并未机械地将滴滴打车服务认定为上述类别。法院认为，服务的分类不应仅基于其使用了互联网和移动通信业务的应用程序这一形式特征，而应从服务的整体出发，进行综合考量。

滴滴打车服务的本质在于通过互联网平台连接乘客与司机，提供便捷的出行服务。它并不直接提供源于电信技术支持的服务，在服务方式、对象和内容上与原告商标核定使用的项目存在显著差异。因此，法院判定滴滴打车与原告不构成相同或类似服务。这一判决体现了法院在商标服务分类问题上的严谨态度和务实精神，也为我们今后处理类似案件提供了有益的参考。

原告所主张的其商标包含的电信和商务两类服务特点，在滴滴打车服务中并非主要特征。诚然，滴滴打车在运行过程中确实涉及电信技术的支持和商务活动的开展，但这些元素更多是作为服务运行的必要手段和背景存在，而非服务本身的核心内容。因此，在判断服务是否相同或类似时，我们需要准确把握服务的特征和本质属性，避免被次要因素所干扰。

综上所述，商标法的保护范围应随着时代的发展而不断拓展和完善。在面对新兴业态和服务模式时，我们应保持开放的心态和审慎的态度，既要充分保护商标权人的合法权益，又要避免过度干预市场的正常运行。我们相信，通过不断探索和实践，能够找到一条既符合商标法精神又适应市场需求的道路。

服务商标是服务提供者用于指示服务来源的商业标识。服务在本质上是人的行为，具有无形性，任何服务商标均无法物理性附着在其核准注册的服务之上。除通过广播、电视、报纸、网络、广告牌等媒介对商标进行宣传推广之外，服务商标通常是在服务场所、服务工具、服务招牌、服务人员以及服务提供者出具的商业资料或交易文书、服务赠品等各种与服务相关联的载体上进行使用。此外，服务提供者以适当方式显示其与商标之间的直接联系，足以使相关公众将该商标作为识别服务来源的标识，服务商标也可以在服务对象的商品上进行使用，从而使服务对象的商品在特殊情况下成为服务商标的载体。例如，在商品包装箱上清晰指明包装服务的提供商并印上其服务商标。因此，以有形的商品为载体进行使用，系服务商标使用的常态。

区分商品商标与服务商标使用的依据不是商标物理性附着的附着物，而是相关公众认知的来源指向。基于商标使用的不同状况，相关公众认知的来源可能指向商标物理性附着的商品的提供者，也可能指向商标观念性附着的服务的提供者。一般而言，以相关公众的通常认知判断，仅指向商标物理性附着的商品提供者的商标为商品商标；能穿透商标物理性附着的商品，进而指向其背后所承载的服务提供者的商标则为服务商标。

五、"三车"服务比一般服务更复杂，更不易产生混淆误认

人人车、滴滴打车、ofo 小黄车都采取"互联网+"服务模式，是传统行业与互联网技术融合的产物，此类服务具有明显区别于传统服务的特征。

"互联网+"环境下的商品或服务呈现出复合性特征。从构成要素看，其并不属于单一的商品或服务类别，而是不同种类的商品或服务的组合。以手机 App 软件为例，其是安装在智能手机上并能够为手机用户提供特定服务的应用软件，兼具软件类产品属性和商业服务功能，这种复合性特点与传统行业中商品或服务种类的单一性特征有所不同。一方面，从 App 软件的自然属性看，它属于《类似商品和服务区分表》中的第 9 类商品，即计算机软件类商品，是向用户提供特定服务的载体。正是由于海量计算机软件的使用，才形成了"互联网+通信""互联网+出行""互联网+购物""互联网+旅游"等新型服务模式。另一方面，从 App 软件的功能属性看，其具有服务功能。"互联网+"服务提供者将 App 软件投放在手机应用商店的目的并非单纯地为手机用户提供该软件，而是以该软件为载体，向下载该软件的手机用户开展特定服务。当然，"互联网+"服务提供者在利用 App 软件向客户提供其核心服务时，还必须依赖网络通信等基础服务。总而言之，App 软件是提供特定服务内容的场所，它是传统行业的服务属性向互联网空间延伸的结果，App 应用软件的开发和推广并非为了直接提供或者销售该软件产品，也并非纯粹提供通信技术支持，而是通过该软件为手机用户提供特定的商业服务。不同类型的应用软件其服务内容和消费对象各不相同。例如，"携程旅行 App"的服务对象是需要旅游出行服务的消费者，"饿了么 App"的服务对象是需要餐饮等配送服务的

消费者等。市场上有许多不同的应用软件提供同一种核心服务，从而形成相对独立的"互联网+"服务市场，例如在线音乐服务市场、新闻资讯服务市场等。尽管"互联网+"服务具有特定的服务内容和消费群体，但其核心服务的开展必须以计算机软件为载体、以网络通信服务为基础。因此，"互联网+"环境下的商品或服务至少指向三类商品或服务：作为计算机软件的商品、通信服务、核心服务。这种"基础商品或服务+核心商品或服务"的复合模式，不同于传统行业中商品或服务种类的单一性特征。人人车、滴滴打车、ofo小黄车正是此种具有复合性的服务模式，其相较于一般服务，更加不易产生混淆。

六、对复杂服务应坚持综合、整体、实质的侵权判断原则

随着互联网的快速崛起和数字经济的蓬勃发展，服务商标的侵权判定日趋复杂，跨类保护问题日益凸显。由于服务商标在使用上具有其独特性，因此在侵权判定时，我们往往需要跨越传统的商品或服务类别界限，去审视其保护范围。特别是在这个传统行业与互联网深度融合的时代，众多企业都借助网络平台进行品牌推广和业务转型。以线上打车为例。它原本属于传统的出租车服务行业，但如今其服务已拓展到计算机、互联网服务领域。这种跨界的业务模式，使得原本在传统行业注册的服务商标，可能在新的服务领域中面临被侵权的风险。

因此，在判断服务商标是否构成类似商品或服务时，应当更加深入地考虑服务的实质内容和主要目的。这需要我们从多个维度进行综合考量，包括服务的性质、方式、对象以及效果等，从而确保服务商标持有人的合法权益得到有效保护，同时也为市场的公平竞争和消费者的权益提供保障。

既然服务包含相关产品、服务者、服务环境、服务体验等诸多因素，那么对服务的判断就应当从整体出发。如对服务进行片面的分析，大量原本并不类似的服务被认定为类似的服务，将许多不构成侵权的情形认定为侵权。

也正是基于服务要素的多元，在对服务进行界定时，需要抓住服务的本质，在"互联网+"模式下，这一点具有格外重要的意义。把握服务的核心，需要从服务提供者和消费者的核心需求，以及双方利益交互的根本点出发。只有理清服务的运作模式，把握服务提供方与服务接收方的核心需求和利益交互点，才能对服务的本质有精准理解和把握。

七、非诚勿扰案适用滴滴打车案确立侵权判定原则

金阿欢"非诚勿扰"商标　　　江苏卫视"非诚勿扰"商标

图 5-1　非诚勿扰案涉及的商标

1. "非诚勿扰"商标侵权案基本概况

非诚勿扰案历经一审、二审至再审漫长而复杂的法律程序，涉及诸多法律层面的深入探讨，下文将对案件的基本情况、争议焦点及法律适用等问题进行详细梳理与分析。

（1）一审

2009 年 2 月 16 日，金阿欢向原国家工商行政管理总局商标局递交了"非诚勿扰"商标的注册申请。经过一年多的等待，2010 年 9 月 7 日，金阿欢获得了第 7199523 号"非诚勿扰"商标注册证，有效期十年，核定服务项目明确指向第 45 类，主要涉及"交友服务、婚姻介绍"等领域。

在金阿欢为自己的商标权感到欣慰时，却意外发现江苏卫视在其相关网页上使用了他注册的"非诚勿扰"文字商标，此外，江苏卫视的下属单位长江龙新媒体有限公司也在其网页上使用"非诚勿扰"商标，甚至将其作为节目的突出标识。当金阿欢以"非诚勿扰深圳招募""珍爱网非诚勿扰"等为关键词，通过百度进行搜索后，他发现，江苏卫视的《非诚勿扰》节目不仅在深圳现场招募嘉宾，还与珍爱网联合主办了相关活动。在这些活动中，"非诚勿扰"商标被大量使用，甚至成为活动的主题，珍爱网还在其报名网页中突出使用了"非诚勿扰"文字标识。

面对这种情况，金阿欢以江苏省广播电视总台（以下简称"江苏卫视"）、深圳市珍爱网信息技术有限公司（以下简称"珍爱网"）为被告，向法院提起了诉讼。

一审法院在审判过程中指出，本案的争议焦点在于被告江苏卫视、珍爱网是否侵犯了原告的注册商标专用权。为了厘清这个问题，法院首先对

被告江苏卫视使用"非诚勿扰"是否构成商标性使用进行了深入剖析。

法院认为，原告金阿欢的文字商标"非诚勿扰"与被告江苏卫视电视节目的名称"非诚勿扰"在文字上完全相同。被告江苏卫视在《非诚勿扰》节目中反复突出使用该商标，并进行广告招商等行为充分表明其商标性的使用意图，被告江苏卫视使用"非诚勿扰"构成商标性使用。判断是否侵犯原告商标权，关键在于两者对应的服务是否属于同类服务。原告金阿欢的注册商标"非诚勿扰"所对应的服务系第45类"交友服务、婚姻介绍"服务。被告江苏卫视则主张其商标"非诚勿扰"所对应的服务系第41类"电视节目"。法院从服务的目的、内容、方式、对象等方面进行考察后认为，被告江苏卫视的"非诚勿扰"电视节目虽然与婚恋交友有关，但本质上仍然是一档电视节目，相关公众在观看该节目时一般会认为它是一档娱乐性质的电视节目，而不会将其与交友服务、婚姻介绍等服务产生混淆。因此法院认定两者属于不同类服务，被告不构成侵权。这一判决结果对金阿欢而言无疑是一个沉重的打击。

（2）二审

金阿欢对深圳市南山区人民法院作出的一审判决深感不满，向二审法院递交了上诉请求。

深圳市中级人民法院在本案的审理中，对于金阿欢所持有的"非诚勿扰"商标与江苏卫视的《非诚勿扰》节目之间的服务类别争议进行了详尽的分析。法院认为，江苏卫视所播出的《非诚勿扰》节目简介显示，其是一档大型婚恋交友节目，旨在为公众提供一个公开的婚恋交友平台，节目中不仅有高质量的婚恋交友嘉宾，还采用全新的婚恋交友模式。从节目的定位和内容来看，其显然涉及交友和婚姻介绍这一服务领域。从《非诚勿扰》节目的具体运作方式来看，该节目不是一个简单的电视节目，而是一个具备交友和婚姻介绍服务功能的综合性平台。节目主持人的开场白和结束语，无不透露出节目促成婚恋交友的明确目的。如节目提供了多种方式供观众和嘉宾进行互动，包括通过发送短信了解嘉宾资料，通过珍爱网、百合网等合作平台进行报名，以及在现场进行"配对"等。此外，广电总局的相关文件以及新闻网站发表的文章，也从侧面印证了《非诚勿扰》节目的服务性质。

因此，二审法院认为，江苏卫视的《非诚勿扰》节目，无论是从服务的目的、内容、方式，还是对象来看，都明显提供了征婚、相亲、交友的服务。这与金阿欢所注册的"非诚勿扰"商标核定的服务项目"交友、婚姻介绍"在本质上是相同的。二审法院认为江苏卫视在《非诚勿扰》节目中使用"非诚勿扰"商标的行为，构成了对金阿欢商标权的侵害。

(3) 再审

再审申请人江苏卫视与珍爱网对广东省深圳市中级人民法院作出的(2015)深中法知民终字第927号民事判决——关于与被申请人金阿欢侵害商标权纠纷一案的判决结果不服，向广东省高级人民法院提出再审的申请。经过慎重审查，广东省高级人民法院决定提审此案，以进一步明晰案情，确保司法的公正与权威。

广东省高级人民法院指出，本案的核心争议在于三个方面：首先是江苏卫视对被诉标识"非诚勿扰"的使用性质问题，即是否构成商标性的使用；其次是江苏卫视是否因此侵犯了金阿欢所持有的涉案注册商标权；最后则是珍爱网在此案中是否与江苏卫视构成共同侵权。

江苏卫视通过长期对《非诚勿扰》节目及其标识的宣传和使用，已经使社会公众将该标识与被诉节目以及江苏卫视紧密地联系在一起，这种使用方式是典型的在电视文娱节目上的使用。

故我们关注的重点并非是否存在商标使用行为，而是两标识是否使用在同样的服务类别上。在这一问题上，法院持有审慎而全面的态度。法院认为，在判断被诉节目是否与第45类中的"交友服务、婚姻介绍"服务相同或类似时，我们不能仅仅依据节目的题材或表现形式作出简单的判定。相反，我们应当回归商标在商业流通中发挥识别作用的本质属性，结合相关服务的目的、内容、方式以及对象等方面的情况，并综合相关公众的一般认识来进行全面而深入的考量。

具言之，江苏卫视的电视节目与金阿欢所提供的服务之间在服务属性、服务目的、服务方式、服务对象、收入模式、服务所属领域、服务所受监管、服务模式、服务提供者、对服务对象（未婚男女）的具体要求、服务是否追求特定结果方面均存在差异。

从服务属性上来看，江苏卫视的《非诚勿扰》节目具有公共属性。虽然节目制作、播放过程中有产生收入的可能性，但节目本身不以营利为目的。金阿欢的婚介所则纯粹是商业性的组织，具有对私性，以营利为目的。从服务目的来看，江苏卫视的《非诚勿扰》本质上从事的是电视播放服务，江苏卫视根据广电总局的要求以及观众的娱乐需求，选择相关话题制作电视节目，然后进行电视节目播放。《非诚勿扰》作为一档以相亲、交友为题材的电视文娱节目，借助现代未婚男女的言行举止以及现场点评嘉宾和主持人的评论与引导，通过精心的剪辑和编排呈现给观众，其为观众提供的服务包含文化娱乐产品。金阿欢的婚介所提供的是中介服务，客户交纳费用，金阿欢对登记的资料信息进行筛选，根据客户的婚恋需求为其提供符合期待的未婚男女信息，安排和组织客户见面，为其牵线、撮合，金阿欢为客户提供的服务中包含的是单身男女的信息。从服务方式上来看，江苏卫视制作和播出《非诚勿扰》需取得电视节目制作、播放强制许可资质，并且只能在特定频道面向公众进行电视节目定期播出，金阿欢的婚介所需要取得的是在固定场所雇用人员进行经营的经营资质。与电视节目不同的是，金阿欢还需要根据客户的要求提供有针对性的个性化服务。从服务对象上来看，江苏卫视的《非诚勿扰》服务于所有电视观众，其并非仅能由单身人士独享，金阿欢的婚介所则只针对通过永嘉县婚姻介绍服务机构寻找配偶的单身人士，这明显是一个相对受限的服务对象群体。从收入模式上来看，江苏卫视《非诚勿扰》的收入来源主要是广告费，节目在为社会公众提供娱乐、消遣的同时，通过节目收视率和关注度来获取广告赞助等经济收入，其收入又用于摊销节目制作成本、电视台运营成本，以减少国家财政投入。金阿欢的婚介所则是通过直接向服务对象收取服务费获利。从服务所属领域来看，江苏卫视的《非诚勿扰》属于国家媒体，金阿欢的婚介所则属于婚介服务。从服务所受到的监管来看，江苏卫视《非诚勿扰》的制作和播出受到严格监管，电视节目的制作需获得电视台、电视频道的许可审批，电视节目的内容也需被审查。金阿欢的婚介所提供婚介服务则不会受到如此严格的审查。2002年之前，开办婚介所必须先向当地民政部门申报批准；在2002年之后，开办婚介所只需要受行业规范的指导。从服务模式上来看，江苏卫视的《非诚勿扰》所提供的服务是"一对多"的，通过回放电视节目，江苏卫视所提供的节目可以重复播放，观众也可以随时收看。金阿欢的婚介所提供的婚介服务则是一对一的，是一种完全个性化的服务，不可能重复，对享受婚介服务的客户来说，婚介所提供的服务通常是一次性的，具有不可逆性。从服务提供者来看，江苏卫视的《非诚勿扰》有一个相当大的团队，包括电视台、节目制作机构与众多专业人员。具体而言，节目的编剧、导演、摄制、剧务、编辑、参加节目的男女嘉宾、主持人、点评嘉宾等均可以算是该服务的提供者。金阿欢的婚介所中，提供婚介服务的就是有限的普通工作人员。由此可见，被诉的《非诚勿扰》节目与"交友服务、婚姻介绍"服务在服务目的、内容、方式和对象等方面均存在着明显的区别。从相关公众的一般认知来看，他们能够清晰地区分电视文娱节目的内容与现实中的婚介服务活动，并不会误以为两者之间存在着某种特定的联系。因此，两者并不构成相同服务或类似服务。

即使我们按照金阿欢的主张，认为江苏卫视提供的被诉《非诚勿扰》节目与"交友服务、婚姻介绍"服务存在类似之处，但被诉行为并不会导致相关公众对服务来源产生混淆误认的情况，因此也不应当构成商标侵权。如前所述，商标法所保护的是商标所具有的识别和区分来源的功能。因此，在确定涉案注册商标的保护范围和保护强度时，我们必须充分考虑其显著性和知名度，并在此基础上考虑相关公众混淆、误认的可能性。在本案中，金阿欢涉案注册商标中的"非诚勿扰"文字本身属于商贸活动中的常见词汇，在婚姻介绍服务领域中的显著性相对较低。同时，该商标也并未经过金阿欢长期、大量使用而获得显著性的提升。因此，在本案中对该注册商标的保护范围和保护强度应当与金阿欢对该商标的显著性和知名度所作出的贡献相符合。反观被诉的《非诚勿扰》节目，其将"非诚勿扰"作为相亲、交友题材节目的名称具有一定的合理性，经过长期的热播，其作为娱乐、消遣的综艺性文娱电视节目为公众所熟知。即使被诉节目涉及交友方面的内容，相关公众也能够对该服务来源作出清晰的区分，并不会对两者产生误认和混淆。因此，这并不构成商标侵权。

综上所述，广东省高级人民法院明确表示，尽管被诉的"非诚勿扰"标识与金阿欢涉案注册商标在客观要素上存在一定的相似性，但两者用于不同的服务类别并且不会导致相关公众产生混淆误认的情况，因此江苏卫视在电视文娱节目上使用被诉的"非诚勿扰"标识并不构成对金阿欢涉案第7199523号注册商标的侵权。二审法院在判断过程中未能从相关服务的整体和本质出发，并结合相关公众的一般认识对是否构成类似服务进行科学合理的判断，仅依据题材和形式的相似性，以及个别的宣传措辞就认定江苏卫视的被诉行为与"交友服务、婚姻介绍"服务相同，并作出构成商标侵权的不当判决。对此，再审法院依法进行纠正。

作为大众传媒的广播电视行业本身肩负着宣传正确价值观、寓教于乐等公众文化服务的职责。电视节目在创作过程中，不可避免地要对现实生活中的相关题材进行提炼和升华。然而，这些现实生活题材仅仅是电视节目的组成要素之一。在判断此类电视节目是否与某一服务类别相同或类似时，我们不能简单地将某种表现形式或某一题材内容从整体节目中割裂出来进行片面、机械的判断。相反，我们应当综合考察节目的整体特征和主要特点，深入把握其行为的本质属性，并作出全面、合理且正确的审查认定。同时，在紧扣商标法宗旨的前提下，我们还应当从相关公众的一般认识出发充分考察被诉行为是否导致混淆误认的情况，并据此作出侵权与否的判断。这样才能在保障商标权人正当权益与合理维护广播电视行业的繁荣和发展之间实现平衡。

综上所述，广东省高级人民法院在全面审查案件事实与适用法律后，最终得出明确的结论：江苏卫视与珍爱网在本案中的被诉行为，并不构成商标侵权。

2. 非诚勿扰案适用滴滴打车案判断服务类似的原则

服务的分类从无到有、从少到多，《类似商品和服务区分表》的分类并不能充分表现市场中服务内容和形式的变化。尤其是互联网兴起之后出现许多新的信息服务模式，其既可能是已有的服务形式的拓展和变化，也可能是获得市场认可后形成新的服务类别。鉴于服务本身的抽象与无形，服务是否类似主要取决于被服务对象即广大消费者的认知，而服务商标又要依附于相关载体，因而服务商标的分类与消费者的认知可能相去甚远。

滴滴打车是一个复杂的、互联互通的平台系统，其显然区别于传统的打车服务。既然滴滴打车的每个组成部分都不可或缺，我们就不能断章取义地将某个部分拆解出来单独分析其属于什么服务，而需要从服务的整体和本质出发，结合相关公众的一般认识来对是否构成类似服务进行科学合理的判断。具言之，线上打车服务中使用了"滴滴打车 App"这一应用软件，但软件只是实现服务目的的手段，即便不借助应用软件，也可以通过线下人工、有线通信技术等手段辅助服务的顺利完成。

我们可以将这一分析思路转换到婚恋节目与婚介服务的区分上。只有综合考察婚恋节目和婚介公司的整体特征和主要特点，才能深入把握两者所提供的服务的本质属性，也才能作出全面、合理且正确的认定。我们不应对"互联网＋服务"这一系统商业运营模式进行机械拆分，而应当透过现象看本质，识别其整体性质。这便是滴滴打车案所确立和体现的，可以广泛适用于"互联网＋服务"中的服务类型判断原则——综合、整体、实质性的判断。

对"互联网＋服务"进行综合、整体、实质性的法律判断原则，不仅适用于滴滴打车案，也在后适用于非诚勿扰案。我们有信心，其在未来会用于更多"互联网＋"模式下的服务类型判断。

第六章 "三车案"对"人工智能+"时代商标保护的启示

一、"互联网+"至"人工智能+"的演进

2024年召开的全国两会首次提出"人工智能+",并将其写入政府工作报告。欧盟出台《人工智能白皮书》《人工智能法案》等系列文件,美国发布《国家人工智能研究与发展战略计划》等指导性文件,日本、韩国、俄罗斯、澳大利亚、加拿大、印度等国家均将人工智能视为推动国家竞争力跃升的新引擎。我们正在经历从"互联网+"到"人工智能+"的技术演进,"人工智能+"与"互联网+"两者都旨在通过技术提升传统行业的效率和质量,强调技术的融合与创新,但也存在诸多区别。"互联网+"是指将互联网技术与传统行业相结合,以互联网平台为基础,利用信息通信技术(ICT)和互联网平台,使互联网与传统行业进行深度融合,创造新的发展生态。这种模式的核心在于通过互联网连接一切,实现资源的优化配置,提高效率,促进产业升级和转型。例如,"互联网+零售"产生了电子商务,"互联网+金融"催生了互联网金融服务等。而"人工智能+"则是指将人工智能技术应用于各个行业和领域,提高生产力、优化产品和服务、创造新的商业模式。人工智能技术包括机器学习、自然语言处理、计算机视觉等,它们可以被用来分析大量数据、预测市场趋势、自动化决策过程等。例如,"人工智能+医疗"可以用于疾病诊断和治疗计划的制订,"人工智能+教育"可以提供个性化学习体验等。

"人工智能+"在某些方面具有独特性,这些特点使它在应用的复杂性、广泛性以及与日常生活的贴近程度上与"互联网+"相比有所不同,集中表现在以下三个方面:一是就技术复杂性而言,"互联网+"通常涉及将互联网技术应用于传统行业,以提高效率和便利性。例如,通过在线平台连接买家和卖家,或实现远程教学。"人工智能+"不仅连接信息,还涉及对数据的深度分析、模式识别和预测。人工智能系统能够模拟人类智能,进行自主学习和决策,这在技术上更为复杂。二是就应用的广泛性

而言，"互联网+"更关注通过互联网平台整合资源和提供服务，已被广泛应用于零售、教育、金融等多个领域，推动这些行业的数字化转型。"人工智能+"则更侧重通过智能系统和算法优化决策和操作过程，因其强大的数据处理和分析能力，被应用于医疗诊断、自动驾驶、智能家居、个性化推荐等诸多领域，其应用场景几乎覆盖了社会的每一个角落。三是就创新驱动力而言，"互联网+"推动商业模式和服务模式的创新，如共享经济和平台经济的兴起。"人工智能+"更强调算法和模型的开发，以及如何将人工智能技术与现有技术及行业深度融合，创造出新的产品、服务和商业模式，同时在技术创新上提出更高要求，不断推进算法、算力和数据处理能力的升级。正因如此，人工智能对于加快形成新质生产力，推动经济社会高质量发展具有重要意义。随着技术的进步，互联网和人工智能技术的界限越来越模糊，在很多应用场景中两者是相互交织、共同发挥作用的。例如，一个电子商务平台可能既利用互联网技术连接买家和卖家，又使用人工智能来分析消费者行为，提供个性化推荐。

人工智能技术已在很多领域获得广泛应用，如无人驾驶汽车、语音识别、机器翻译、家庭清洁机器人等。技术的发展往往伴随着风险，特别是在人工智能领域，这种风险可能涉及伦理、安全、隐私、就业、经济和社会等多个层面，现有的法律和监管体系可能跟不上技术发展的步伐，出现监管空白或滞后的情形。从商标保护领域来看，本书涉及的滴滴打车案、人人车案、ofo小黄车案已充分说明新技术带来的产业变革使商标侵权行为的准确认定更加迫切。在"滴滴打车"商标侵权纠纷案件中，滴滴打车服务被分拆、切割，继而达到"碰瓷"之目的。"滴滴打车App"内容极其简单不能单独运行，不作为商品售卖，其与小桔公司的"人工及服务器形成的后台运输信息处理中心""人工和服务器组成的车辆运输调度中心""大量客服人员构成的客服中心""交易保障、信用管理中心"等是"一个不可分割整体"，脱离其他服务部分的"滴滴打车App"对于消费者不具有任何使用价值。"滴滴打车App"与传统意义上能够单独发挥功能并可以售卖的"计算机程序（可下载软件）"商品有着本质区别。

"互联网+"时代面临的商标侵权判定难题，在"人工智能+"时代将会进一步凸显。在数字化时代和互联网经济的浪潮中，服务商标的侵权判定面临新的挑战，跨类别保护的问题尤为突出。从发展的视角来看，服务类别的界定经历了从无到有、由少变多的过程。然而，行政上的分类可能无法完全涵盖市场中服务内容和形式的变化。由于服务本身的非物质性和抽象性，以及服务商标需要依托于具体载体的特点，行政分类与消费者的实际认知之间可能存在较大差异。以非诚勿扰案为例,并不能简单地排除电视节目上的商标使用与婚介服务上的商标使用构成类似服务的可能性。由于江苏卫视具有明显的台标,其电视节目与深圳金阿欢婚介所的商标使用之间产生混淆的可能性非常低。另一方面,珍爱网针对深圳网民开展的选秀报名等活动,在服务对象和服务内容上与深圳金阿欢婚介所的商标使用有一定程度的重合,这可能会引起部分消费者的混淆。因此,如果珍爱网在面向深圳市场的活动中没有明确声明以避免潜在的误认,那么其行为可能会构成侵权。服务商标在实际使用中的独特性要求我们在侵权判断时应超越传统的商品或服务分类界限,更全面地审视其保护范围。随着传统行业与互联网的深度融合,众多企业通过网络平台进行品牌宣传和业务模式创新。如网约车服务,它虽然源于传统的出租车服务,但其业务范围已经扩展到信息技术和在线服务领域。这种业务模式的跨界特性可能导致原有的服务商标在新兴领域遭遇侵权风险。

伴随谷歌旗下 DeepMind 公司所开发的人工智能程序 AlphaGo 的胜利,公众对人工智能技术给予空前的关注,尤其是以 ChatGPT 为代表的生成式人工智能[1]的横空出世,意味着经过几十年算法、算力和数据方面的积累,人工智能技术发生了"质变",该技术对社会政治、经济、文化、制度等方面都产生了重要影响,当然,商标制度也不例外。而关于人工智能对知识产权的影响,学术争论主要集中在专利和版权上,对商标的影响并未引起太多关注,但该技术对商标的制度、管理、利用及保护等均会产生重大影响。例如,在人工智能浪潮下,对新业态商标侵权认定要比"互联网+"时代更为复杂,这主要是由于人工智能技术的快速发展和应用,使商标的制作、使用和传播的方式发生了深刻变化,同时商标侵权的形式也变得更加多样化和隐蔽化。"三车案"作为"互联网+"时代的典型案例,深入分析其争议焦点,即新技术下商标使用与侵权认定,对人工智能时代新商标的使用、保护和侵权判断具有重要意义。目前,诸多企业的产品线、业务模式已经发生了天翻地覆的变化,自动驾驶技术、语音声控技术都代表着不同的产品或服务,人工智能技术的竞争不再是国内企业间的竞争,而是上升为世界级的竞争。我们面临的竞争者来自世界各国的高科技公司,中国也已从中国制造,逐步发展到以中国速度、中国力量影响世界的"中国智造"。人工智能正以相当大的影响力,逐渐渗透到商标法的各

---

[1]《生成式人工智能服务管理办法》第 22 条中规定:"生成式人工智能技术,是指具有文本、图片、音频、视频等内容生成能力的模型及相关技术。"

个领域。国际商标协会（INTA）小组委员会在 2019 年编写了两份报告：第一份是《知识产权注册机构使用人工智能的报告》，该报告提及了全球趋势；第二份是《人工智能和品牌的未来：人工智能将如何影响产品选择和商标对消费者的作用》。[1]

此外，人工智能技术对商标的注册及管理也产生了较大的影响。《全球商标注册机构使用人工智能技术》报告（Adoption of Artificial Intelligence by IP Registries）由国际商标协会新兴议题委员会（Emerging Issues Committee）撰写，通过在线研究和调查访问的方式，对相关国家商标局或商标注册机构的人工智能使用状况进行归纳、总结和研究。报告指出，与私营部门相比，归属公共机构的商标局或商标注册机构必须遵守相关的法律法规或上级机构的指示，因此对人工智能技术的采纳和使用进展相对滞后。但部分国家的商标注册机构正逐渐引入人工智能技术进行商标检索、审查、注册管理；相关国家已开始使用限定功能的人工智能技术；也有部分国家尚未公布人工智能技术的使用政策。尽管人工智能技术已经引起公共事务部门和机构的广泛关注，但尚未在商标注册事务中替代人类决策。该报告引述的商标局或商标注册机构采用审慎和稳健的方式，重点关注该技术引起的嵌入式（Build – in）或学习型（Learned）偏见。相关机构之间加强合作和技术交流有望加速人工智能技术在全球的传播，推动商标注册事务的变革。

总的来说，人工智能技术在商标领域主要用途有以下几个方面：首先，用算法协助申请人注册商标，通过算法标注商标注册障碍或建议简化申请方式，增加商标注册成功的机会。其次，注册管理机构在审查商标时也使用算法来对申请商标进行适当的分类和评估。例如，用人工智能软件将设计代码分配给带有图形元素的图形标记，这样它们就可以作为未来与在先商标权比较的依据，更加一致地予以分类。再次，借助算法识别新申请商标与在先商标权利之间的冲突。例如，通过 NLP 算法破译文字商标的语义内容，以评估其含义是否相似；用图像处理算法比较徽标/Logos 在视觉上的相似性，从而产生越来越相关的结果。提供商标清除检索服务（申请前）或监视服务（识别注册后冲突）的私人服务提供商一直处于人工智能技术发展的最前沿。最后，人工智能正在介入商标执法领域，用于识别

---

[1] International Trademark Association Comments in Response to: Request for Comments on Intellectual Property Protection for Artificial Intelligence Innovation, https：//www.uspto.gov/sites/default/files/documents/International% 20Trademark% 20Association% 20% 28IN _ RFC – 84 – FR – 58141. pdf, last visited on March 22, 2024.

未经授权的在线标记使用，包括在社交媒体上擅自使用的商标侵权行为。下文将围绕人工智能等新技术对商标本身的影响以及在商标注册和商标保护两方面的新变化展开论述。

进入"人工智能+"时代，商标侵权风险将会更大，这也提醒我们在评估服务商标是否涉及类似商品或服务时，不应局限于该商标最初注册的商品或服务类别，而应更深入地分析服务的核心内容和主要意图。从多个角度综合评估，包括服务的本质、提供方式、目标受众以及产生的实际效果等，旨在确保服务商标持有人的合法权利得到充分保护，并维护市场的公平竞争秩序，同时保障消费者利益。在处理商标侵权案件时，不能仅仅停留在对表面现象的认识，而是需要深入分析案件的本质，既要保护商标权利人的合法权益，又要避免对技术创新和市场竞争的不当限制。"三车案"为商标法律从业者提供了新的视角，应透过人工智能技术所营造的神秘氛围，并通过人工智能技术提供的数据分析和预测能力，尽早发现商标侵权线索，识别侵权认定的本质。随着服务业的不断发展，我们有必要在理论和实践层面不断深入探索，总结经验，以适应服务行业的特殊需求，提供更加全面和有效的商标法律保护。

二、"人工智能+"时代商标领域的挑战

（一）人工智能技术对商标功能的影响

与"互联网+"相比，人工智能时代更侧重于智能化的技术和应用。人工智能的发展标志着从简单的连接性向智能化服务的转变。人工智能技术通过模拟、延伸和扩展人类智能，使机器能够执行诸如听（语音识别、机器翻译等）、看（图像识别、文字识别等）、说（语音合成、人机对话等）、思考（人机对弈、定理证明等）、学习（机器学习、知识表示等）和行动（机器人、自动驾驶汽车等）的任务。[1]这也意味着，人工智能将会对商标的功能产生较大的影响。商标最原始、最基本的功能是区别商品与服务来源的识别功能。不同经营者的商品或者服务使用不同的商标，总是与特定的经营对象联系在一起。通过商标这一媒介，生产经营者创建和积累自己的商业信誉，使商标产生"顾客吸引力"，同时将不同来源的商品或者服务区别开来。此外，品质保障功能是在区分来源功能基础上对商标作用的新的认知。商标的质量保证功能，是指使用同一商标的商品或

---

[1] 参见谭铁牛：《人工智能的历史、现状和未来》，载《智慧中国》，2019第Z1期，第87—91页。

者服务就具有相同品质。可以认为，商标是商品品质的代名词。商品质量和商标信誉总是紧密相关的，商品质量是商标信誉的保证和基础。企业为了使自己的产品更具竞争力，必然要努力提高商品质量，维持商标在顾客心目中的信誉。然而，这些功能在人工智能时代将逐渐弱化。

人工智能技术精准营销、体验式消费、替代决策等，不仅极大地影响了消费者的购买行为，而且对传统的商标制度构成了挑战。商标的基本功能正面临由人工智能引发的消费行为转变的影响。具体而言，主要体现在以下三个方面：一是人工智能能够通过分析消费者的行为、偏好和购买记录来实现精准营销。这种基于数据的个性化推荐系统可以直接将消费者与产品或服务相连接，弱化传统品牌标识和商标在消费决策过程中的作用。消费者可能更多依赖人工智能推荐而非品牌声誉，这在一定程度上降低了商标的识别来源功能的重要性。二是人工智能技术与增强现实（AR）和虚拟现实（VR）的结合，为消费者提供了沉浸式的购物体验。在这种体验式消费中，消费者的决策更多地基于虚拟体验和个性化互动，而不是传统的品牌标志和商标广告。这种转变意味着商标的广告功能可能不再是影响消费者购买决策的主要因素。三是人工智能辅助的决策工具，如智能助手和购物顾问，可以为消费者提供基于大数据分析的购买建议。这些工具可能推荐的产品或服务并不总是基于品牌知名度或传统的商标识别，而是更侧重于性价比、消费者评价或个性化需求的匹配。因此，消费者可能更倾向于依赖人工智能的决策，而不是自己对商标的识别和信任，在"人工智能+"时代，商标的角色和重要性可能会发生变化。

在人工智能技术的影响下，商标的传统功能特别是其识别来源和广告功能，正面临被重新评估的需要。企业可能需要探索新的策略来增强其品牌的吸引力，包括通过人工智能技术来加强品牌体验和消费者互动。商标作为一种法律和商业工具，传统上为消费者提供了一种通过品牌识别商品来源和质量的快捷方式。商标的简洁性和直观性使其成为一种有效的沟通手段，有助于简化消费者的决策过程。然而，随着人工智能技术的发展和智能消费模式的兴起，商标在信息传送和广告方面的独特优势正面临挑战。就信息传送来看，商标通过提供一个简化的标志或名称代表一系列复杂的产品特征和企业背景，实现对商品来源的抽象。这种简化在传统消费模式中非常有效，但在人工智能的背景下，由于人工智能系统能够处理和整合大量的信息，消费者可能从对特定商标的信任转向对人工智能推荐系统的信任。人工智能系统能够提供个性化和精准的购买建议，消费者可能更倾向于基于全面信息作出购买决策，而非仅仅依赖商标提供的抽象信息。人工智能技术的应用，如推荐系统和个性化搜索，能够向消费者提供详尽的产品信息、用户评价和价格比较，这可能导致消费者不满足于通过商标获得信息，从而产生信息遗漏和信息不对称的问题。而就商标的财产属性来看，商标不仅是识别商品来源的标志，也是一种重要的财产，对企业具有重大的经济价值。商标的使用可以有效地刺激消费和增强品牌忠诚度，其广告效果是商标财产属性的重要体现。然而，随着智能消费模式的兴起，消费者可能更多地依赖人工智能提供的个性化信息和推荐，而不是商标本身。人工智能推荐可能导致消费者更容易转向其他品牌，这可能会稀释其对特定品牌的忠诚度，从而导致商标的应用程度和广告效果弱化。

试想，如果每个商品都植入一个芯片或者二维码，我们通过智能工具扫描就可以知道关于这个商品的所有信息，该商品于何时生产、何地生产、所用原料、加工过程等，这些信息足以帮助我们精确区分每个商品的不同品质。消费者通过扫描芯片或二维码获得关于商品的详细信息，商标作为识别商品来源的工具的重要性可能会降低。消费者的选择将更多基于产品的具体信息和性能数据，而非品牌标识。因此品牌建设未来需要转向侧重于创造和传播品牌价值和理念，而不仅仅是作为质量的保证。品牌故事和消费者体验将成为区分企业的关键因素。虽然技术提供了一种去中心化的信息获取方式，但消费者对信息的真实性和完整性的信任将成为新的挑战。品牌需要在确保信息准确性和透明度方面发挥作用，以建立和维护消费者信任。虽然全面的量化信息披露技术可能削弱商标的传统识别和品质保障功能，但它也为品牌创造了新的机遇，促使企业转向更加注重品牌价值、消费者体验和信息透明度的策略。在这个过程中，商标不再仅仅是一个简单的识别符号，而是品牌故事和消费者信任的载体。随着技术的发展和消费者需求的变化，品牌和商标的意义也将随之进化。因此，法律制度需要适应这些变化，考虑人工智能在商标识别和保护方面的新角色和挑战。

现代物流系统中已有商品管理的数字化实践。以京东为例，其仓库的商品并非按照类别或者品牌进行分类摆放，而是在每件商品入库时附上一个数字代码。当消费者在网上购买商品之后，京东仓库的机器人能够依据商品代码知道这些商品的具体分布位置，通过智能计算，选择最优的取货路线，进行取货、包装并发送给物流。尽管在物流和库存管理中，商品的识别越来越依赖于数字代码，但商标作为品牌的象征在市场营销和消费者认知中仍发挥着至关重要的作用。虽然物理商品的识别和管理可能依赖于数字代码，但在互联网环境中，商标（包括域名、商标在社交媒体上的使用等）仍然需要得到保护。随着电子商务和社交媒体的发展，品牌面临复制品、假冒商品和误导性广告的挑战。在此背景下，商标仍然重要，而且需要通过数字化手段进行有效的品牌保护。当然，随着技术的发展，商标法律和规制也需要适应新的商业实践。这包括对数字化标识的保护、在线商标使用的规范，以及跨界品牌合作中商标使用的新规则。

当人工智能技术的应用导致商标的传统区分功能与品质保障功能被削弱时，商标将会经历一系列的功能转化和角色重塑。这种转化和重塑可能体现在以下五个方面：一是随着产品信息变得更加透明和易于获取，消费者可能不再仅仅基于品质保证选择产品，而是寻求与品牌的情感连接和独特体验。在这种情形下，商标和品牌标识会成为传递品牌故事、价值观和生活方式的重要工具。品牌可以通过商标创造和维护一种情感纽带，吸引并维护忠实的消费者群体。二是随着增强现实和虚拟现实技术的发展，商标在这些新的数字空间中的应用可能会变得更加重要。在虚拟世界中，商标不仅能帮助消费者识别品牌，还能增强用户的沉浸式体验。企业可能会开发虚拟商品或服务，其中商标和品牌形象成为区分自身与竞争对手的关键。三是随着数据成为现代商业中的一项关键资产，消费者对数据隐私和安全的关注日益增长。商标可能被赋予新的功能，成为消费者信任和数据安全承诺的象征。品牌可以利用其商标来保证对消费者数据的负责任管理，从而在竞争激烈的市场中脱颖而出。四是随着企业越来越多地利用人工智能和机器学习技术提供个性化服务和产品，商标和品牌形象可能在这些算法和应用程序中扮演重要角色。通过在人工智能驱动的服务中突出品牌特色，企业可以在消费者心中建立独特的品牌印象。五是在技术不断进步的市场环境中，商标和品牌形象需要保持灵活和适应性，以应对快速变化的消费者需求和技术趋势。这意味着商标可能不再是一个静态的标志，而是一个不断进化的品牌资产，反映出企业的创新能力以及对未来趋势的适应。

当然，求异心理是人类的固有本性，即使是品质完全相同的产品也可能会有不同品牌帮助消费者加以区分，此时，商标将成为一种具有特定的文化内涵、价值取向以及个性特征的社会文化符号，其功能将转变为一种文化功能。[1] 尤其是在当今社会商品同质化程度比较高的情况下，品牌的文化功能显得非常重要。商标作为一种文化符号，可以反映和传递一种文

---

[1] 杜颖：《知识产权法学》，北京大学出版社2015年版，第175页。

化特征或风格，包括企业的理念、历史传统，以及它们所倡导的社会和文化价值。随着消费者对品牌背后故事和价值观兴趣的增加，商标的文化内涵将变得更加重要。除此之外，商标也是品牌个性的体现，帮助消费者识别和感知品牌的独特性。品牌个性可能是活泼的、传统的、奢侈的或是亲民的，这些个性特征通过商标得以传递。消费者通过品牌个性与自己的身份认同相联系，形成品牌忠诚度。

随着人工智能技术的发展，智能技术能够更客观地呈现商品的品质信息。消费者不再依赖商标区分不同商品的品质，更注重商标文化功能，即一种文化认同和身份地位的象征。在人工智能时代，商标可能会承载更多的文化意义，成为品牌文化和价值观的传播者，文化功能成为商标的重要功能。随着消费者混淆可能性的降低，假冒商品不再是商标侵权的主要方式，侵权行为更多的是损害商标所蕴含的商誉和影响力。商标与使用该商标企业的生产品质相关联，所以当注册商标与所属企业分离时，为了避免引起消费者对生产品质的误认，部分国家商标法要求商标注册人在转让注册商标的同时，必须连同转让使用该注册商标的企业，该规则又称为"连同转让"规则[1]，这一规则的核心在于确保商标的转让不会误导公众，即商标的识别功能和它所代表的商誉、声誉以及消费者的信任不会被削弱或转移至不同的商业实体而造成混淆。尽管我国商标法对此没有规定，但随着商标品质保障功能的下降，商标作为一种文化符号，法律对其自由转让的约束也会减少。此时需要更加注重品牌管理和商标策略，有效利用文化符号建立与消费者之间的深层次联系。企业不仅要在商标设计上投入心思，还要在品牌建设和市场传播中融入更丰富的文化和价值元素，以此来强化品牌的市场地位和社会影响力。

（二）人工智能技术对商标管理的影响

在"互联网+"时代，传统产业与互联网的融合呈现出多样化的形式和发展趋势，这一现象在工业、金融业和农业等关键领域尤为明显。而人工智能时代，人工智能技术对商标管理的影响将是深远的。从广义上讲，商标管理是指政府机构、高校、科研院所、企业等计划、组织、协调和控制商标相关工作，使其发展符合组织目标的过程，是协调相关事务的宏观调控与微观操作活动的总和。本书所说的商标管理仅针对商标的申请、审查、注册等过程中的商标管理工作。商标不仅承载着品牌的历史和文化，

---

[1] 我国没有该规定，但美国、瑞典等国家有这种规定。

记录企业的成长历程,传承品牌的价值和理念,还肩负着时代赋予的责任与使命。尽管商标的历史悠久,但人们对商标的认知却是个缓慢的过程,最初商标可能仅被视作简单的标识,用于区分商品来源。随着时间的推移,人们开始意识到商标在品牌建设、市场推广和消费者信任建立中的作用。纵观商标管理在我国的发展史可以发现,每一次技术的变革与更迭都促进商标新的发展浪潮。

1. 第一次浪潮

新中国成立初期,以 1950 年实施的《商标注册暂行条例》为标志,我国商标的申请、审查、注册等制度初步确立,翻开了商标管理的新篇章。由老一辈商标工作者制定的《商标管理条例施行细则》于 1963 年公布,为明确适用标准,在其后附上了商品分类表,在类别中划分了类似商品,每个类中又设立组,作为区分类似商品的界限,该分类表也成为商标注册和审查的重要工具。"文革"期间商标工作一度停滞,但改革开放后迅速恢复。1982 年,《商标法》颁布,商标法律制度确立。在此期间,有关商标申请工作均以手稿、书刊、注册簿、检索目录、文字记录等传统的方式呈现、保存并传递。因此,以人工操作的方式记录商标的管理工作也成为第一次浪潮的显著特征。

2. 第二次浪潮

随着计算机技术的兴起,第二次商标浪潮拉开序幕。由于计算机具有高效、便捷等诸多特点,原国家工商行政管理局商标局于 1993 年启动商标注册和管理自动化系统一期工程。这是中国知识产权保护历史上的一个里程碑,商标注册和管理的效率和准确性得到极大提高。其对商标审查工作产生的深远影响,集中表现在以下五个方面:一是自动化检索,通过将商标相关信息录入计算机系统,实现了商标审查检索的自动化,加快了检索速度,提高了检索的准确性。二是信息存储,所有相关的注册信息,包括申请人、被申请人、商品名称类别等,都被数字化存储,便于管理和调用。三是工作效率,自动化系统的应用显著提升了商标局的工作效率,减少了人工检索的时间和错误,加快了商标注册流程。四是数据安全,计算机系统的使用增强了数据的安全性和完整性,降低了信息丢失或被篡改的风险。五是流程规范化,自动化系统促进了商标注册流程的规范化和标准化,使商标审查工作更加公平、透明。

该阶段仍处于信息化建设的初期,尽管商标检索查询自动化已全面启动,极大提升了审查效率,但由于商标评审的独立性及复杂性,其仍依赖于手工操作,该阶段以"手工化+自动化"双运行模式呈现,体现了商标信息化建设的阶段性。以商标检索自动化为标志,传统的商标信息记录、保存和使用手工作业方式淡出了人们的视线,在画上一个圆满句号的同时迎来了一个改变商标历史轨迹的重要始点。[1]

3. 第三次浪潮

受国家"互联网+"战略的影响,第三次浪潮推动商标注册及管理工作进入无纸化、在线化的新阶段,具体体现在政务信息公开,提供商标在线服务,实现网上查询、公告与申请等多方面。商标评审程序手工化与商标信息数据在线化实现了"无缝对接",推动了商标评审工作的飞跃式发展。如果说第一次商标浪潮是手工操作为主的经验时代,那么第二次商标浪潮开始尝试将新技术运用于商标审查管理,第三次商标浪潮则真正将商标信息数据线下的物理世界转换映射到线上的虚拟世界,实现并迎来了商标信息记录、保存和使用从手工化到自动化再到在线化的历史性更迭与蜕变。时至今日,我们仍可以感受到第三次商标浪潮所带来的便捷,如商标管理在线服务,包括在线申请、电子提交、状态跟踪等,这些服务进一步简化了注册流程,使申请人可以远程提交申请,实时监控注册进度。

国家知识产权局发布关于调整商标注册证发放方式的公告宣布,自2022年1月1日起,公告注册及其他商标申请产生的商标注册证,以电子方式提交商标申请的登录商标网上服务系统获取电子商标注册证。电子商标注册证可自行查看和下载打印,国家知识产权局不再发放纸质商标注册证。这一举措,一方面大大缩短了申请者和企业等待证书的时间,提高了商标注册的效率,减少了因邮寄等可能产生的延误和丢失风险,另一方面,节省了大量的纸质材料制作和邮寄成本,减少了纸张的使用和浪费,更加符合环保和绿色发展的理念。此外,电子商标注册证可以随时随地在网上查看和下载,方便申请者和企业进行证书的管理和使用,同时,电子化的管理方式也更容易进行数据的备份和恢复,提高了数据的安全性。电子商标注册证的推行,也是推动商标注册管理信息化、数字化进程的重要一步,有助于提升商标注册管理的现代化水平,更好地适应信息化时代的发展需求。自动化和在线化使公众能够更方便地访问商标信息,提高了政府服务的透明度和公众满意度。

---

[1] 杨萍:《第四次商标浪潮》,载《中华商标》2020年第10期,第25页。

4. 第四次浪潮

近年来，人工智能技术取得了突飞猛进的发展，已经在生活中的很多方面得到了应用。就商标信息数据来看，其应用智能化的轮廓变得逐渐清晰，人类智慧与机器智能的结合蕴含无限的可能。

国际商标协会发布的《全球商标注册机构使用人工智能技术》报告，通过在线研究和调查访问的方式，对相关国家商标局或商标注册机构的人工智能使用状况进行归纳、总结和研究。与私营部门相比，归属于公共机构的商标局或商标注册机构必须遵守相关的法律法规或上级机构的指示，因此对人工智能技术的采纳和使用进展相对滞后。但部分国家的商标注册机构正逐渐引入人工智能技术进行商标检索、审查、注册管理，如通过"以图搜图"的方式进行图形商标的智能检索，大幅压缩商标近似比对数量，提高检索效率；相关国家已开始使用限定功能的人工智能技术；也有部分国家尚未公布人工智能技术的使用政策。此外，国际商标协会提交的文件包括其对知识产权登记机构的调查数据，9处知识产权登记机构（澳大利亚、智利、中国、日本、挪威、俄罗斯、新加坡、欧盟和美国）提供了它们对人工智能使用的深入了解。相关机构之间加强合作和技术交流有望加速人工智能技术在全球的传播，推动商标注册事务的变革。随着人工智能技术的持续进步，智能机器人将在未来取代人工，肩负起商标注册与审批等管理工作的重任，凭借其卓越的信息储存和处理能力，极大提升商标管理的效率。

（1）人工智能技术对商标注册的影响

随着互联网技术和电子商务的快速发展，商标侵权问题也日益突出。作为企业的重要资产和品牌象征，商标维权变得尤为重要。然而，由于商标侵权案件数量庞大且变化多样，传统的人工处理方法已经难以应对，此时，法律人工智能的应用就显得尤为重要。此处所指的法律人工智能是将人工智能技术应用于法律领域的产物，它使用计算机技术模拟人类智能，辅助法律专业人士进行相关的工作。与传统的人工方式相比，人工智能技术可以识别和拦截恶意抢注和囤积商标的行为，保护商标资源的合理分配和使用。人工智能技术还可以在注册前预判近似风险，为申请人提供风险评估，帮助其作出更加明智的决策，呈现高效性、精准化、自动化等特质。

世界知识产权组织发布的《2022年世界知识产权报告》显示，与前一年相比，2022年全球商标申请数量为1180万件，申请中指定的类别在2022年下降14.5%，结束了自2009年国际金融危机以来持续12年增长的势头。尽管如此，2022年，全球152个知识产权局的有效商标量约为8250万件，较2021年增长了9.4%。[1] 商标审查员面对数量庞大的商标申请与注册，必然承担更繁重的商标评审任务，用人工智能协助申请人注册商标将大大减少审查人员的工作量。美国专利商标局曾就人工智能可能对商标、版权和其他形式知识产权造成的影响征求公众意见，一些分析指出，在商标搜索中使用人工智能可以改进和简化商标搜索和注册过程，从而产生积极影响。美国应用程序协会指出："需要商标专业人员和美国专利商标局花许多小时来完成的任务，算法可以在几秒钟内完成，这将节省时间并降低成本。"

得益于人工智能技术，尤其是自然语言处理和图像识别，人工智能系统能够自动检查提交的商标申请是否与现有的商标存在相似之处，包括文字相似性和图形/设计相似性，可以更快地识别潜在的冲突商标，从而减少注册过程中的时间和成本。人工智能系统能够自动审查商标申请，识别出那些可能与现有商标冲突或不符合注册要求的申请，这不仅可以减轻人工审查员的负担，也可以缩短审查周期，使商标注册过程更加高效。目前，图像搜索技术已经发展到用户可以直接以可识别的文件格式（如JPG、PNG、GIF或TIFF）上传图像，在相关注册表数据库中搜索类似的图像，比较徽标/Logos在视觉上的相似性，从而产生越来越相关的结果。

人工智能技术还可以用于分析和预测商标注册的成功率，以及潜在的侵权风险。通过分析历史数据，人工智能系统能够识别出哪些因素最可能影响商标的注册结果，从而为申请人提供有价值的意见。这样，申请人可以在提交申请之前调整其商标策略，以最大化注册成功率。例如，用人工智能软件将设计代码分配给带有图形元素的图形标记，这样它们就可以作为未来与在先商标比较的依据，更加一致地予以分类；用自然语言处理技术破译文字商标的语义内容，以评估其含义是否相似。

通过算法标注商标注册障碍或建议简化申请方式，增加商标注册成功的机会。这一转变不仅优化了管理流程，更重要的是，人工智能技术缩短了人类记忆和熟悉商标的过程。一旦商标投入使用，智能机器人便能迅速记忆并识别商标与产品间的关联，使注册制度成为分配和管理商标资源的理想选择，从而持续完善商标注册登记制度。

---

[1] 参见《世界知识产权指标2023》，https：//www.wipo.int/edocs/pubdocs/en/wipo－pub－941－2023－en－world－intellectual－property－indicators－2023.pdf，最后访问时间：2024年3月22日。

(2) 人工智能技术对商标检索的影响

2019年6月，以色列内盖夫本古里安大学的几位研究人员研究分析人工智能工具未来如何改变商标的搜索方式。研究发现，人工智能有助于商标审查的相似性检索。使用人工智能可以快速处理和分析大量数据，显著提升商标检索的效率，使整个审查过程更自动化。研究人员通过实验证明人工智能使检索即时成功率提高近80%，并节省了时间和资源。研究认为，人工智能商标相似性检索未来发展可期，并建议其他国家知识产权局和政府机构考虑利用人工智能改善审查员和用户的商标检索流程。[1]

人工智能技术可以更准确地识别和匹配商标图像，减少因人工检索标准不一而导致的误报。当然，把这项工作完全交给人工智能也存在风险，但可以用于辅助商标审查员和申请人。为了获得必要的知识，优秀的解决方案供应商应与经验丰富的商标分析人士和语言学家紧密合作。只有这样，供应商才能深入挖掘信息并像商标分析人士一样思考。神经网络技术是商标从业者最常使用的一种人工智能。该技术与人脑的运作方式相同，依靠大量的数据"受训"，准确地识别语义对等信息。该技术能确定商标的"相关性"，帮助供应商作出更准确的决定。人工智能提供的自助审查解决方案可使寻找品牌名称、口号和标志的客户从中受益，神经网络和其他人工智能技术能自动快速处理复杂的商标检索和分析工作。深度学习技术常被用于识别语义相关的表达，将错失相关标识的风险降到最低。

人工智能技术提高了商标搜索的能力，使申请人和审查员能够更有效地搜索和识别潜在的商标冲突。传统的关键词搜索在商标搜索过程中存在一定的局限性，这种搜索方法依赖于精确或部分匹配的关键词，但可能无法充分识别和捕捉那些在拼写、发音或语义上相近的商标。就拼写相似而言，可能存在拼写相似但不完全相同的商标被遗漏，尤其是当商标中含有故意使用的错别字、同音异义词或者变体拼写时。就发音相似而言，传统搜索可能无法有效识别那些发音相近但拼写不同的商标。在不同的语言地区，相同或相似的发音可能通过完全不同的字符组合来表达，这对于声音商标而言尤其重要。就语义相似而言，商标不仅仅是一系列字符的组合，它们还承载着特定的意义和情感。关键词搜索可能难以捕捉具有相同或相似意义但使用不同表达方式的商标。人工智能技术中涉及的自然语言处理技术、声音识别技术、图像识别技术，能够识别这些细微的差异，降低漏

---

[1] See How AI Will Revolution Is Trademark Rsearches, https://www.worldtrademarkreview.com/ip-offices/how-ai-will-revolutionise-trademark-searches, last visited on March 10, 2024.

检的风险，还能提供更全面、更深入的搜索结果，帮助申请人和律师在商标注册和管理过程中作出更准确的决策。

（3）人工智能技术对商标审查的影响

美国专利商标局于2019年10月30日宣布，就人工智能可能对商标、版权和其他形式知识产权造成的影响征求公众意见。关于商标，美国专利商标局提出了两个具体问题：一是在商标检索中使用人工智能是否会影响商标的可注册性；如果有影响，这种影响如何产生。二是人工智能对商标法有何影响。其中一些提交的资料指出，在商标搜索中使用人工智能可以改进和简化商标搜索和注册过程，从而产生积极影响。美国律师协会提出，对于商标所有人来说，人工智能可用于更客观地评估采用某一商标的风险，特别是因与一个或多个先前注册商标存在混淆可能性而被美国专利商标局拒绝的风险。虽然使用人工智能可以帮助申请人降低风险，但根据美国知识产权法律协会的说法，还有另一个潜在的影响："比起目前的设计代码索引方法，人工智能搜索能帮助美国专利商标局审查律师找到更可能相似的设计标记，这可能导致更多的商标由于第2（d）节规定被拒绝注册。"[1]

美国商标注册处在2019年的国会听证会上强调，注册商标只有使用才能提供保护。因此，商标的审查工作至关重要，其审查结果往往通过注册簿呈现。当企业为新产品选择名称时，往往会求助于注册簿，以确定其选择的商标是否可供其使用和注册。但是，欲使注册簿发挥功用，它必须准确反映某类商品和服务上注册商标的使用状况。如果注册簿上充满未使用的商标，或者以不正当手段获得注册，则会使商标清除更加困难，不准确的注册也会导致无效和撤销程序。此外，评估元数据和逐像素比较图像，可以帮助审查人员发现潜在的欺诈性或数字化改变的使用样本，这些样本审查律师可能无法用肉眼或在没有审查相同或类似样本的其他案件的情况下轻易辨别，从而减轻美国专利商标局的审查负担。

国际商标协会提交的文件包括其对知识产权登记机构的调查数据显示，许多知识产权登记机构已经处于采用人工智能解决方案的早期阶段，5家知识产权登记机构正在开发包含人工智能的商标图像搜索系统。

日本特许厅早在2017年召开的第十届知识产权小组委员会上，就讨论

---

[1] See Lower Risk Applications, Increased Refusals and a Boost for Infringers: the Potential Impact of AI on Trademark, https://www.worldtrademarkreview.com/anti-counterfeiting/lower-risk-applications-increased-refusals-and-boost-infringers-the, last visit on March 10, 2024.

了人工智能技术在专利行政管理工作中使用的可能性。其后续开发计划也包括对商标的审查，即考察以图形和图标审查为核心内容的外观专利和商标审查能否由人工智能完成，基于自然语言处理技术的发展能否辅助人工智能理解从而加速审查效率和质量。欧盟知识产权局也已经着手实施利用机器学习、自然语言处理和深度学习等技术的相关项目，项目致力于在手续、分类、图像搜索、商品和服务比较以及聊天机器人中进一步发展，开发满足用户和审查员需求的新型人工智能技术。

智能机器人凭借强大的数据处理能力，能够迅速进行商标检索和审查，大幅降低出错率，并显著缩短商标注册、审批及异议的周期。人工智能可以迅速处理大量的数据，包括现有商标数据库、历史审批案例、相关法律文献等。强大的数据处理能力使智能机器人能够在短时间内完成复杂的商标检索任务。利用人工智能技术自动化商标审查过程，可以显著缩短商标的注册、审批和异议处理周期。自动化流程减少了对人工操作的需求，使商标申请的处理速度更快，同时提高了整个审查过程的透明度和可预测性。人为错误是传统手工审查过程中的一个重要问题，通过自动化和标准化的处理流程，可以大幅降低出错率。人工智能系统可以持续运行而不会疲劳，保持高水平的准确性和一致性。此外，人工智能中的机器学习技术使智能机器人能够从每个审查案例中学习并不断优化其审查策略和判断标准。这种动态学习和适应能力意味着，随着时间的推移，智能机器人在处理商标审查任务时的效率和准确性将持续提高。

值得一提的是，就分析潜在冲突而言，人工智能能够实现规模化，对于视觉、语音和概念相似性分析发挥重要作用，使注册管理机构在审查商标时能够用算法对申请商标进行适当的分类和评估。通过人工智能系统进行商标管理，也将进一步完善商标注册登记制度，通过注册获得商标权成为世界通行的方式。从技术向善的维度来看，以人工智能驱动商标审查，有利于提高审查与检索效能，强化源头治理，为知识产权的高质量发展提供保障。

（4）人工智能技术对商标执法的影响

2023年4月26日举行的《中国打击侵权假冒工作年度报告（2022）》新闻发布上，国家市场监督管理总局副局长对该《报告》进行解读。2022年我国市场监督管理部门共查处商标、专利违法案件4.4万件，涉案金额16.2亿元人民币。市场监督管理部门在查处商标侵权假冒案件时，其处理步骤包括案件线索搜集、案件线索转办、案件查处等，案件线索的搜集需要耗费大量的人力财力，人工智能系统可以在线索搜集阶段发挥重要作用。人工智能技术通过深度学习和模式识别，能够快速、准确地识别商标侵权行为。这将大大减少人工审查的时间和成本，提高商标执法的效率和准确性。人工智能技术的应用使商标执法机构能够处理大量的商标数据，从而扩大执法的范围。这有助于发现那些传统审查方式难以发现的侵权行为，如网络上的侵权行为。人工智能技术可以通过分析商标数据，识别侵权行为的模式和趋势，从而为执法机构提供更精确的执法建议，有助于减少误判和漏判，提高执法的精度。随着人工智能技术的发展，商标执法机构可能会采用更加智能化的执法方式，如自动化监测、智能分析等。这将改变传统的执法方式，使执法更加高效、便捷。人工智能可以减轻政府工作人员的工作负担，政府机构可以自行开发或者委托开发能够处理商标信息的人工智能软件。政府机构拥有大量的商标注册及使用数据，人工智能技术有了大量真实数据的支撑，能够更好地发挥作用，使政府部门的商标信息搜索更有效率，也有利于减轻市场监督管理部门在查处商标侵权案件中的工作负担，更快地对市场中存在的商标侵权行为作出应对，保护商标权。人工智能系统可以对互联网上的商标使用进行实时监控，包括社交媒体、电子商务平台和其他网站，迅速识别潜在的侵权行为。对于图形商标，人工智能的图像识别技术能够检测相似的图形元素，即使在不同的背景或变化的形式下，也能有效识别侵权使用。人工智能还可以分析历史侵权案件的数据，识别侵权行为的模式和趋势，为市场监督管理部门提供决策支持，帮助确定监管重点和优先级。利用机器学习算法，人工智能可以预测特定商标侵权行为的发生概率，使监管部门能够采取预防措施。人工智能技术的崛起为商标分类管理制度的诞生提供了可能，这一变革将进一步优化商标管理体系，提升整体的效率和准确性。

  有效的商标管理具有深远的意义，不仅能够提高政府部门的工作效率，减轻其工作量，也能为企业带来一系列积极的作用，有助于保护企业知识产权，促进品牌发展，还能避免法律纠纷，保障企业的长期利益。在设计阶段，企业进行市场调研，了解行业中已存在的商标。为企业设计独特、易于识别且能够体现品牌价值的商标。考虑到商标的可注册性和保护范围，避免使用过于普通或描述性的元素，提高品牌的市场可见度，增加品牌价值，从而吸引更多的消费者和潜在客户。在商标申请阶段，在提交申请之前，应进行全面的商标可用性搜索，包括直接命中和相似性搜索。如果在搜索中发现了可能的冲突，或者对搜索结果不确定，可以咨询专业的知识产权律师，评估商标的可注册性和使用风险，确保所选商标不会侵犯他人权利。同时，避免与现有商标产生冲突。现有商标不仅包括国内现有的商标，也应该密切关注国际上的现有商标，尤其是那些在自己的业务领域内活跃的品牌以及计划在多个国家运营的企业商标。可以考虑通过使用世界知识产权组织的全球品牌数据库、欧盟知识产权局的 TMview 和美国专利商标局的 TESS 数据库等来检索。考虑到品牌的未来扩展，应确保搜索能够覆盖企业计划进入的主要市场和地区，有效地避免未来的商标冲突。

（三）人工智能技术对商标利用的影响

在"互联网+"的背景下，商标的使用已经不局限于传统的物理商品，还扩展到数字产品和服务。人工智能技术可以辅助商标设计，通过分析流行元素和文化趋势，设计出更符合企业需求的商标；还可以分析大量的市场数据，包括消费者行为、销售趋势、竞争对手动态等，帮助企业预测市场趋势，从而制定更有效的商标利用策略。商标利用涉及注册商标使用，是商标法律制度的重要组成部分，当然也包括权利转让、权利使用许可、权利质押等类型，体现了商标权人处分其无形财产的意志自由，在品牌贸易和资产运营中具有特别的意义。[1] 人工智能、元宇宙等新技术的出现致使商品从实体向虚拟转变，然而，我国《类似商品和服务区分表》目前并未收录与虚拟商品相关的商品/服务类别。随着元宇宙等新技术的发展，现实世界中产生并注册的商标在虚拟世界，以及虚拟世界中创造的商标之间将发生冲突，面对新业态、新事物、新场景，如何透过现象看本质，最大限度保护企业的商标权益尤为重要。

新技术的兴起对商标的利用产生了深刻影响，主要体现在以下三个方面：一是商标可应用于虚拟商品和服务，如元宇宙中的虚拟房地产、虚拟服装或在线游戏的道具。众多互联网行业、时尚行业巨头也正在进军 NFT 虚拟商品领域，如 LV 推出了 NFT[2] 商品并制作了区块链游戏 Louis The Game。虚拟商品的巨大收益使更多的公司下海，而 NFT 虚拟商品这种新颖的商品形式也引发了一系列的相关商标权的注册与保护问题，国际商标分类体系尼斯分类已经在最新版本中增加了与虚拟商品和 NFT 相关的类别，如可下载的虚拟商品、虚拟商品零售店服务等。因此，在虚拟世界中，商

---

[1] 吴汉东：《知识产权法》，中国政法大学出版社 2022 年版，第 588 页。
[2] NFT（Non-Fungible Token），非同质权益凭证，是指"一种无法复制、替代或分割的唯一的数字标识符，记录在区块链中，用于证明真实性和所有权（如特定数字资产和与之相关的特定权利）。非同质权益凭证被用来验证独一无二的物品，如数字艺术品和其他数字物品的所有权）。每一个 NFT 都是独一无二的，一个 NFT 与另一个 NFT 不可相互交换，一个 NFT 也不能拆分为若干个子单位，这即为 NFT "非同质化"的内涵。

标的使用实质并未改变，依然是用于区分商品或服务来源，防止消费者混淆。商标法中对于商品相似性的判断原则也适用于虚拟商品，需要考虑功能、用途、销售渠道、消费对象等因素。若有意在中国开展相关业务并申请注册商标，需要从NFT虚拟商品的本质及现有的商品/服务出发，以求最大限度保护企业的商标权益。在杭州互联网法院审结的NFT著作权案件[1]中，被侵权作品是一张NFT美术作品，其本质仍是一张数字图片，若以该美术作品为核定使用商品申请注册商标，则可以将商标注册在第9类0901群组的"090696可下载的影像文件"商品上。顺着这个思路，NFT音乐作品的相关商标则可以选择0901群组的"090695可下载的音乐文件"商品进行申请注册。目前，最炙手可热的NFT商品除上述数字图片（美术作品）以外，还有各大时尚类、服饰类企业的"虚拟衣物""虚拟鞋靴"等。

以现有形式来看，不同NFT商品可在我国申请注册的商品/服务类别为：（1）NFT数字图片商品可注册商品/服务：0901可下载的影像文件；电子出版物（可下载）；移动电话用可下载图像；可下载手机图像。（2）NFT音乐商品可注册商品/服务：0901可下载的音乐文件；090696可下载的影像文件。（3）NFT虚拟衣物、鞋靴等可与终端用户进行交互的虚拟商品可注册商品/服务：0901可下载的计算机应用软件；可下载的手机应用软件。（4）区块链游戏中的NFT商品可注册商品/服务：0901可下载的计算机游戏软件；虚拟现实游戏软件；交互式多媒体计算机游戏程序；可下载的电子游戏程序；可下载的视频游戏程序。

虚拟商品和服务为商标利用开辟了新渠道。借助AR技术，商标可以互动的方式出现在消费者的现实世界中，提供更丰富的品牌体验，如通过手机镜头看到的增强现实广告或产品展示。此外，为了更好地进行商标保护和布局，有意进军NFT市场的企业，除了在NFT对应的实体商品上申请注册商标，还可在第35类、第41类、第42类等类别上进行商标注册。第35类包括：3501计算机网络和网站的在线推广；为零售目的在通信媒体上展示商品；3502通过网站提供商业信息；通过互联网、有线网络或其他形式的数据传输提供商业信息；通过全球计算机网络提供商业信息；在互联网上提供在线商业信息目录。第41类包括：4104提供不可下载的在线电子出版物；4105娱乐服务；提供娱乐信息；在计算机网络上提供在线虚拟现实游戏；通过网站提供娱乐信息；提供在线计算机游戏；通过计算机网

---

[1] 参见杭州互联网法院（2022）浙0192民初1008号民事判决书。

络在线提供的游戏服务;通过互联网方式提供的电子游戏服务;在计算机网络上提供在线游戏;提供不可下载的在线视频。第 42 类包括:4209 多媒体产品的设计和开发;4216 多媒体产品的设计和开发;4218 服装设计;4220 计算机软件的设计和开发;动画设计(替他人);计算机游戏软件的设计和开发;多媒体产品的设计和开发;计算机程序的设计、制作或维护;计算机视频游戏编程;计算机游戏编程;计算机图像设计;视频游戏开发服务;数字内容形式跨平台转换;电子数据存储;电子信息的数据转换;虚拟现实软件的设计和开发;手机应用软件的设计和开发;提供在线不可下载单点登录软件临时使用服务;软件即服务(SaaS);软件设计和开发。

二是人工智能行业技术应用领域涉及较广,涉及的衍生品或技术应用产品将会丰富商标的使用类型,而企业往往通过申请专利等方式注重对技术的强有力保护,对自有品牌关注度不够,且商标通常采取先使用后注册的方式,极易面临抢注或侵权风险,无法及时通过商标对衍生品或其他技术应用产品进行强有力的支撑。企业在注重技术专利保护的同时,也应加强对自有品牌的商标保护,以避免品牌价值被削弱或盗用;同时,定期监测市场,检查是否有其他实体使用相似或相同的商标,及时采取措施防止潜在的商标侵权。随着技术的发展,商标可能被跨行业甚至跨媒介利用,如一个商标既用于实体产品,又用于虚拟商品或服务,这对商标保护和管理提出了更高要求。在虚拟空间,复制和分发商标变得极为容易,这可能增加商标被侵权的风险。同时,监测和识别虚拟环境中的商标使用情况更为复杂。当然,新技术使不同行业的品牌合作变得更加容易,商标可以作为合作的桥梁,促进品牌之间的整合和互动,如共同开发跨平台的虚拟体验或产品。商标可以作为虚拟商品的一部分进行交易和授权,为企业带来新的收入。例如,通过授权或销售品牌授权的虚拟商品、虚拟装备等。这也提醒企业应全面注册,即在可能涉及的商品和服务类别上注册商标,包括实体产品、虚拟商品和服务,以及任何潜在的跨行业应用。在某些情况下,可能需要进行防御性注册,以防止商标被用于不相关的产品或服务。

以购物为例,可以发现人工智能对消费者购买产品或服务的方式有何长期影响,又会对商标法产生何种连锁反应。随着网上购物的普遍化,购物流程发生改变,消费者可购买的产品数量也呈指数级增长。许多不同领域的网站都使用人工智能技术,如 Mona 和 AmazonDash 等人工智能个人购物助手和 Pepper 这样的人工智能机器人助手出现后,购物流程又有变化,这些技术可以预测消费者的选择。人工智能技术参与购物过程可以分为五个阶段：第一阶段，确定消费者偏好；第二阶段，比较购物选项；第三阶段，确定购物决策；第四阶段，成交。第五阶段：购物评价。在第五阶段，人工智能技术在消费体验和提供消费信息反馈方面不起作用。

根据阶段的不同，人工智能工具大概可以分为三种：（1）产品推荐，重点适用于第一和第二阶段，往往与推荐广告相结合。如亚马逊 Alexa 等人工智能应用，在消费者购物时，Alexa 一般推荐三类产品以供选择，包含畅销品牌、亚马逊的自有品牌以及受消费者过往购物决策影响的产品。即便人工智能应用本身没有受到委托进行购物决策，根据定义，它也确实一定程度"影响"了购物决策。在人工智能帮助下，消费者可以掌握详细的信息，从而更加关注并慎重考虑人工智能所提供的选项。（2）虚拟助手，主要适用于第一至第三阶段，通常适用于辅助购物，如消费者向人工智能助手咨询某种产品，该应用有可能向有竞争关系的产品供应商收费，为消费者推荐"替代"产品。这可以同线上关键词广告相提并论，关键词搜索的投标过程已经出现了比较广告的问题，包含一定的偏见。（3）自动订购，也是最强有力的介入，主要应用在第一至第四阶段。消费者至少以两种方式处理信息：一方面是较为常见的处理方式，即无意识、快捷和自动方式；另一方面是个别的处理方式，即有意识、缓慢和深思熟虑方式。这意味着消费者并不会始终以敏锐、知情和谨慎的方式网购，在此情况下自动订购将会产生强有力的介入。与专业帮助类似，如果消费者能够相信偏见较低，其偏好也得到适当的照顾，那么消费者的注意力水平可能变低。因此，他们很可能会自动、无意识、快速地作出符合人工智能建议的购买决策。在此情况下，商标在消费者消费相关产品或服务时会继续向消费者传达相关信息，但更多停留在第五阶段，其功能将大大降低。

此外，商标与品牌之间有一个广告和人工智能技术互动的连接点。在虚拟空间，复制和分发商标变得极为容易，数字商品的特性使复制和分发商标及其相关商品极为简单，仅需几次点击即可实现，虚拟空间往往提供了一定程度的匿名性，这为侵权行为提供了掩护，使追踪和识别侵权者更加困难，这可能增加商标被侵权的风险。同时，监测和识别虚拟环境中的商标使用情况更为复杂，可能需要对大量数据进行分析，包括用户上传的内容、在线交易记录等。在收集和分析这些数据时，可能会涉及个人信息，从而引发隐私泄露的风险。因此，在分析过程中，需采用隐私保护设计原则，仅收集监测商标使用情况所需的最少数据，并确保数据的匿名化或去标识化处理。对于可能涉及用户数据的监测活动，应确保高度透明，向用户说明数据收集的目的、范围及使用方式，并在可能的情况下寻求用户同意，同时采取严格的数据安全措施，保护收集到的数据不受未经授权的访问、使用或泄露。在保护商标权的同时，企业和监管机构需要采取适当措施，保护消费者隐私，避免数据收集和分析活动侵犯消费者的隐私。维护公平竞争、保护消费者免受混淆、促进市场健康运行将是人工智能时代的新议题。

三是人工智能技术利用其强大的数据挖掘、分析、处理、计算能力，可以很好地评估商标的商业价值，使商标这类无形资产能够像有形资产般具有相对稳定的定价，那么无论是商标的质押、融资还是投资，商标的利用方式将会大大增加。就商标价值评估而言，人工智能可以分析社交媒体、在线论坛和消费者评论等大量数据，评估商标及其相关品牌在市场上的影响力和消费者认知度；可以通过对行业内其他商标的相似分析，帮助企业了解自身商标的相对地位和潜在价值；还可以将商标的使用情况与企业的销售数据、增长趋势等财务指标相关联，从而评估商标对企业经济效益的贡献。就商标的财务利用而言，随着商标价值评估的标准化和透明化，商标将成为投资者关注的对象。投资者可以基于商标的潜在价值进行投资决策，类似于有形资产的投资。因此，准确评估商标价值后，商标可以作为质押物进行融资，企业也可以将商标作为资产进行抵押，获取贷款或其他融资支持。人工智能技术的加持，有助于支持企业对商标价值的评估，制定更加精确的授权策略，优化授权收费标准，增加授权协议的吸引力。就促进交易而言，人工智能技术可以支持建立更加智能化的商标交易平台，通过自动匹配买卖双方的需求，促进商标的买卖和许可交易。人工智能技术有助于提高交易的透明度，减少交易双方在价值判断上的信息不对称。

除元宇宙、人工智能外，无人驾驶、量子技术等很多新技术已经走在商标分类目录之前，对于应用目录和商品服务项目类型滞后于科技发展的现状，需要前瞻性地为高科技的发展及时布局一些新的商标类目，以有利于科技进步以及中国的品牌建设。

区块链的技术应用可能对传统的品牌授权和使用方式产生颠覆性的影响。区块链通过提供一个不可篡改且透明的数据记录系统，为品牌管理、授权和使用提供了新的可能性。该技术的潜在的影响表现在：（1）透明可追溯，区块链提供了一种透明且不可篡改的记录方式，使品牌授权过程中的每一次交易和使用都可以被追踪和验证，还可以确保授权协议的执行完全遵循双方设定的规则，增加交易的透明度。（2）智能合约可以自动执行合同条款，例如自动化地处理版权费用支付，从而减少手动操作的错误和欺诈风险，消除传统授权过程中的人工监督和执行成本。（3）授权效率提升，区块链技术可以加快授权交易的速度，许多验证和交割过程可以实时自动完成。

智能合约利用区块链不可篡改的特性，可以为每个品牌资产创建一个独一无二的数字身份，记录其创造、使用和授权的完整历史。这为商标权人、授权方和使用方提供了一个清晰、可信的版权验证机制，因此可能催生新的品牌授权和使用商业模式，如基于使用量的动态授权费用结构。此外，区块链技术的去中介化特性使品牌所有者可以直接与消费者或授权方进行交互，省去了传统中介机构，降低成本，同时加速交易过程。消费者也可以直接验证商品的真伪和来源，从而增强对品牌的信任，这对于打击假冒伪劣商品特别有价值，也可以帮助品牌所有者更准确地量化其品牌价值和授权策略的经济影响。

在大数据的人工智能时代，商标作为一种信息将被使用在各种数据分析程序中，无论是数据计算还是个性化定制程序，都需要使用商标，这些使用方式都将被纳入合理使用制度的范围。与此相对应的是，商标合理使用制度的范围将扩大。

（四）人工智能技术对商标保护的影响

"互联网＋"背景下的商标问题日益成为影响互联网经济和实体经济发展的重要因素，企业为分享网络经济红利，纷纷将商标进行线上线下布局，形成网络、实体共发展的局面，随之而来的问题是，"互联网＋"环境中商标应如何注册，又应如何保护。[1] 人工智能时代，在商标权利保护这个领域，使用最新的人工智能技术，能够帮助人们快速收集大量商标信息，排除无用信息，这些信息在以前需要耗费大量的人力和时间来筛选，如今通过人工智能技术，专业人士能够抓住更多相关的、有用的信息，不仅能够降低风险，也可以节省更多时间，确保商标权利能够得到及时的保护。人工智能技术的快速发展对知识产权体系产生了深刻影响，而公众和法律界的关注往往集中在人工智能与版权及专利权的关系上。部分原因是版权和专利直接关联创新和创造性成果的保护，而这些正是人工智能技术快速发展的核心驱动力。然而，人工智能对商标权和市场竞争的影响同样重要，只是这些影响可能不那么直接或显而易见，因此容易被忽视。

---

[1] 张玲玲：《"互联网＋"背景下的商标司法新问题（一）》，载《中国知识产权》，第114期。

电子商务领域是目前人工智能应用较为普遍的领域之一，亚马逊、阿里巴巴集团等电商巨头也是国内外在人工智能技术研究上处于领先地位的公司。相关研究表明，到 2020 年，零售业 85% 的顾客服务互动将由某种形式的人工智能技术完成或受其影响。70% 的"00 后"欣赏通过人工智能技术展示其产品的品牌，而 38% 的消费者在有人工智能时比没有人工智能时得到了更好的购物引导。[1] 不同于版权制度和专利制度，商标制度一般要求可识别。商标权旨在保护商标的独特性和可识别性，防止消费者混淆商品或服务的来源。在人工智能技术的帮助下，利用开源模型和开放数据支持，机器可以通过深度学习和自然语言处理等技术自动生成商标图案或文字，这使得商标的生成和传播变得更加容易，但也给商标权的保护带来了新难题。

在北京知识产权法研究会 2019 年年会上，百度公司法务部李妍洁在分论坛"大数据环境下的商标保护"发表主题演讲时提到，科技发展引领时代变革，每一个新的划时代的发展都是由技术来推动的。在人工智能时代，也就是科技发展 4.0 时代，中国正在改变世界科技的走向。无论是相关专利布局量、人工智能的科技文章发表量，还是人工智能时代投融资规模和相关科技智能产品的落地应用量，整体上讲中国无一例外都是第一，而这正说明中国已经成为人工智能时代影响世界的最重要的国家，也是最重要的战场，同时也意味着知识产权发展即将迎来它的黄金时代。李妍洁就人工智能时代商标的新价值、新机遇以及新挑战做了分享。关于百度，大家最熟知的就是搜索引擎，进入人工智能时代，百度的产品线、业务模式已经在发生颠覆性的变化，百度已经成为一家人工智能公司。无论是无人驾驶技术，如百度的 apollo 无人车，还是语音声控识别技术，如百度的小度系列等，百度品牌在智能时代迎来了新发展。商标品牌，在这个时代不仅代表公司或者公司的产品，还代表国家科技实力的发展。整个人工智能时代的竞争已不再是国内的竞争，我们的竞争者是来自世界各国的高科技领域公司。中国也已从最早的中国制造，逐步发展到以中国速度、中国力量影响世界的"中国智造"。人工智能给商标领域带来了新机遇，智能技术的深度应用为商标领域的发展带来了新的变化。大数据助力商标信息的分布选择、品牌推送，以及精准维权、监控、打击侵权。而区块链的技术应用可能对传统的品牌授权和使用方式产生巨大影响。其实科技智能在

---

[1] Lee Curtis & Rachel Platts, "AIIs Comingand It Will Change Trademark Law", *Managing Intellectual Property*, 2017 (1): 10.

每一个领域的应用折射的不仅是技术的发展，更多是反映了法律对技术的融合性和认可度。

1. 客体层面

人工智能技术的快速发展和广泛应用正在改变传统的商标体系。服务行业中引入新的服务商标类型，使商标权的客体变得更加多样化，不仅包括传统的商品商标、服务商标、联合商标和集体商标，还扩展到涉及人工智能技术和服务的新领域，如人工智能驱动的服务商标、虚拟助手和聊天机器人品牌商标、人工智能平台和工具的商标、交互式娱乐和游戏服务商标等。随着人工智能技术在金融、健康医疗、教育、客户服务等领域的应用，基于人工智能提供的服务成为新的商标客体，例如 AI 财务顾问、AI 健康咨询服务或 AI 教育平台等，这些基于 AI 技术提供特定服务的品牌也需要相应的服务商标保护。虚拟助手和聊天机器人作为人工智能技术的具体应用，它们的名称和品牌也成为商标保护的对象。这些虚拟助手和聊天机器人在客户服务、个人助理等领域日渐普及，其品牌的商标保护变得尤为重要。此外，提供人工智能分析工具、数据处理平台或机器学习框架的服务也需要商标保护，这些平台和工具的名称、标识成为其品牌的一部分，对于在竞争激烈的市场中建立品牌识别度至关重要。

部分企业集团推出全球智慧厨房系统，该系统贯穿智能餐饮的全供应链，从蔬菜种植、净菜加工、冷链运输、智能烹调直到移动点餐，致力于为客户提供干净、美味、精致的餐饮服务。在这种情况下，智能型服务能否成为商标制度的保护对象？如果可以的话，应当归属于何种客体的范畴？这些问题将引发进一步的探讨。如果全球智慧厨房系统还涉及特定的软件应用或平台，用于支持移动点餐或管理整个供应链，那么相关的软件或平台也可能在其他类别中受到保护。此外，为满足产品细分以及迭代升级、新品发售、新业务线需求等，应精准地对不同产品进行商标布局，尤其是大中型企业这一需求更为迫切，其业务线多、新产品多、宣传范围广、知名度提高快、将不定时出现爆款产品，往往易遭受抢注。在 ChatGPT 火爆时，许多机构和个人试图将"ChatGPT"注册为商标。我国《商标法》明确规定，不得以不正当的手段抢先注册他人已经使用并有一定影响的商标，对于恶意抢注的行为应当予以驳回。尽管个人或组织抢注商标的行为具有蹭热点的恶意，但并非所有的抢注行为都会被驳回。

另外，人工智能技术提高了我们对相似商标的识别能力，对于同类产品上的类似商标，消费者混淆的可能性降低，这意味着商标注册的条件会放宽，许多类似的商标都能够获得注册。非传统商标的主要挑战之一是其识别和区分的难度，特别是在注册过程中如何客观地描述和记录这些商标，以及在实际使用中消费者如何准确地识别它们。我国之所以对气味商标、声音商标注册采取谨慎态度，是因为其没有文字、图像那么直观，消费者对气味和声音的区分能力比较弱。人工智能技术，特别是机器学习和模式识别算法的进步，可以提高对声音和气味的识别精度。这意味着可以更准确地记录和描述这些商标的独特特征，使其更容易被标准化和存档。通过人工智能技术，声音和气味商标可以数字化形式存档，形成一种更稳定和可访问的记录方式，这对于商标注册和保护尤为重要。

除此之外，未来如果都是机器人帮助人类购物，由机器人区分不同声音、不同味道、不同图案的商标，那会发生什么呢？机器人可以将一切声音、味道、图案、文字数字化，可以精确捕捉两个相似图案、声音、气味中的细小差别，这意味着任何"信号"都可以被作为商标，无论是声音、气味还是电磁波。而实际上，随着人工智能技术的发展，可能并不需要机器人帮助人类购物，而只需要一个智能工具就行，不管是未来的 Google 眼镜还是直接植入眼球的智能屏，都可以大大增强消费者的识别区分能力。

2. 主体层面

人工智能也给商标领域带来了新机遇，智能技术的深度应用为商标领域的发展带来了新的变化。人工智能技术被广泛应用于设计领域，越来越多的企业和个人，使用如 Bing/Midjourney 这一类的生成网站来让工作更具效率。对于利用人工智能技术生成 Logo，或是利用 designevo.com 这种 AI 速成网站、Logo 生成器生成的 Logo，在申请上也将引发诸多问题。内容生产领域的创作和传播过程日渐呈现复杂化、细致化、分类化的特点，而且由于技术的嵌入，主体范畴将得到更大拓展。根据人类在人工智能算法中的参与阶段和介入程度不同，人工智能生成的内容可以分为三种：一是完全由人类参与设计的内容；二是完全由人工智能生成的内容；三是由使用者借助人工智能生成的内容。人工智能生成内容的多样性对商标法提出了新的挑战。

我国自 2001 年修正《商标法》之后，允许一般的自然人作为商标申请的主体，对注册人的资格没有特别限制。上述第一种情形完全可以适用现有商标法的保护标准，故不会产生争议。第二种情形下，完全由人工智能自动生成的内容现有的商标法难以直接适用，因为这些内容缺乏传统意义上的"人类作者"。当前的人工智能无法独立自主地开展创作行为，不能独立地享受权利、承担义务，尚不具备商标法主体的法律资格。第三种情形可能会引发诸多争议。人工智能创造的图形、图像均有可能被人类利用注册成为商标。自然人商标设计可以根据约定的分配方式进行利益分配，而人工智能生成过程具有复杂化、细致化、分类化的特点；而且由于技术的嵌入，商标主体范畴将得到更大拓展，其中涉及投资者、研发者、使用者等多个主体。在人工智能生成商标的背景下，投资者不仅提供资金支持，还可能对商标创造的方向和策略作出决策；研发者在设计和开发能够生成商标的人工智能系统过程中所做的技术和创意贡献，是商标生成不可或缺的一部分；人工智能生成的商标可能需要经过用户的反馈和互动才能最终形成，使用者也成为商标创造过程的一部分。在用户介入并借助人工智能生成内容的情况下，商标法可能需要考虑用户对内容的贡献程度以及人工智能的作用，以确定商标保护的适当范围。商标可能用于标识用户和 AI 共同创造的内容，保护其商业识别性。人工智能技术的嵌入性意味着商标的生成过程更加自动化和智能化，传统的商标创造主体范畴将得到拓展，不仅包括人类个体和团队，还可能包括人工智能系统本身，在事先未明确约定的情况下，将引发权属争议。商标法需要明确人工智能生成内容的商标保护标准，包括对人工智能生成内容的可注册性、所有权归属、使用要求等方面的规定。

三、从"互联网+"看"人工智能+"时代商标侵权判定的变革

商标侵权是指违反商标法律的规定，未经商标注册人许可，使用与其注册商标相同或相似的标识，从而侵犯了商标权利人的合法权益，可能导致消费者混淆或误认的行为。具体包括以下五个方面：一是未经授权使用，即未经商标权利人的明确授权或超出授权范围使用其注册商标。二是标识为相同或相似，具体而言，使用的标识与注册商标相同或在视觉上、听觉上或概念上足够相似，以至于可能导致消费者混淆。三是商品或服务的类别相同或相似，侵权行为通常发生在与注册商标所标识的商品或服务相同或类似的类别上。四是消费者混淆，使用相同或相似的商标可能导致消费者对商品或服务的来源产生混淆，误认为是商标权利人的商品或服务。五是损害权利人利益，侵权行为可能损害商标权利人的经济利益和品牌声誉。随着商业活动的增加和商标注册数量的上升，商标侵权案件的数量也在增加，侵权行为可以包括但不限于未经授权使用商标、销售假冒商品、商标仿冒、商标淡化等多种形式。此外，侵权行为可能发生在不易监控的地点，如小型市场、偏远地区或通过网络平台进行，这使发现和证明侵权行为变得困难。随着技术的发展，侵权者可能利用新技术如互联网、

3D 打印等，来实施侵权行为。

　　人工智能是未来新一轮科技革命和产业变革的核心力量。与决策式人工智能不同的是，生成式人工智能以庞大的数据为参数，具有更出色的生成能力，其用途广泛，并且具有惊人的应用价值。与传统的侵权行为不同的是，以 ChatGPT 为代表的生成式人工智能所引发的侵权行为，主要是侵害人格权和著作权。这些风险源于人工智能的生成能力，它可以创建看似原创的文本、图像、音乐等内容，而这些内容可能与现实中的人物、已知作品或创意相似，从而引发法律问题。人格权通常指的是与个人密切相关的非财产性权利，包括名誉权、隐私权等，生成式人工智能可能在不知情或未经授权的情况下，产生涉及真实人物的内容，从而侵犯这些人物的人格权。如人工智能生成的内容损害了某个人的名誉，比如制造虚假故事或指控，这可能构成对名誉权的侵犯；人工智能生成的内容如果涉及个人隐私信息的披露，尤其是未公开的敏感信息，可能侵犯隐私权。就著作权来看，人工智能生成的内容是否能满足著作权法对原创性的要求，目前在法律界尚无明确共识，但若人工智能在生成内容时使用了受著作权保护的现有作品，且未经许可或超出了合理使用范围，可能构成著作权侵权，这种情况下，确定责任主体成为一个复杂问题。例如，在 ChatGPT 问世后，有人就利用它生成了受著作权保护的书籍的缩略版，帮助他人快速阅读书籍，此种行为会对原书市场产生实质性替代的效果，很难构成合理使用，因此该行为可能会被认定为侵害著作权的行为。

　　商标权保护的核心是防止公众混淆，确保消费者能够通过商标区分不同商品或服务的来源。生成式人工智能也可能侵害商标权，尤其是生成式人工智能生成的图片中使用他人的商标或与现有商标高度相似的标志。这些标志如果被用于某种广告宣传或者产品装潢、商业活动，可能会引起消费者对商品或服务来源的误认，引发消费者的混淆，这就构成对商标权的侵害。商标法需要适应人工智能带来的变化，如在防止售后混淆方面进一步优化，明确售后阶段防止混淆的规则。

　　在商标法中，"使用"商标通常指的是在商业上使用，以区分商品或服务的来源，人工智能生成内容中商标的使用，如果被视为在商业上引起消费者关于商品或服务来源的混淆，可能构成商标的"使用"。如人工智能生成的广告内容、社交媒体帖子或其他市场推广材料中的商标使用，需要特别注意避免侵犯他人商标权。此外，在网络经济的汹涌浪潮中，经营者想尽一切办法推广自己的商品或服务，以期占据更多的市场份额，吸引消费者的注意力，集聚流量、积淀商誉，取得和保持竞争优势。人工智能技术是企业实现上述商业目标的重要工具。人工智能可以帮助经营者设计适合其商品或服务的商标。这种设计和选择以计算机视觉等人工智能的感知能力为基础，将遗传算法用于商标检索的多特征权值分配，比以往的商标检索更加精确和高效，通常能够形成具有较强显著性的商标。但是，正如所有人工智能都面临的"常识"认知困难一样，其很可能会忽略一般消费者认为构成与在先注册商标近似的标志，而给经营者带来侵权的风险。另外，由于人工智能本身也是一种软件产品，如 App，需要有自己的商标，这一商标与借助其所推广的商品或服务商标之间也可能会存在混淆的问题，从而加剧了人工智能的商标侵权风险。[1]

（一）"互联网＋"时代商标侵权的判定方法

商品是否类似是判定商标侵权与否的要件之一，但在商标侵权纠纷中，无论案件代理律师还是审判法官往往将注意力集中在"商标是否构成相同或近似"要件上。2014 年 5 月 1 日起施行的修订后的《商标法》更将各方的注意力集中到了"混淆可能性"的认定上，各方均不会深究商品的特性及商品之间的区别，更不会详细阐述对商标近似及混淆可能性判定的影响，对于类似商品的重要性似乎未被重视的原因很多，但最重要的恐怕仍然是认识不够。《商标法》第 56 条规定清楚表明，类似商品直接关系到商标权人享有的商标专有权及禁用权的范围，关系到商标权人的根本权益。类似商品或者服务判定妥当与否，直接关系到当事人商标专用权的取得与行使，关系到经济交易的安全，以及市场经济秩序的维系。此外，商品类似与否还关系到商标是否构成近似和混淆可能性的判定。如果脱离商品本身谈论近似及混淆，就可能得出错误的结论。"互联网＋"新业态层出不穷，其对多行业的融合性，导致对商品或服务的界定产生不确定性，增加了类似商品判定的难度。"互联网＋"新模式、新业态的出现和发展，进一步模糊了商品与服务的界限，对商品与服务类似的认定提出了新挑战。由于"互联网＋"改造的是传统产业的全产业链，而不是某个或某几个环节，商品生产、商品销售服务与信息服务的融合是全方位融合，因此《类似商品和服务区分表》已经无法满足商品类别划分的要求。类似商品的判定无论是在商标授权确权中还是在商标侵权案件中均具有重要的价值，无论是法律规定，还是个案事实查明、正确判定，在"互联网＋"商标侵权中，

---

[1] 参见杜颖、张建强：《App 标识的商标注册问题研究》，载《中华商标》2017 年第 9 期，第 61—65 页。

都应当加强对类似商品判断的研究。

服务近似原则是商标侵权判定的重要原则，这一原则不仅适用于传统的服务行业，也扩展到了新型行业，这一原则源于滴滴打车案，并在其后的非诚勿扰案中得到体现和发展。

就 ofo 小黄车案来看，被告提供服务的主要内容是"自行车出租"，确切地说是互联网租赁自行车（共享单车），在法律定义上为"分时租赁运营非机动车"，是移动互联网和租赁自行车融合发展的新型服务模式。在互联网时代，共享单车为实现"自行车出租"的产业目的，需要开发有自身服务组成部分的计算机应用软件（App），该 App 与"人工及服务器形成的后台运输信息处理中心""人工和服务器组成的自行车调度中心""相应客服人员构成的客服中心""交易保障、信用管理中心""线下投放的大量自行车"等构成一个不可分割的提供服务的整体，共同完成互联网租赁自行车服务。从该 App 在整个服务架构中的功能定位看，其仅是提供共享单车服务的前端环节，系互联网环境中的服务界面部分，脱离了前述其他组成部分，则不能独立发挥服务的核心功能。从本质上讲，App 并非被告售卖的能够独立运行的商品。因为消费者下载也不是为了将其作为实现独立功能的软件，而是为了获得"租赁自行车"服务，所以，其不属于独立的商品交换产品。被告在使用"小黄车"时，通常将其与"ofo""ofo 共享单车"等该公司共享单车服务商标和行业通用名词一同使用，向相关公众表明该商标识别的是自行车租赁服务来源。即便其单独作为名称、界面，基于该应用程序并非单独提供用于销售的商品，而是作为服务的环节或工具，需要和线下的自行车及后台服务中心等相结合，才能完成整个服务过程，也不能视其为对软件商品的使用。现实中，消费者在下载时必定看到此标志带有"共享单车"字样或出租自行车功能介绍，会知晓此应用程序是用于租赁自行车服务的工具，此标志识别的是服务来源，而不是识别第 9 类"可下载的计算机应用软件"商品的来源。

因此，本案审理法院认为，被控侵权行为在符合以下法律要件的情况下，应被认定为属于《商标法》第 57 条第 2 项所规定的侵犯注册商标专用权的行为：(1) 被控侵权行为中对于涉案标识的使用系商标意义上的使用，即该商业标识的使用具有识别与区分商品或服务来源的作用；在具体的判断过程中，应当结合特定标识在相关领域惯常的使用方式，具体的展现形式以及使用商品或服务的相关公众一般认知水平等方面进行综合判断。但值得注意的是，标识的商标性使用和标识的商标注册是两回事，一个标识可以获得商标注册，并不表示其总是在商标意义上被使用，一个标识没有获得商标注册，也不等于其使用不会构成商标意义上使用。（2）被控侵权行为中使用的商业标识与注册商标相同或近似。（3）被控侵权行为中商业标识所使用的商品或服务与注册商标核定使用的商品或服务相同或近似。（4）被控侵权行为中对该商业标识的使用可能使注册商标核定使用商品或服务的相关公众对于商品或服务的提供者产生混淆的。（5）未经商标注册人的许可的。

在互联网时代，应当结合"互联网+"业态的特点，从产业实质考虑商品服务是否类似。传统行业互联网化即"互联网+"的实现需要借助移动通信与互联网。在互联网时代，网络与应用软件是新型产业的基础设施，任何产业进行"互联网+"模式的经营活动，均需要使用计算机辅助设备，包括软硬件。在这种背景下，划分商品和服务类别，不应仅因其形式上使用了基于互联网和移动通信业务产生的应用程序，就机械地将其归为计算机程序（可下载软件）商品或者通信服务，而应从服务的整体进行实质性判断，而且不能将计算机程序商品、互联网通信服务的使用者与提供者混为一谈，也不能以是否使用计算机软件、互联网通信作为确定是否属于计算机程序（可下载软件）这一类商品和互联网通信服务的标准。在非诚勿扰案中，二审法院纠正了一审法院在评估过程中未能全面考虑服务的本质特征和公众的一般理解，仅根据节目的主题和形式上的相似性以及一些宣传语言，错误地认为电视台的节目与"交友服务、婚姻介绍"服务相同，并错误地判定为商标侵权的行为，并特别强调需要全面评估节目的整体特性和主要特点，深入理解其行为的本质属性，并进行全面、合理且正确的审查。同时，在遵循商标法的宗旨的基础上，应从公众的一般认识出发，充分考虑被诉行为是否会导致混淆，据此作出恰当的侵权判断。通过这种方式，可以在保护商标权利人的合法权益和促进广播电视行业繁荣发展之间找到最佳平衡点。

随着人工智能技术的快速发展，可能出现人工智能服务摹仿或替代传统人类服务并呈现多样化，不同人工智能服务之间也可能存在近似性问题，需要通过服务近似原则来判断，又或者人工智能技术与特定服务结合时，形成新的服务模式，这同样需要通过服务近似原则来判断其与现有服务的关系。

（二）人工智能技术对商标侵权判定的预期影响

1. 对侵权判定的影响

人工智能对商标侵权判定的影响体现在多个方面：人工智能系统可以

实时监测在线市场和社交媒体，快速识别可能的商标侵权行为，包括对商标的未授权使用、摹仿或滥用进行自动检测，大大提高了证据收集的效率；通过深度学习和图像识别技术，人工智能可以分析和比较商标图案，检测出与注册商标高度相似的标志，识别视觉、听觉或文字上的相似性，即使在复杂或微妙的情况下，或者这些标志经过了细微的修改或变体，这对于判定是否存在可能导致消费者混淆的侵权行为至关重要；人工智能可以处理和分析大量数据，从互联网、电子商务平台和其他在线资源中挖掘潜在的侵权信息。此外，还可以预测法律结果，利用历史判决数据，人工智能可以预测特定案件的潜在法律结果，为律师和企业提供战略性建议。这种预测能力可以帮助商标持有人更有效地决定是否提起诉讼。

　　虽然人工智能可以成为权利人的重要帮手，但同样也可以是侵权者的工具。美国密歇根州立大学的反假冒和产品保护中心回顾了它在犯罪学方面的研究，指出一旦犯罪或民事侵权者能够接触到人工智能，他们可以创造出与品牌完全相反的算法。这使得侵权者有机会训练他们的算法，通过修改语言、图像或其他关键特征，以个人无法比拟的速度和效率发起多个帖子。人工智能可以用来搜索平台上的品牌和产品，进入监管机构的网站，搜索高销量者，对照数据库运行，查看哪些受保护，哪些不受保护，理论上还可以选择其他注册地。因此，从源头上控制风险尤为必要。按照人工智能的类型为其分别制定强制性的技术标准，将相应的法律和伦理规范纳入其中，可以大大降低人工智能的知识产权侵权风险。虽然法律和伦理规范的完全算法化并不现实，人工智能也无法像人类那样"一心二用"，在最大化实现预定目标的同时避免致人损害，但是，这样的人工智能设计标准仍有其必要，因为其可以在一定程度上防止开发人员恶意将一些必然会导致侵权行为的代码编入人工智能当中，也可以约束那些随心所欲、全凭个人喜好的人工智能编程行为。尽管今天各类智能软件、智能系统和智能机器不断涌现，对每一款新的人工智能进行事先审查以减少其安全和侵权隐患因成本太高而不具有可行性，且由于人工智能的自动化和不可预测性特点，事先审查也并不能完全杜绝潜在的侵权行为，但人工智能的开发者和生产者仍然有义务进行自我审查。概言之，我们应当尽力控制我们所能控制的人工智能，暂时封闭那些我们完全无法控制的人工智能，谨慎推广那些相对成熟的人工智能。

　　此外，人工智能应用对于商标侵权诉讼中普通消费者身份的界定和责任问题也有重要影响。当人工智能应用在很少或没有与人互动的情况下购买产品，这里的普通消费者指谁？或者更重要的是，指什么？导致商标侵权的购买行为应当由谁或者什么负责？这都是需进一步研究和探讨的问题。随着人工智能技术的不断发展和完善，其在商标侵权判定中的作用预计将进一步扩大。这不仅能提高法律程序的效率，还可能引领新的法律实践和判决标准的发展。然而，这也要求法律专业人士不断适应技术变革，确保法律框架和实践能够有效地整合人工智能技术，同时保护当事人的权利和公平正义。

2. 对侵权责任承担的影响

尽管目前还没有商标侵权案件直接由生成式人工智能所引发并承担赔偿责任的情况，但人工智能技术生成的内容可能涉及著作权问题，这也间接关联商标权的保护和侵权责任。透过现象看本质，可以预测人工智能提供商存在侵权行为的可能性极大。人工智能作为技术产品，其本身并不具备法律主体资格，因此不能直接成为侵权责任的承担者。人工智能侵权责任的认定面临诸多挑战，如过错的确定、损害的计算和因果关系的证明。侵权责任通常由与人工智能相关的人类主体承担，如设计者、生产者、销售者或使用者。随着人工智能技术的普及，法律体系需要适应新技术带来的变化，可能需要建立新的法律规则和责任分配机制，例如通过信托基金池等机制来保障受害人的权益。

从人工智能的应用环节来看，虽然大多数人工智能的技术功能和实践用途是确定不变的，似乎只需要用户接通电源、按下按钮或发出指令，而后就自动运行了，但是对于只追求人工智能所带来的便利而不十分清楚其背后工作原理的用户来说，人工智能的开发者和生产者仍然应当对其运行过程中可能产生的侵权风险提供醒目的警示、充分的说明，以及与之相应的操作规范。具体到市场竞争领域而言，为避免对他人创造性经营成果的侵害，人工智能的用户在输入数据或者要求人工智能抓取数据时就必须尽到合理的注意义务，如我国《数据安全法》第27条规定："开展数据处理活动应当依照法律、法规的规定，建立健全全流程数据安全管理制度，组织开展数据安全教育培训，采取相应的技术措施和其他必要措施，保障数据安全。"而我国《个人信息保护法》要求相关主体在处理涉及个人信息的数据时，应采取必要措施保护个人隐私。另外，与传统的软件产品一样，人工智能产品始终处于不断更新换代的过程之中，除了性能的优化，每一次升级的目的都是要弥补技术的某些缺陷和漏洞，因此对于开发者通过网络提供的自动升级服务，人工智能用户无正当理由不应拒绝。当人工智能仍然发生侵权行为时，开发者应当提供可供用户执行或者协议由开发者自己远程控制的停止侵权措施。英国高等法院审理的化妆品武士（Cosmetic Warriors）公司及岚舒（Lush）公司诉亚马逊英国公司和亚马逊欧盟公司一案判定亚马逊对商标使用侵权负有法律责任，因为商标所触发的该公司网站链接并不包含所提到的品牌产品，因而消费者无法判断在售产品是否属于品牌所有者。此外，德国联邦法院审理的一系列涉及奥特利布运动（Ortlieb Sportartikel）公司的案件判定亚马逊有责任，因为搜索"Ortlieb"一词时，依据产品详情中是否出现该词以及过往消费者行为会触发亚马逊德国网站的广告，而这是人工智能应用的一个关键部分。法院的理由是，消费者会预期有且只有 Ortlieb 产品在售，因此受到"制约"。有人推测称这一逻辑可适用于所谓的在线产品列表广告（PLA），即搜索提供商根据过往搜索行为主动触发广告。而路易威登诉谷歌法国一案涉及关键词广告和谷歌 AdWords 系统自动选择此类关键词的问题，判决认定谷歌若非主动参与关键词广告系统则无须承担商标侵权责任。此外，欧莱雅诉 eBay 案涉及 eBay 线上销售假冒商品，同样判决 eBay 若未主动意识到侵权行为则无须承担商标侵权责任。在科蒂公司诉亚马逊一案中也有类似论证。由此可见，只有人工智能提供商尽到应尽的注意义务，并采取及时下架等措施，才不会因侵权行为而被追究责任。

对于人工智能的商标侵权或不正当竞争行为已经造成的损害，显然需要进行填平式的财产补偿救济，因而用于补偿的责任财产来源就变得至关重要。在不动摇现行法律体系根基的情况下，暂不赋予人工智能法律主体资格而建立一定的强制责任保险制度是理性而可行的选择。具体的保险费数额，可以参照工伤保险的差别费率确定机制，根据人工智能可能侵害的知识产权类型、侵权的易发和严重程度、以往的侵权记录等进行动态调整。值得注意的是，强制责任保险并不为人类的过错行为负责，而只适用于人工智能独立侵权的情形。相关人类主体如欲主张适用强制责任保险，则需要对已发生之人工智能侵权行为的不可预测性和不可控制性负举证责任。当然，出于对受害人及时、充分补偿的人文关怀，在人类侵权主体不明或者无力承担赔偿责任的情况下，强制责任保险基金也可以先行赔付。

3. 对商标囤积治理的改善

根据国家知识产权局发布的商标数据资料，可以看到中国的商标数量是世界第一，但历史闲置商标、恶意囤积、抢注商标量也是巨大的。由于使用类型发生变化对"使用"的判定难度将会加大，在非直接的商标使用行为中，人工智能也会竭尽所能地帮助使用它的经营者进行广告宣传，同时抑制竞争对手的商业推广，以促成消费者购买经营者的商品或服务，其中就隐藏着商标侵权和不正当竞争的风险。例如，某一人工智能搜索引擎根据自动分析，将在网络上同类商品中最受欢迎的他人商标埋置到其使用者的网页之下，他人在搜索该商标时就错误地被链接到该经营者的网页，造成了市场混淆。又或者，在垂直搜索服务中屏蔽被链接网站的广告而宣传人工智能使用者的商品或服务。[1] 然而，人工智能可以通过大数据分析识别市场上的闲置或少用商标，并帮助企业发现潜在的商标使用机会。当然，这种能力也可能被用于不正当竞争，如识别并囤积有潜力的商标以阻碍竞争对手。为了应对这一问题，商标法需要进一步明确"使用"的定义，强化使用要求，以确保商标的活跃使用，并考虑引入针对恶意注册和囤积的规定。人工智能技术可以优化广告投放，针对特定的消费者群体展示定制化的广告，提高营销效率，但如果人工智能被用于抑制竞争对手的商业推广，比如通过搜索引擎优化（SEO）策略使竞争对手的广告难以被发现，这可能引起反不正当竞争的法律问题。因此，商标使用和广告宣传的策略需遵守公平竞争的原则。

诸多企业存在商标申请难，但这个难并不是指审查速度慢，而是在线商标的囤积阻碍了那些真正能够把商标变成品牌力量的公司去使用，这其实是对商标的一种伤害。而企业有时不得不做防御性的布局，这进一步加重了商标局的工作，甚至增加了一些不必要的、复杂的流程。在快速发展的时代，有效地治理恶意囤积商标行为，对高科技品牌进行有力保护，这也是中国的高科技企业成为世界级品牌的关键所在。无人驾驶、量子技术、区块链等新技术走在了商标分类目录之前，挑战了现有的应用目录和商品服务项目类型的完整性和时效性，如：新兴技术产生的商品或服务可能难以归入现有的分类体系，导致分类不精确或不一致，影响商标的注册和管理；商标持有人可能难以准确界定其商标的保护范围，特别是跨类别的技术产品和服务；对于监管机构而言，新兴技术领域的商标管理和侵权判断变得更加复杂。这就需要前瞻性地为高科技的发展及时布局一些新的商标类目，推动科技进步以及中国的品牌建设。此外，加大对服务商标的保护力度。服务商标被侵害的严重程度（侵害速度、传播面等）远远大于产品商标。建议提高赔偿额度，以及引入刑事立法规制，让高科技产品商标得到更好的发展，让中国科技创新和品牌，屹立于世界之巅。

---

[1] 李擎：《网络垂直搜索服务所涉法律问题研究——以图片垂直搜索为例》，载《科技与法律》2018年第3期，第43页。

(三)"人工智能+"时代商标侵权的应对策略

人工智能时代产业大发展，比"互联网+"产业发展更加复杂且功能更多，人工智能和"互联网+"是两个不同的概念。从概念上来看，人工智能是一种模拟和扩展人类智能的技术，它涉及机器学习、深度学习、自然语言处理等多个领域。人工智能的目标是创造出能够像人类一样思考、学习、理解和行动的智能实体。"互联网+"则是互联网技术与各行各业的深度融合，它将互联网的创新成果融入经济社会的各个领域，从而推动产业的升级和社会的进步。"互联网+"不仅仅是一个技术层面的概念，更是一个全新的发展模式和思维方式。从应用领域上来看，人工智能的应用领域广泛，它可以应用于自动驾驶、智能家居、智能医疗等领域，这些应用通常需要复杂的算法和大量的数据支持。"互联网+"可以在电子商务、社交媒体、在线教育、在线娱乐等多个领域发挥作用，但"互联网+"的应用通常侧重于通过互联网技术改善现有的业务流程和服务模式。从两者的技术特点上来看，人工智能的技术特点在于其模拟和扩展人类智能的能力，这使得人工智能能够在处理复杂问题和提供个性化服务上有出色的表现。而"互联网+"的技术特点则在于其连接性和开放性，它通过互联网技术实现了信息的快速流通和资源的共享，从而提高了社会的运行效率。从发展趋势上来看，人工智能的发展趋势在于其智能化和自动化程度的不断提高，这将使得人工智能在未来的社会和经济生活中发挥越来越重要的作用。"互联网+"的发展趋势则在于其融合性的不断增强，即互联网技术与各行各业的融合将越来越深入，从而推动整个社会的数字化转型。人工智能和"互联网+"虽然在某些方面有所交叉，但它们在定义、应用领域、技术特点和发展趋势上都存在明显的区别。

人工智能时代产业技术升级换代，社会将面临更为复杂的商业环境。其主要原因在于人工智能的技术特性、应用场景以及其发展的潜力。首先，在技术特性方面，人工智能的核心在于模拟和扩展人类的智能行为，包括学习、推理、感知、语言交流等。人工智能系统通常依赖于大数据、先进的算法和强大的计算能力，以实现对复杂问题的处理和解决。例如，深度学习算法可以处理复杂的图像、语音和视频数据，从大量的数据中学习，并通过模拟人类思维过程独立地作出决策。其次，在应用场景方面，人工智能的应用场景广泛，不仅涵盖了互联网领域的搜索引擎、推荐系统、在线客服等，还在医疗、交通、金融等多个领域有着广泛的应用。例如，在网络环境中，人工智能可以利用相关性来检测时间序列异常，使网络工程师能够快速找到事件之间的关系。在教育领域，人工智能可以为学生提供个性化的学习路径和建议。在工业生产中，人工智能可用于优化生产流程，提高生产效率。最后，在发展潜力方面，人工智能的发展潜力巨大，随着技术的不断进步与应用拓展，人工智能的功能和复杂性将持续增加。复杂网络分析为我们揭示了人工智能系统内部错综复杂的关系，为人工智能技术的发展提供了新的思路和方法，例如，通过复杂网络分析，我们可以深入挖掘人工智能系统内部的复杂关系，为人工智能技术的发展提供新的视角和方法。我们有理由相信，人工智能将在未来带来更大的变革和影响。

商标侵权判定通常情况下包括侵权行为、主观过错、因果关系、确定损失。所谓侵害商标权是指未经商标所有人同意，擅自使用与注册商标相同或近似的标志，或者妨碍商标所有人使用注册商标，并足以引起消费者混淆的行为。我国《商标法》第57条以及《最高人民法院关于审理商标民事纠纷案件适用法律若干问题的解释》第1条，以列举的方式规定了侵犯注册商标专用权行为，司法实践中按照上述法律规定认定商标侵权行为及其类型。而在"互联网＋"时代，商标侵权行为更加多样，如网络销售侵权商品。互联网使商品销售更加便捷，但也为销售侵权商品提供了渠道，未经授权销售的假冒伪劣商品在电商平台更易出现。再如在社交媒体平台上，用户可能未经授权使用商标进行宣传或销售商品，也可能在视频、音乐、文章等内容中未经授权使用商标。

那么，从"互联网＋"到人工智能时代，更为复杂的商业环境下商标侵权又如何认定呢？实际上，尽管科技日新月异，但是判定是否存在商标侵权还应该从法律规定着手。我国《商标法》第48条规定："本法所称商标的使用，是指将商标用于商品、商品包装或者容器以及商品交易文书上，或者将商标用于广告宣传、展览以及其他商业活动中，用于识别商品来源的行为。"《商标法》第57条第2项规定："未经商标注册人的许可，在同一种商品上使用与其注册商标近似的商标，或者在类似商品上使用与其注册商标相同或近似的商标，容易导致混淆的"，这种行为属于侵犯注册商标专用权的行为。《最高人民法院关于审理商标民事纠纷案件适用法律若干问题的解释》第9条第2款规定："商标法第五十七条第（二）项规定的商标近似，是指被控侵权的商标与原告的注册商标相比较，其文字的字形、读音、含义或者图形的构图及颜色，或者其各要素组合后的整体结构相似，或者其立体形状、颜色组合近似，易使相关公众对商品的来源产生误认或者认为其来源与原告注册商标的商品有特定的联系。"该司法解释第 10 条规定:"……认定商标相同或者近似按照以下原则进行:(一)以相关公众的一般注意力为标准;(二)既要进行对商标的整体比对,又要进行对商标主要部分的比对,比对应当在比对对象隔离的状态下分别进行;(三)判断商标是否近似,应当考虑请求保护注册商标的显著性和知名度。"本解释第 11 条规定:"……类似商品,是指在功能、用途、生产部门、销售渠道、消费对象等方面相同,或者相关公众一般认为其存在特定联系、容易造成混淆的商品。类似服务,是指在服务的目的、内容、方式、对象等方面相同,或者相关公众一般认为存在特定联系、容易造成混淆的服务。商品与服务类似,是指商品和服务之间存在特定联系,容易使相关公众混淆。"该司法解释第 12 条规定,"认定商品或者服务是否类似,应当以相关公众对商品或者服务的一般认识综合判断;《商标注册用商品和服务国际分类表》《类似商品和服务区分表》可以作为判断类似商品或者服务的参考。"

在"互联网+"时代,滴滴打车、人人车、ofo 小黄车等企业在快速发展的同时,由于对商标注册的忽视或错误,曾面临商标侵权的法律纠纷。通过法律途径,这些公司最终成功界定了商标权,注册了正确的商标类别,确保了企业的合法权益,为自身发展提供了坚实的保护。美国 OpenAI、谷歌、微软与 Adobe 公司注册的关于人工智能产品的商标,其指定的类别均为第 9 类、第 42 类。第 9 类即:用于处理和生成自然语言查询的可下载计算机软件;使用人工智能生成语音、文本、图像、视频、声音和代码的可下载计算机软件;用于基于多模态机器学习的语言、文本、语音、图像、视频、代码和声音处理软件的可下载计算机软件;用于促进科学、工程、数学、计算、艺术、音乐、语言、娱乐和一般兴趣领域中的人类和人工智能聊天机器人之间的交互和通信的可下载计算机软件;用于促进多模态自然语言、语音、文本、图像、视频、代码和声音输入的可下载计算机软件;用于模拟对话、分析图像、声音和视频、总结文本、创建内容、生成代码、头脑风暴、旅行计划和回答查询的可下载聊天机器人软件;用于促进人工智能、机器学习、自然语言生成、统计学习、数学学习、监督学习和非监督学习领域中的人类和人工智能聊天机器人之间的交互和通信的可下载计算机软件;用于提供来自信息的可搜索索引和数据库的信息的可下载聊天机器人软件,包括文本、音乐、图像、视频、软件算法、数学方程、电子文档和数据库;用于生成视频和图像的可下载计算机程序和可下载计算机软件;用于创建、生成和编辑基于自然语言提示、视觉提示、文本、语音、图像和/或视频的视频和图像的可下载计算机程序和可下载计算机软件；用于视频和图像识别、处理、分析、理解和生成的可下载计算机程序和可下载计算机软件；对视频、图像、音像资料进行编辑、整理、修改、传输、上传、下载、共享的可下载的计算机程序和软件；用于创建和生成文本转视频和文本转图像的可下载的计算机程序和可下载的计算机软件。

第42类包括软件即服务（SaaS）。提供在线不可下载的使用语言模型的软件；提供在线不可下载的用于人工生成人类语音和文本的可下载的软件；提供在线不可下载的用于自然语言处理、生成、理解和分析的可下载的软件；提供在线不可下载的基于机器学习的语言和语音处理软件；提供在线不可下载的用于将文本或语音从一种语言翻译成另一种语言的可下载的软件；提供在线不可下载的用于机器学习分析、分类和响应于暴露于数据而采取行动的数据集的软件；提供在线不可下载的用于创建和生成文本的可下载的软件；提供在线不可下载的用于开发、运行和分析能够学习分析、分类和响应于暴露于数据而采取行动的算法的可下载的软件；提供在线不可下载的用于开发和实现人工神经网络的可下载的软件；提供在线不可下载的用于处理和生成自然语言查询的可下载的软件；提供使用人工智能制作语音和文本的在线不可下载软件；提供基于多模态机器学习的语言、文本和语音处理软件的在线不可下载软件；提供用于促进人类和人工智能聊天机器人之间的交互和通信的临时使用在线不可下载软件；提供在线不可下载的用于促进多模态自然语言、语音、文本、图像、视频和声音输入的计算机程序（可下载软件）；提供在线不可下载的用于模拟对话、分析图像、总结文本、创建内容、生成代码、头脑风暴、旅行计划和回答查询的可下载的聊天机器人软件；可下载的多模态计算机自然语言处理、人工智能和机器学习领域的研究和开发服务；提供在线不可下载的用于基于多模态机器学习的语言、文本和语音处理软件的可下载的软件，并促进人类和人工智能聊天机器人在人工智能、机器学习、自然语言生成、统计学习、数学学习、监督学习和非监督学习领域的使用；通过不可下载的聊天机器人软件从信息的可搜索索引和数据库提供信息，所述信息包括文本、音乐、图像、视频、软件算法、数学方程、电子文档和数据库。以文心一言为例，其所涉及的保护不是简单的特定类别，而是涉及第9类至少应该申请注册（非规范商品）"软件，即具有生成式人工智能的应用程序""使用人工智能和人工智能技术生成内容的软件"、第42类至少应注册4209群组"人工智能技术领域的研究""人工智能领域的技术咨询"、第35类（非规范）与人工智能相关的商业咨询服务"以及第4220群组虚拟现实软件的设计和开发等多个类别。进入"人工智能+"时代，相关企业应吸取这些案例的教训，及时在相关服务类别如第 35 类、第 38 类、第 41 类、第 42 类等注册商标，并且根据人工智能技术的特点，扩大商标注册范围，以防止他人抢注或利用商标"擦边球"行为给企业带来不必要的法律风险和经济损失，确保企业在复杂多变的人工智能领域的健康发展。

随着技术进步，人工智能已经从专用智能（narrow AI）迈向了通用人工智能（又称 AGI），这标志着我们进入了一个新的技术革命时期。通用人工智能在很多领域执行人类智能活动，与人类智能相匹敌，其引领了新一代的产业变革，也给社会经济生活带来深刻变革，在医疗、金融、教育、交通等领域发挥重要作用。人工智能作为新质生产力发展的一个缩影，其不仅能够推动其他技术的创新和应用，而且通过开放协作，能够加快新质生产力中科技创新成果的转化，促进全要素生产率的提升，对于加快形成新质生产力，推动经济社会高质量发展具有重要意义。

《新一代人工智能发展规划》提出，到 2030 年使中国成为世界主要人工智能创新中心，表明我国将人工智能视为提升国家整体科技实力、实现科技自立自强的重要途径。2024 年全国两会期间，"人工智能+"被首次提出并写入政府工作报告，人工智能再次成为热点话题。报告提及，应深化大数据、人工智能等研发应用，开展"人工智能+"行动，打造具有国际竞争力的数字产业集群。无独有偶，欧盟制定《人工智能伦理准则》《欧洲人工智能战略》等文件，致力于打造包容、可持续且具竞争力的人工智能生态系统。美国发布《国家人工智能研究与发展战略计划》，不断更新其在人工智能领域的战略规划，强调人工智能对于美国经济竞争力、国家安全以及社会福利的重要性。日本、韩国、俄罗斯、澳大利亚、加拿大、印度等国家同样不遗余力地布局人工智能领域。由此可见，在全球化竞争激烈的背景下，世界各国均视人工智能为推动国家竞争力跃升的新引擎，进而在全球范围内形成你追我赶的人工智能发展新态势。

人工智能在赋能各产业的同时，也带来了新的法律问题，该技术的运用使商标侵权行为更加隐蔽，难以被及时发现；同时，算法黑箱使商标侵权证据难以被固定和收集，增加了维权者收集证据的难度，也使维权成本上升。可以通过加强技术研发和应用，提高人工智能技术在商标侵权判断中的准确性和效率，如利用机器学习算法对商标数据进行深度学习和分析，实现对侵权行为的快速识别和预警，也需要完善商标法律法规体系，明确商标侵权的认定标准和法律责任。同时，加强对人工智能技术在商标侵权判断中应用的规范和指导，确保法律法规的适用性和可操作性。可以建立跨部门协作机制,加强政府部门、司法机关、行业协会和企业之间的合作与交流,通过共享信息和资源,形成合力打击商标侵权的良好局面。

总而言之,即使是在人工智能时代,判断商标是否侵权,也应当依据法律规定,不能想当然地作出判断,也不应产生畏惧心理。认定利用人工智能技术提供的商品或者服务,与他人注册商标核定使用的商品或者服务是否构成相同或者类似,应结合人工智能技术具体提供服务的目的、内容、方式、对象等方面综合确定,不应当然认定其与计算机软件商品或者互联网服务构成类似商品或者服务。律师从业者也应当从过往的"三车案"中总结经验教训,在人工智能时代解决商标侵权案件纠纷时,不仅要熟悉最新的法律知识,还要积极拥抱新技术,掌握人工智能等相关技术的基本原理和使用方法,通过终身学习来提升自己的业务水平。

四、结语

在全球市场中,品牌就是一切。毫不夸张地说,现今企业的存亡皆系于线上、线下的社会信誉。正因如此,商标检索比以往任何时候都重要。为了让客户获得竞争优势,商标专业人士应以更快的速度、更高的效率帮客户检索、查明和注册商标。为此需要双管齐下:一方面需要经验丰富的商标专家提供专业知识;另一方面需要借助人工智能。人工智能已在各行各业证明其价值所在,汤森路透(Thomson Reuters)称其为三大新发展趋势之一。汤森路透指出:"借助机器学习和其他人工智能技术的发展,企业及其开发团队可构建数据驱动型应用程序,这种程序能识别各种模式,具备充足的'认知能力',从而减少甚至自动执行重复性的人力工作。"其还预言法律专家将是最大的获益者。"未来,会使用自动化技术的律师将超越他们的同行。"商标监控解决方案在速度和精确度方面会继续改进。为了让人工智能达到更高甚至与人类相当的水平,信息技术专家将继续不懈努力。最新的人工智能技术可精化语义学,有助于寻找更相关、更有针对性的结果,从而降低风险,节省商标专家的宝贵时间,确保品牌获得保护。毫无疑问,技术在商标领域可发挥巨大的作用,可用于快速采集大量的数据并以一种全新的直观方式进行展示,这在以前是不太可能的。人工智能时代,律师以及法官在处理商标侵权纠纷的案件时,应当透过现象看本质,抽丝剥茧,找到其中的本质问题。尽管人工智能等新技术在商标侵权识别中已经取得了一定的进展,带来便捷和利益,但仍然面临着一些挑战。首先,商标侵权案件的变化多样性和不确定性使得算法模型的应用面临一定的局限性。其次，数据的质量和密度也会影响法律人工智能在商标侵权中的准确性和有效性。

在探讨人工智能时代商标制度的发展和挑战时，需要认识到商标的双重功能：一方面，商标作为源头识别的工具，帮助消费者识别商品或服务的来源。另一方面，商标也承载了广告和品牌建设的功能，有助于构建商品的社会文化意义并促进销售。人工智能技术的发展对这两方面都带来了影响，同时也提出了新的法律和市场挑战。人工智能可以通过分析大数据来推荐商品或服务，可能导致消费者对商标的依赖减少，而更多依赖人工智能系统的推荐。这种情况下，确保商标依然能够有效地起到区分商品或服务来源的作用，对商标法的适应性提出了要求。尽管人工智能可能在某种程度上影响商标的传统广告功能，但随着消费者对品牌故事和文化价值的关注增加，商标的广告功能仍有巨大发展空间。人工智能技术本身也可以成为强化品牌形象和传播品牌文化的工具，通过定制化的内容推送、虚拟体验等方式，加深消费者对品牌的理解及双方的情感联结。面对人工智能带来的挑战，商标法需要适应新的技术环境，确保能够继续保护商标权利人的利益，并维护市场秩序。这可能包括对"使用"定义的更新，对包括人工智能在内的新形式商标使用，以及加强对商标滥用，特别是针对人工智能生成内容中可能出现的商标侵权行为的监管。未来，可以通过进一步加大数据资源的投入和算法模型的优化，提升法律人工智能等新技术在商标侵权识别中的应用水平。不管技术创新如何发展，它们不应脱离商标专家的真实需求。技术能让专家以前所未有的速度和准确性作出重要的决定，人类与技术的结合将推动商标事业繁荣发展。

人工智能时代不仅为商标制度带来了新的挑战，也提供了更新商标法以适应数字化、智能化市场环境的机遇。商标的识别来源功能和广告功能在人工智能的影响下可能面临重新定位，但通过法律和市场策略的适应性调整，可以确保商标继续在品牌建设和市场竞争中发挥核心作用。面向未来，深入理解人工智能技术的发展趋势，以及其对消费者行为和市场结构的影响，对商标法的持续发展至关重要。

后　记

　　律师很忙，知识产权律师尤其忙，计划了几年的"三车案"一书今年终于完成。早在构思此书时就邀请商标领域权威专家杜颖教授写序，她欣然应诺，并写得很精彩。编辑薛迎春为此书的如期出版付出了很多心血，本所曾在出版社工作过的赵瑞红律师、张杰律师给出了宝贵建议，团队汤玮律师负责组织协调。此书从策划到完稿用了半年时间，其中的周末几乎都奉献给了此书，得到了夫人的理解和支持。在此一并感谢！

　　从案例到书稿的整理，中国人民大学的三位知识产权专业研究生李宜航、韩茜雅和周子璇同学作出了贡献。写作分工如下：

第一章：马翔　李宜航
第二章：马翔　韩茜雅
第三章：马翔　周子旋
第四章：马翔　李宜航
第五章：马翔　周子璇
第六章：马翔　李宜航